La Vie D'un Simple: (mémoires D'un Métayer)...

Émile Guillaumin

LA VIE D'UN SIMPLE

DU MÊME AUTEUR

Dialogues bourbonnais. Crépin-Leblond, éditeur à Moulins . . . . 1 fr. »»

Tableaux champêtres, ouvrage couronné par l'Académie Française. Crépin-Leblond . . . . 2 fr. 50

Ma Cueillette, poésies. Crépin-Leblond . . . . 2 fr. »»

En Bourbonnais, brochure économique. Pages Libres, 8, rue de la Sorbonne, Paris. . . . . 0 fr. 75

SAINT-AMAND (CHER). — IMPRIMERIE BUSSIÈRE

Emile GUILLAUMIN

LA

VIE D'UN SIMPLE

(MÉMOIRES D'UN MÉTAYER)

PARIS. — I
P.-V. STOCK, ÉDITEUR
(*Ancienne Librairie Tresse et Stock*)
27, RUE DE RICHELIEU

1904

IL A ÉTÉ TIRÉ A PART :

Cinq exemplaires sur papier de Hollande numérotés
et paraphés par l'éditeur.

AUX LECTEURS

Le père Tiennon est mon voisin : c'est un bon vieux tout courbé par l'âge qui ne saurait marcher sans son gros bâton de noisetier. Il a un collier de barbe claire, très blanche, les yeux un peu rouges, une verrue au bord du nez ; la peau de son visage est blanche aussi comme sa barbe, d'un blanc graveleux, dartreux. Il porte toujours, — sauf pendant les mois d'été, — une grosse blouse de cotonnade serrée à la taille par une ceinture de cuir, un gros pantalon d'étoffe bleue, une casquette de laine dont il rabat les bords sur ses oreilles, un foulard de coton mal noué, et des sabots de hêtre cerclés d'un lien de tôle.

Je rencontre souvent le père Tiennon dans la grande rue qui relie à la route nationale la ferme où il vit et celle où j'habite, et, chaque fois, nous causons. Les vieillards aiment bien qu'on leur prête attention et, la plupart du temps, personne n'est disposé à le faire. Or, pour peu que j'aie des loisirs, je suis pour le père Tiennon un auditeur complaisant. Ayant vécu longtemps, il se souvient de beaucoup de choses et il les raconte de façon pittoresque, en émettant sur chacune des opinions personnelles, parfois fort justes, et souvent peu banales. Sans s'en apercevoir, il m'a conté toute sa vie par tranches ; elle n'offre rien de bien saillant : c'est une pauvre vie monotone de paysan, semblable à beaucoup d'autres. Le père Tiennon a eu ses heures de joie ; il a eu ses jours de peine ; il a travaillé beaucoup ; il a souffert des éléments et des hommes, et aussi de l'intraitable fatalité ; il a été parfois canaille et parfois bon, — comme vous, lecteurs, et comme moi-même....

Je me suis dit : « On connaît si peu les paysans ; si je réunissais pour en faire un livre les récits du père Tiennon... » Et, un beau jour, je lui ai fait part de mon idée. Il m'a regardé avec étonnement.

— A quoi ça t'avancera-t-il, mon pauvre garçon ?

— A pas grand'chose, père Tiennon, à montrer aux messieurs de Moulins, de Paris et d'ailleurs ce qu'est au juste une vie de métayer, — ils ne le savent pas, allez, — et puis à leur prouver que tous les paysans ne sont pas aussi bêtes qu'ils le croient : car il y a dans votre façon de raconter une dose de ce qu'ils appellent « philosophie » et dont ils font grand cas.

— Si ça t'amuse, fais-le.... Mais tu ne vas pas rapporter les choses comme je les dis : je parle trop mal ; les messieurs de Paris ne comprendraient pas....

— C'est juste ; je vais écrire en français pour

qu'ils comprennent sans effort; mais je ne ferai que traduire vos phrases, ce sera bien de vous quand même.

— Allons, c'est entendu : commence quand tu voudras.

Cela l'a occupé beaucoup, le pauvre vieux; il est venu me trouver à plusieurs reprises pour me rapporter des choses qu'il avait oubliées, ou bien d'autres qu'il s'était juré de ne jamais dévoiler.

— Puisque je raconte ma vie par ton intermédiaire, je dois tout dire, vois-tu, le bon et le mauvais. C'est une confession générale.

Il a donc fait tout son possible pour me satisfaire. Mais peut-être n'ai-je pas été constamment fidèle à ma promesse; peut-être ai-je mis dans certaines pages plus de moi qu'il n'eût fallu... Cependant j'ai lu au père Tiennon, aussitôt écrit, chacun des chapitres; j'ai fait à mesure les retouches qu'il m'a indiquées, réparé les petits accrocs à la vérité, changé le sens des pensées que je n'avais pas bien saisies de prime-abord.

Quand tout a été terminé, je lui ai fait de l'ensemble une nouvelle lecture; il a trouvé bien conforme à la vérité cette histoire de sa vie; il s'est déclaré satisfait : lecteurs, puissiez-vous l'être aussi!

EMILE GUILLAUMIN.

LA VIE D'UN SIMPLE

I

Je m'appelle Etienne Bertin, mais on m'a toujours nommé « Tiennon ». C'est dans une ferme de la commune d'Agonges, tout près de Bourbon l'Archambault, qne j'ai vu le jour au mois d'octobre 1823. Mon père était métayer dans cette ferme en communauté avec son frère aîné, mon oncle Antoine, dit « Toinot ». Mon père se nommait Gilbert et on l'appelait « Bérot », car c'était la coutume, en ce temps-là, de déformer tous les noms.

Mon père et son frère ne s'entendaient pas très bien. Mon oncle Toinot avait été soldat sous Napoléon : il avait fait la campagne de Russie et en était revenu avec les pieds gelés et des douleurs par tout le corps. Depuis, il avait pu se guérir à peu près ; néanmoins, aux brusques changements de température, les douleurs revenaient, assez vives pour l'empêcher de travailler. D'ailleurs, même quand il ne souffrait pas, il préférait aller aux foires, porter les socs au maréchal, ou bien se promener dans les champs, son « gouyard » sur l'épaule, sous couleur de réparer les brèches des haies, que de s'atteler aux besognes suivies. Son séjour à l'armée l'avait déporté du travail, lui avait donné du goût pour la flânerie et pour la dépense ; il fumait à outrance une pipe de terre très culottée ; il lui fallait sa goutte d'eau-de-vie tous les matins et il ne pouvait aller à Bourbon sans s'attarder à l'auberge. Bref, il était de force à utiliser pour son seul agrément tous les bénéfices de l'exploitation.

Si je raconte ces choses, ce n'est pas que j'aie eu la connaissance de les pouvoir apprécier par moi-même, mais je les ai entendu rapporter bien souvent chez nous.

Donc, mon père se décida à partir. A Meillers, sur la lisière de la forêt de Gros-Bois, il prit en métayage un domaine qui s'appelait le Garibier, et qui était géré par un fermier de Bourbon, M. Fauconnet.

A l'époque du déménagement, il y eut des discussions pénibles au sujet du partage des outils, du mobilier, du linge et des ustensiles de ménage. Ma grand'-mère venait avec nous, et cela compliquait encore les choses. Ma tante, qui était au plus mal avec elle, chicanait sur ce qu'elle devait emporter, lui arrachait des mains draps et serviettes. D'un caractère très calme, mon père cherchait à éviter les disputes ; mais ma mère, impétueuse et vive, se fâchait constamment avec mon oncle ou avec ma tante, parfois même avec tous les deux. Cela me faisait peur de les voir crier si fort et lever les poings d'un geste de menace, comme prêts à se frapper.

Le jour de Saint-Martin, on me hissa pour le trajet au faîte d'un char que conduisaient des bœufs mauriats (1), entre une cage à faire sécher les fromages dans laquelle on avait mis des poules, et une corbeille d'osier où était empilée de la vaisselle. Les chemins étaient partout défoncés et boueux, très mauvais. Des

(1) Bœufs rouge foncé de la race de Salers.

lambeaux de terre gluante se collaient aux roues, puis retombaient sur le sol avec un bruit mat. En traversant Bourbon, j'ouvris les yeux autant qu'il me fut possible pour bien voir les belles maisons de la ville et les hautes tours grises du vieux château. Je m'intéressai aussi aux évolutions d'une équipe d'ouvriers travaillant à l'empierrage de la grande route de Moulins qu'on était en train de construire. Peut-être eus-je tort de trop regarder et de me fatiguer ? Toujours est-il qu'après un moment, quand notre cortège eut regagné la pleine campagne, je m'endormis sans qu'on y prit garde, adossé à la cage à poules et bercé par la roulis continuel de la voiture. Mais un cahot trop brusque fit se renverser la cage qui dégringola jusqu'à terre où, bien entendu, je la suivis en grande vitesse. Cela me procura un réveil plutôt désagréable. Les volailles se mirent à piailler et moi à crier : on se précipita pour nous porter secours. Je fus très difficile à consoler, paraît-il, bien que je n'eusse aucun mal — la boue dans laquelle j'avais roulé ayant amorti ma chute. Je fis à pied le reste du trajet, moins une petite séance à califourchon sur le dos de mon frère Baptiste qui était mon parrain.

A l'arrivée, ma mère me coucha dans un coin de la chambre à four, sur un amas de hardes, et je trouvai dans un nouveau sommeil, très paisible cette fois, le vrai remède à mes émotions de la route.

Je fus éveillé par ma sœur Catherine qui m'amena dans la grande pièce. Les meubles étaient tous en place au long des murs et l'horloge sonna les douze coups de minuit. Les bouviers du voisinage qui nous avaient remués, ayant fini de dîner, chantaient. Mon père leur offrit à boire avec insistance. Les verres se choquèrent bruyamment ; il y eut du vin répandu qui souilla de rouge la blancheur de la nappe. Tout le monde semblait extraordinairement gai ; de gros rires secouaient les visages animés. On me servit à manger un reste de viande, de la galette et de la brioche ; puis un vieillard me fit faire des galopades sur ses genoux : j'eus ma part de la joie générale.

Mais le lendemain, j'entendis ma mère dire à mon père d'un ton fâché que ça revenait joliment coûteux de faire la Saint-Martin. Et lui appuya :

— Je crois bien... Heureusement que ce n'est pas une chose qu'on recommence souvent.

Ma mère conclut :

— On serait vite épuisé, s'il fallait recommencer souvent...

J'avais alors quatre ans : je puis donner comme mes plus vieux souvenirs ces quelques épisodes du déménagement.

II

Notre ferme possédait en bordure du bois toute une zone vierge encore des fouilles de l'araire où croissaient seulement, en plus d'une herbe fine, des bruyères, des genêts, des ronces et des fougères, et où de grosses pierres grises saillaient du sol par endroits. Cette partie du domaine était dénommée « la Breure (1) » et servait de pâture aux brebis quasi toute l'année. Les brebis étaient gardées par ma sœur Catherine qui avait dix ans, et je l'accompagnais très souvent. Aussi, la

(1) Terme bourbonnais s'appliquant à la plupart des terrains incultes, et qui n'est qu'une déformation locale du mot « bruyère ».

Breure me fut-elle bientôt familière. On y rencontrait toute sorte de bêtes ; les oiseaux y pullulaient ainsi que les reptiles, et les animaux de la forêt y faisaient parfois des apparitions. Je vis un jour toute une famille de gros cochons noirs traverser au galop le bas de la pâture ; je les montrai vite à ma sœur qui, occupée à tricoter, ne les remarquait pas : elle me dit que c'étaient des sangliers. Une autre fois, ce fut elle qui aperçut la première un couple de chevreuils occupés à brouter les petites branches vertes de la haie, comme faisaient nos chèvres ; je courus dans leur direction et ils détalèrent prestement.

On prétendait que la forêt recélait aussi des loups. Un de nos agneaux, vers la fin de l'hiver, disparut au cours d'une séance de garde sans qu'il fût possible de découvrir le moindre indice capable de mettre sur sa trace. La Catherine, que je n'avais pas suivie ce jour-là, déclara qu'elle ne s'était aperçue de rien, que les brebis n'avaient pas eu peur. A tort ou à raison, on accusa de ce rapt mystérieux un loup. Ma sœur ne voulut plus aller seule à la Breure parce qu'elle s'effrayait à l'idée de voir réapparaître le méchant fauve. On m'obligea à l'accompagner constamment et je dois dire que nous n'étions pas plus rassurés l'un que l'autre ; nous ne parlions que du loup et nous en faisions un monstre effrayant capable de tous les crimes. Cependant nous n'eûmes pas l'occasion de faire la différence entre un loup réel et celui de notre imagination : aucun ne se présenta et nul autre agenau ne fut enlevé.

Bien moins rares étaient les lapins : nous en voyions tous les jours courir plusieurs. La plupart du temps notre chien Médor se mettait à leur poursuite et il lui arrivait parfois d'en saisir un. Mais il ne s'avisait pas de nous le montrer ; il se dissimulait derrière la bouchure (1) d'un champ voisin, ou bien pénétrait dans le bois pour s'en repaître sans risquer d'être dérangé ; il revenait ensuite, tout penaud, nous trouver, avec du poil et du sang dans sa barbiche grise ; il baissait la tête et remuait la queue ayant l'air de demander pardon.

A vrai dire, le pauvre chien faisait tellement maigre chère à la maison qu'il était bien excusable de se montrer vorace quand le hasard lui fournissait un supplément de nourriture. Maintenant on traite les chiens comme des personnes ; on leur donne de la bonne soupe et du bon pain. Mais à cette époque on leur permettait seulement de barboter dans l'auge qui contenait la pâtée des cochons, laquelle pâtée était fort claire et peu riche en farine. Comme complément, on faisait sécher au four à leur intention une provision de ces âcres petites pommes que produisent les sauvageons des haies et qu'on appelle ici des *croyes*.

On les jugeait d'ailleurs capables de vivre de leur chasse. Quand Médor, au retour des champs, paraissait affamé, quand, à l'heure des repas, il rôdait autour de la table quémandant des croûtes, mon père demandait à la Catherine.

— *Ol a donc pas rata ?*

Ce qui voulait dire :

— Il n'a donc pas fait la chasse aux rats ?

Ma sœur disait non. Alors mon père :

— *Voué un feignant : si ol avait évu faim, ol aurait ben rata...* (C'est un fainéant : s'il avait eu faim il aurait bien raté).

Et il reprenait :

— *Enfin dounnes-y une croye.*

(1) Synonyme de haie, ce terme est toujours employé dans le langage commun.

La Catherine s'en allait dans la chambre à four attenante à la maison et qui servait de réduit aux débarras ; elle prenait dans une vieille boutasse poussiéreuse une ou deux de ces petites pommes recroquevillées et les offrait au pauvre Médor qui s'en allait les déchiqueter dans la cour, sur les plantes de jonc où il avait coutume de dormir. A ce régime, il était efflanqué et de poil rude, on peut le croire ; il eut été facile de lui compter toutes les côtes.

Notre nourriture, à nous, n'était guère plus fameuse, à la vérité. Nous mangions du pain aussi noir que l'intérieur de la cheminée, et graveleux comme s'il eût contenu une bonne dose de gros sable de rivière ; il était fait de seigle moulu brut ; toute l'écorce restait mêlée à la farine ; on prétendait que c'était plus nourrissant.

On faisait bien moudre aussi quelques mesures de froment, mais c'était pour les beignets et pour les pâtisseries — tourtons et galettes — qu'on cuisait avec le pain. Cependant on pétrissait d'habitude avec cette farine-là une petite miche qui sentait bon, qui avait la croûte dorée et dont la mie était blanchâtre. Mais cette miche était réservée pour la soupe de ma petite sœur Marinette, la dernière venue, et pour ma grand'-mère, les jours où sa maladie d'estomac la faisait trop souffrir. Parfois pourtant, quand elle était de bonne humeur, ma mère m'en taillait un petit morceau que je dévorais avec autant de plaisir que j'eusse pu faire du meilleur des gâteaux. Mais cela n'arrivait pas souvent, car la pauvre femme en était avare de sa bonne miche de froment !

La soupe était notre pitance principale : soupe à l'oignon le matin et le soir, et, dans le jour, soupe aux pommes de terre, aux haricots ou à la citrouille, avec gros comme rien de beurre. Le lard était réservé pour l'été et pour les jours de fête. Avec cela, nous avions des beignets indigestes et pâteux d'où les dents s'arrachaient difficilement, des pommes de terre sous la cendre et des haricots cuits à l'eau, à peine blanchis d'un peu de lait. On se régalait les jours de cuisson parce qu'il y avait du tourton et de la galette ; mais ces hors-d'œuvre étaient vite épuisés. Ah ! les bonnes choses n'abondaient guère !

III

Ce fut comme pâtre dans la Breure que je commençai à me rendre utile. Le troisième été d'après notre installation au Garibier, la Catherine, ayant dépassé ses douze ans, dut remplacer la servante que ma mère avait occupée jusqu'alors; elle abandonna donc les brebis pour s'occuper aux besognes d'intérieur et pour participer aux travaux des champs. A moi, qui allais avoir sept ans, on confia la garde du troupeau.

Avant cinq heures, ma mère me tirait du lit et je partais, les yeux gros de sommeil. Une petite rue tortueuse et encaissée conduisait à la pâture. Il y avait, de chaque côté, des haies énormes sur de hautes levées, et de grands chênes dont les racines noires débordaient, dont la puissante ramure très feuillue voilait le ciel. A cause de cela, cette rue — qu'on dénommait « la rue Creuse » — était sombre et un peu mystérieuse; une crainte mal définie m'étreignait toujours en la parcourant. Il m'arrivait même d'appeler Médor, qui jappait en conscience après les brebis fraîchement tondues, pour l'obliger à marcher tout près de moi; et je mettais ma main sur son dos comme pour lui demander protection.

Quand j'étais rendu à la Breure, je respirais plus à l'aise. L'horizon s'élargissait. Vers le levant et vers le midi la vue s'étendait, par delà une vallée fertile qu'on ne distinguait guère en raison des bouchures, jusqu'à un coteau dénudé, au gazon roussi, qui précédait le bois de Messarges. Quelques champs de culture se voyaient au nord. Et, au couchant, régnait la forêt, peuplée là de grands sapins aux troncs suintants de résine qui m'envoyaient leur senteur âcre.

Mais la Breure elle-même était suffisamment vaste; et, quand il faisait beau, à l'heure matinale où j'y arrivais, la Breure était magnifique. La rosée étincelait aux rayons vainqueurs du soleil; elle diamantait les grands genêts dont la floraison vigoureuse nimbait d'or la verdure sombre; elle se suspendait aux fougères dentelées, aux touffes de pâquerettes blanches dédaignées des brebis; elle masquait d'une buée uniforme l'herbe fine et les bruyères grises étoilées de fleurettes roses. Et dans les haies du voisinage, ce n'étaient que trilles, vocalises, pépiements et roucoulements : tout le concert enchanteur des aurores d'été.

Pieds nus dans des sabots à demi cassés, les jambes nues aussi jusqu'aux genoux, je sillonnais mon domaine en siflottant, à l'unisson des oiseaux. La rosée des bruyères entrait dans mes sabots; celle des genêts mouillait ma blouse de cretonne rayée, ma petite culotte de cotonnade, et dégoulinait sur mes jambes grêles qu'elle rendait très blanches. Mais ce bain journalier ne m'était pas défavorable, et le soleil avait vite fait d'en effacer les traces. Je craignais davantage les ronces : elles rampaient traîtreusement au ras du sol, dissimulées par les bruyères, et, quand je marchais vite, sans faire attention, ainsi qu'il m'arrivait souvent, je n'allais pas loin sans être arrêté par une de ces méchantes qui me griffait cruellement. J'avais toujours le bas des jambes ceinturonné de piqûres, soit vives, soit à demi-guéries.

J'apportais dans ma poche, pour quand j'avais faim, un morceau de pain dur avec un peu de fromage et je mangeais assis sur une de ces pierres grises qui montraient leur nez entre les plantes fleuries. A ce moment, un petit agneau à tête noire, très familier, ne manquait jamais de s'approcher, et je lui donnais quelques bouchées de mon pain. Mais les autres s'en aperçurent; un second prit l'habitude de venir aussi, puis un troisième, puis d'autres encore, si bien qu'ils auraient mangé sans peine toutes mes provisions, si j'avais voulu les croire. Sans compter que, quand Médor n'était pas à la poursuite de quelque gibier, il venait aussi demander sa part ; même il bousculait les pauvres agnelets, — sans leur faire de mal, d'ailleurs, — afin d'être seul à me regarder de ses bons grands yeux suppliants. Je lui jetais au loin, pour le faire s'écarter, de tout petits morceaux, et les bêleurs profitaient vite de cet instant pour venir happer dans ma main ce que je voulais bien leur distribuer.

Cela m'amusait, et une foule d'autres épisodes de moindre importance m'amusaient aussi; je regardais voler les tourterelles, détaler les lapins; je faisais le tour du terrain, en suivant les haies, pour trouver des nids ; je saisissais dans l'herbe un grillon noir ou une sauterelle verte que je martyrisais sans pitié; ou bien je faisais marcher sur ma main une de ces petites bestioles au dos rouge tacheté de noir que les messieurs nomment « les bêtes à bon dieu » et qu'on appelle ici des « marivoles. »

Marivole, vole vole;
Ton mari est à l'école,
Qui t'achète une belle robe...

Je lui chantais ce refrain, que m'avait appris la Catherine, tout en la poussant du doigt. Et la pauvrette faisait bien, en effet, de s'envoler au plus vite; car je la mettais toujours en piteux état lorsqu'elle tardait d'obéir à l'injonction.

Mais, en dépit de tout cela, je trouvais le temps bien long. J'avais ordre de ne rentrer qu'entre huit et neuf heures, quand les moutons, à cause de la chaleur, refusent de manger et se réunissent en un seul groupe compact dans quelque coin ombreux. Quand je rentrais trop tôt, j'étais fâché et même battu par ma mère qui ne riait jamais et donnait plus volontiers une taloche qu'une caresse. Je m'efforçais donc de rester jusqu'au moment prescrit. J'avais, pour ne pas me tromper, une remarque sûre : quand le chêne qui était à droite de la barrière d'accès mettait en plein sur cette barrière la rayure noire de son ombre, je pouvais partir sans rien craindre; il était huit heures au moins.

Mais, Dieu, que c'était dur d'attendre jusque-là ! Et le soir, que c'était dur d'attendre la nuit tombante ! Des fois, la peur et le chagrin me prenaient, et je me mettais à pleurer, à pleurer sans motif, longtemps. Un froufroutement subit dans le bois, la fuite d'une souris dans l'herbe, un cri d'oiseau non entendu encore, il n'en fallait pas davantage aux heures d'ennui pour faire jaillir mes larmes.

. . . .

Il y avait trois semaines que j'allais seul à la Breure quand j'eus ma première grande terreur. C'était au cours d'une soirée chaude : des bourdonnements endormeurs d'insectes passaient dans l'atmosphère calme et lourde. Je marchais, les yeux à demi-clos, ayant sommeil, quand je vis, au bord du fossé qui longeait le bois, un grand reptile noir gros comme un manche de fourche et presque aussi long. Ça devait être une couleuvre. Mais, n'ayant jamais vu que quelques lézards et quelques orvets et ayant entendu parler des vipères comme de mauvaises bêtes particulièrement dangereuses, je crus avoir devant moi une énorme vipère noire. Je commençai par me sauver; puis je revins à petits pas prudents avec le désir de la voir encore; mais elle avait disparu.

Un quart d'heure après, ayant oublié déjà cet incident, j'étais assis à une certaine distance, en train de taillader une branche de genêt avec mon petit couteau quand, tout à coup, j'aperçus la vipère noire qui rampait dans les bruyères, venant de mon côté très vite. Instinctivement, je me pris à courir comme un fou dans la direction des moutons. Hélas ! j'avais compté sans les ronces traînantes. Avant que j'aie parcouru vingt mètres, il s'en était trouvé une pour m'entraver et me faire tomber. J'étais tellement sanglotant et tremblant que je n'eus pas tout d'abord la force de bouger. Et voilà que je sentis un attouchement singulier sur mes jambes nues, puis qu'au derrière de la tête quelque chose de frais m'effleura... Je crus que c'était la vipère noire qui, m'ayant poursuivi, rampait sur mon corps. Sous le coup de l'angoisse immense qui m'étreignait, je me levai d'un bond. Il n'y avait autour de moi nul agresseur reptilien ou autre, mais seulement deux êtres amis venus pour m'affirmer leur sympathie et me prodiguer leurs caresses : c'était le bon Médor qui m'avait léché les jambes et le petit agneau à tête noire qui avait posé son nez sur ma nuque. Grâce à la compagnie des deux pauvres bêtes, je me remis un peu de ma grosse émotion. Néanmoins, quand je rentrai comme de coutume à la nuit tombante, des larmes coulaient encore sur mon visage convulsé par les sanglots. Pour me consoler, ma mère me tailla une part de la miche de froment et me donna quelques poires Saint-Jean qu'elle avait trouvées sous le poirier de la chenevière. En dépit de mon chagrin, je mangeai goulûment ces bonnes choses. Mais cela ne me réussit pas ; j'eus, la nuit, un cauchemar épouvantable provenant d'une digestion pénible : il me fallut vomir.

Le lendemain, on me laissa dormir ; et, comme les foins étaient en passe d'être finis, ma grand'mère me remplaça auprès des moutons pour quelques jours.

. . . .

Quand le seigle fut mûr, — et cela ne tarda guère, — il me fallut repartir. Je n'étais pas entièrement revenu de ma frayeur ancienne, et voici qu'au lendemain de cette reprise j'en eus une nouvelle, peut-être plus vive encore.

Je m'occupais à faire un gros bouquet, mariant, aux suaves parfums du chèvre-feuille, les couleurs vives des genêts d'or, des pâquerettes blanches et des bruyères roses, quand un jappement avertisseur de Médor me fit soudain lever la tête. Sortait du bois et s'avançait de mon côté un grand gaillard à barbe noire qui portait sur son épaule un tonnelet au bout d'un bâton.

J'étais sauvage et timide plus que de raison, car notre ferme était isolée et il était rare que j'aie l'occasion de voir des étrangers, sauf pourtant ceux des fermes voisines : les Simon, de Suippière, les Parnière, de la Bourdrie, et, quelquefois, les Lafont, de l'Errain. En voyant venir ce grand noir qui n'était ni de Suippière, ni de la Bourdrie, ni de l'Errain, je fus tout d'abord frappé de stupeur et ne bougeai pas. Il m'appela :

— Petit ! (il prononçait *pequi*). Eh *pequi*, viens voir là !...

Mais voilà que me revinrent en mémoire les histoires de malfaiteurs et de brigands que j'avais entendu raconter aux veillées d'hiver. Sans répondre ni attendre plus, je me pris à courir avec la résolution d'abandonner mon poste; je pus, cette fois, éviter les ronces et je gagnai sans encombre la barrière d'accès, puis la rue Creuse. Je me dirigeais en hâte vers la maison. Cependant l'homme à barbe noire criait derrière moi :

— Pourquoi te sauves-tu, *pequi*, je ne veux pas te faire de mal.

Il riait en me suivant toujours, et, rien qu'en marchant de son pas normal, il me gagnait du chemin. Quand je me hasardais à jeter derrière moi un coup d'œil craintif, je le voyais qui approchait, qui approchait... Et lorsqu'enfin je débouchai dans la cour il n'était plus qu'à quelques pas. N'importe, je me crus sauvé, puisque j'allais pouvoir m'engouffrer dans la maison. Surprise! la porte était close! J'eus beau la secouer, elle ne céda pas, elle était fermée à clef. Trop las pour courir encore, je me blottis dans l'embrasure en poussant des cris comme si l'on m'égorgeait. L'homme des bois arrivait : il se fit très doux :

— Pourquoi pleures-tu, mon *pequi* ami? Je ne suis pas méchant; au contraire, j'aime bien les *pequis* enfants.

Il se mit à me tapoter les joues, et, en dépit de mes larmes, je remarquai qu'il avait les mains racornies, la figure maigre, et de bons yeux doux sous d'épais sourcils noirs. Il répéta sa phrase du début :

— Je ne veux pas te faire de mal...

Et il dit encore :

— Où sont donc tes parents?

Il n'avait pas l'accent du pays; il prononçait textuellement : — « Où *chont* donc tes parents? » alors qu'un de par chez nous aurait dit — *Là vou donc qu'ô sont ?..* Cette constatation m'intriguait beaucoup.

Je ne lui répondais pas. comme bien on pense, je ne faisais que pleurer et crier de plus belle. Mais tout de même j'étais étonné qu'il ne cherchât pas à me saisir, à m'emporter, et qu'il me parlât doucement avec des caresses. Nous restâmes un moment ainsi, lui très embarrassé, n'osant plus rien dire, moi suffoquant de peur.

Enfin, arriva ma grand'mère qui était allée conduire les vaches dans une pâture lointaine ; elle se hâtait, mes cris d'effroi lui étant parvenus ; pour la suivre, ma petite sœur Marinette, qu'elle tenait par la main, remuait plus que de raison ses jambes trop courtes. L'homme s'avança à sa rencontre, s'excusa de m'avoir fait peur involontairement et donna des explications. Il était un scieur de long auvergnat qui travaillait dans la forêt avec ceux de son équipe. Leur chantier était installé de la veille dans une vente toute voisine de notre Breure, et on l'avait délégué pour aller quérir de l'eau. Ma grand'mère lui indiqua la fontaine qui était commune aux deux domaines du Garibier et de Suippière et qui se trouvait dans le pré des Simon, au delà de notre Chaumat. Il alla sans plus tarder y remplir son tonnelet, et, au retour, il entra à la maison pour remercier. J'allai me blottir entre l'armoire et le lit de mes parents, refusant obstinément de le regarder et plus encore de reprendre avec lui le chemin de la pâture ainsi qu'il me le proposait. Ma grand'mère eut de la peine ensuite à me décider à rejoindre le troupeau ; elle n'y réussit qu'en me reconduisant jusqu'à moitié de la rue Creuse et en me faisant constater que l'auvergnat n'était caché nulle part, qu'il avait réellement disparu.

Pourtant, cet homme-là finit par gagner ma confiance. Je le revis dès le lendemain, et, bien que sa présence me causât un mouvement instinctif de peur, je ne me sauvai pas. Même, voyant qu'il s'approchait de moi, je levai mon vieux chapeau pour le saluer. Alors il se mit encore à me parler doucement et il me donna quelques jolies branches de fraisier garnies de petites fraises qu'il avait cueillies dans le bois à mon intention. Le jour d'après, quand je le vis apparaître avec son tonnelet, je courus à sa rencontre et l'accompagnai au travers de la Breure, puis dans la rue Creuse jusqu'à mi-chemin de chez nous. Et pendant toute une semaine il en fut ainsi.

Un matin, il me proposa de m'amener jusqu'à son chantier. Ma mère m'avait bien défendu de pénétrer dans la forêt à cause des mauvaises bêtes et je lui obéissais à peu près, surtout depuis l'histoire de la couleuvre (1). Néanmoins, je consentis sans difficulté à suivre mon ami l'auvergnat, d'autant plus qu'il m'avait promis de me trouver d'autres fraises et de me donner des copeaux dans lequels je pourrais tailler à l'aise de petits bonshommes, de petits bœufs et de petits araires: c'était à cela que je passais maintenant le meilleur de mon temps.

Il nous fallut traverser d'abord la zone des sapins; le sol était jonché de leurs fines aiguilles sèches auxquelles se mêlaient quelques pommes de l'année précédente dont les écailles s'ouvraient, grimaçantes. Après, ce furent des chênes et des bouleaux de forte taille dont beaucoup étaient marqués d'un cercle rouge, ce qui annonçait leur exécution prochaine. Puis vint un sous-bois très épais où la marche était difficile; pourtant, petit comme je l'étais, je me faufilais sans trop de peine dans les traces de mon compagnon qui, d'ailleurs, n'allait pas vite. Mais, à un moment donné, il laissa revenir

(1) Dans les campagnes bourbonnaises la dénomination « mauvaises bêtes » s'applique surtout aux reptiles.

trop tôt une branche flexible qu'il avait écartée pour le passage : elle revint me fouetter le visage et me fit grand mal. En toute autre circonstance j'eus certainement pleuré, mais en compagnie de cet étranger je refrénai mes larmes. Lui, ayant eu conscience de la chose, se retourna pour me demander si ça m'avait fait mal. Je dis non d'une voix presque naturelle : je fus stoïque.

Pour arriver jusqu'au chanier, il nous fallut bien vingt minutes. Trois hommes travaillaient là, au milieu d'un abatis de chênes géants. Ils avaient de longues barbes et de longs cheveux, et ils manœuvraient, de leurs longs bras, de longues cognées. Des planches étaient débitées déjà, et des poutres et des solives. Sur un chevalet, une bille énorme était maintenue avec de grosses chaînes. Quatre bidons noirs trônaient côte à côte sur un reste de cendre grise. Une marmite, veuve de son couvercle, gisait à proximité de la cabane de refuge faite de branches et de mottes, dont le toit touchait le sol. Et le ciel projetait sa grande lumière, et le soleil dardait ses rayons vifs, sur cet espace découvert, sur cet espace soustrait momentanément au grand mystère environnant. Des bergeronnettes, des hirondelles faisaient la chasse aux moucherons qui s'y ébattaient par essaims nombreux.

Les travailleurs interrompirent l'équarrissage, et, après avoir questionné leur confrère sur mon compte, ils déclarèrent en riant qu'ils feraient de moi un *chieur de long* ; puis ils prirent chacun leur bidon et s'installèrent sur une bille pour manger.

— Soupe de *chieur*, tu vois, *pequi,* me dit mon ami ; il faut que la cuiller reste piquée dedans.

En effet, il planta au milieu la cuiller qui n'oscilla pas : c'était une pâtée épaisse sans aucune trace de bouillon. Il eut encore une phrase qui me fit rire et que je n'ai point oubliée :

— *Cha tient au corps au moins, chette chouçe-là ; elle est plus bonne que chelle de chez vous...*

Quand ils eurent tous les quatre vidé leur bidon de soupe, le plus vieux, qui avait la barbe grise, souleva des copeaux et mit à découvert le couvercle de la marmite ; un gros morceau de lard rance s'y trouvait, dont il fit le partage. Chacun prit sa portion sur une tranche de pain noir qui ne me parut pas valoir beaucoup mieux que le nôtre, bien qu'il vînt d'un boulanger de Bourbon. Et quand ils eurent mangé, ils se rafraîchirent à tour de rôle au tonnelet, qu'ils tenaient suspendu à la force des bras au-dessus de leur bouche ramenée à la position horizontale.

Après qu'il eut fini, le plus jeune déclara, en s'essuyant du revers de sa manche :

— Le roi Louis-Philippe n'a peut-être pas déjeuné aussi bien que moi.

La veille au soir, à Bourbon, où il était allé chercher des outils en réparation, il avait entendu dire que Paris en révolte avait chassé l'ancien roi, que le drapeau blanc à fleur de lis était remplacé par le drapeau aux trois couleurs, et enfin que le nouveau souverain s'appelait Louis-Philippe.

Le chef de chantier, le scieur à barbe grise, que le récit de son compagnon avait paru intéresser beaucoup, émit alors son opinion.

— Puisqu'on a tant fait que de changer, c'est le *pequi* Napoléon qu'on aurait dû faire venir.

— Oui, pour qu'il fasse tuer du monde et dévaster des pays comme faisait son père, dit un autre d'une voix ironique.

— C'est une bonne République, que j'aurais voulu, moi, reprit le jeune, une bonne République pour embêter les curés et les bourgeois.

— Allons voir aux fraises, me dit mon ami.

Nous nous écartâmes un peu dans la clairière entre les géants étendus. Il me découvrit une fraisière encore inexplorée et je pus me régaler tout à l'aise. J'aimais mieux ça que d'entendre les autres parler du drapeau et du roi.

Ils reprirent le travail et je restai encore un moment pour les voir faire, m'intéressant surtout au mouvement continuel de la grande scie que manœuvraient, au sommet de la bille, le vieillard napoléonien et, au pied, le jeune homme républicain. Je me roulai dans le sciage et m'amusai à en remplir mes poches ; puis je fis une provision de copeaux de choix ; et, enfin, je dis timidement que je voulais m'en aller.

Mon ami eut l'obligeance de me reconduire jusqu'à la zone des sapins et, avant de me quitter, il posa sur chacune de mes joues son museau barbu.

J'arrivai sans encombre à la lisière du bois et fus heureux de revoir ma pâture avec ses bruyères roses et ses genêts d'or dont le grand soleil amortissait l'éclat. Instinctivement, je cherchais des yeux le troupeau et ne pouvais l'apercevoir. Cela fut cause que je ne pris pas garde au fossé qui limitait notre terrain. Je roulai au fond sur un lit de broussailles d'où je me relevai tout meurtri, tout saignant, la blouse déchirée. Pour la deuxième fois de la matinée, je me montrai stoïque en ne pleurant pas. J'étais d'ailleurs bien trop préoccupé de mes moutons pour m'attendrir sur moi-même. Je me pris à courir au travers de la Breure, comptant les découvrir en train de « groumer » dans quelque coin : mais nulle part je ne les vis. Alors je me mis à faire le tour des bouchures : c'était un moyen sage. Vers le bas, du côté de la vallée, entre un chêne têtard et une vigoureuse touffe de noisetiers, une brèche était ouverte ; elle accédait à un champ de trèfle dont on avait fauché la première coupe et qu'on laissait repousser pour la graine. Je m'y précipitai et pus voir aussitôt brebis et agneaux en train de se bourrer de trèfle vert, malgré la chaleur.

Mon premier acte fut de crier Médor qui m'avait abandonné dans la forêt pour suivre je ne sais quelle piste: Médor ne vint pas. J'en fus réduit à essayer tout seul de les rassembler et de les pousser vers la haie ; j'y parvins après mille peines ; mais au lieu de s'engager dans la brèche, ils se glissèrent de chaque côté et s'éparpillèrent de nouveau dans le trèfle. Une deuxième et une troisième tentative pour les ramener échouèrent de même.

Désespéré, je m'en fus tout pleurant vers la maison pour chercher du secours. Je n'y trouvai que ma grand'-mère en train de dorloter ma petite sœur Marinette qui, souffrante de coliques, geignait sans discontinuer. Le premier mot de la bonne femme en m'apercevant fut pour me dire que j'amenais les moutons trop tard. Quand je lui eus avoué, en sanglotant, qu'ils étaient dans le trèfle, elle leva les bras au ciel, avec une lamentation pitoyable :

— *Ah ! là, là, là ! Voué-tu possib' mon Ghieu ! Sainte Mère de Ghieu !... O vont tous gonfler !... O vont tous ét' pardus !... Qui que j'vons faire, mon Ghieu? Qui que j'-vons dev'nir?...*

Elle prit la Marinette dans ses bras, traversa la cour, monta sur le tertre qui dominait la grande mare entourée de saules et se mit à clamer d'une voix déchirante :

— Ah ! Bérot !... Aaah ! Bérot !

Au quatrième appel, mon père répondit de même par un « Aaah ! » prolongé. Ma grand'mère lui cria alors de venir bien vite ; puis, m'ayant ordonné de rester là pour prévenir mon père, elle se sauva par la rue Creuse dans la direction de la Breure, portant toujours la Marinette dans ses bras.

Mon père ne tarda pas d'arriver; il s'arrêta un instant tout essoufflé, m'interrogeant du regard ; et quand je l'eus renseigné, il eut un blasphème et repartit en courant.

Je le suivis de loin, très tourmenté et toujours pleurnichant. Quand j'arrivai à la pâture, les moutons étaient sortis du trèfle; ils avaient des ventres qui leur montaient par dessus les reins et ils s'en venaient d'un air las, la tête basse et les oreilles pendantes. Derrière, ma grand'mère et mon père se lamentaient de compagnie, disant qu'ils étaient tous gonflés et que pas un n'en réchapperait. Ma grand'mère proposait d'aller chercher, à Saint-Aubin, Fanchi Dumoussier qui savait la prière; mon père s'inquiétait surtout de faire prévenir, à Bourbon, M. Fauconnet, le maître, et il parlait d'aller demander à Parnière, de la Bourdrie, qui s'y entendait un peu, de bien vouloir venir percer les plus malades.

Il y avait un moment déjà que je marchais en silence à côté d'eux quand ils s'avisèrent de me regarder. Délayé par les larmes, le sang de mes égratignures s'était écarté et j'avais, de ce fait, le visage entièrement souillé; sans compter que ma blouse était déchirée, et ma culotte aussi. Ma grand'mère et mon père se méprirent sur les causes de ces avaries ; ils crurent que j'avais, le premier, franchi la haie par fantaisie et qu'ainsi, j'étais absolument cause de la frasque du troupeau. Pour me justifier de ce reproche je leur racontai sans mentir l'emploi de ma matinée. Alors ils jurèrent beaucoup après ce « cochon d'Auvergnat » qui m'avait entraîné. Mais ma grand'mère ne m'en jugea pas moins très coupable et chargea mon père de me corriger comme je le méritais. Mon père, toujours pacifique, répondit que ça ne ramènerait rien et me laissa tranquille. Pourtant je n'en fus pas quitte à si bon compte. Quand nous fûmes de retour à la maison, ma mère, étant rentrée des champs, me donna plusieurs claques et une bonne fessée qui me firent sauver au fond de la chènevière, dans un grand fossé bordée d'ormeaux, où je boudai et pleurai tout mon soûl. Quand ce fut l'heure du repas, mon parrain vint me chercher pour manger ; il ne parvint à me décider à le suivre qu'en me jurant que je ne serais plus ni battu, ni fâché. Je lui demandai des nouvelles du troupeau. Il me répondit que Parnière, de la Bourdrie, avait percé les dix bêtes les plus malades et que deux brebis seulement, plus un petit, étaient crevées. On comptait que tout le reste aurait la vie sauve. Et, en effet, il n'en creva plus.

De cette affaire, mon ami l'auvergnat paya les pots cassés. Quand il revint avec son tonnelet dans le cours de la soirée, ma grand'mère et ma mère, l'ayant accosté, lui firent une scène violente, l'accusèrent d'être cause de ce grand malheur qui allait nous mettre tous sur la paille et lui défendirent de reprendre de l'eau à notre fontaine. Il fut d'abord tellement déconcerté qu'il ne trouvait rien à dire. Ayant compris enfin ce qui était arrivé et ce qu'on lui reprochait, il baragouina beaucoup, tendit les bras avec de grands gestes comme pour prendre le ciel à témoin de sa complète innocence, puis, voyant au degré d'exaspération des deux femmes que nulle explication raisonnable n'était possible, il prit le sage parti de s'en aller quérir l'eau à la source de Crozière, de l'autre côté de la Bourdrie, à trois bons quarts d'heure de son chantier. Et ce fut dorénavant toujours la même chose. Pour moi, je ne revis plus jamais le pauvre scieur.

. . . .

En plus de ces événements extraordinaires, les orages me causèrent de sérieux ennuis au cours de cet été. J'avais l'ordre de rentrer dès qu'il viendrait à tonner fort, parce qu'il est mauvais de laisser mouiller les moutons.

Or, un matin, je vis le temps s'assombrir progressivement du côté de Souvigny. Bientôt des éclairs en zigzag coururent dans ce noir et des grondements assez forts en partirent. Je fis rassembler le troupeau par Médor et le ramenai : il n'y avait pas plus d'une heure que j'étais là. Dans la rue Creuse, entendant moins le tonnerre, j'eus le pressentiment que je faisais une bêtise; pourtant je n'eus pas le courage de revenir sur ma détermination. Dès qu'elle me vit, ma mère me demanda d'une voix dure qui est-ce qui m'avait pris de revenir si tôt ; et comme je lui parlais de l'orage, elle se mit à rire et à hausser les épaules en me disant que je n'étais qu'un « bourri » de ne pas savoir encore que les orages ne sont jamais pour nous lorsqu'ils prennent naissance du côté du soleil levant. Pour bien me faire entrer cela dans la tête, elle me gratifia de deux claques et me fit repartir sans attendre plus.

« Qui a été pris, se méfie... » Quand survint un autre orage, je jugeai prudent de ne pas m'emballer, bien qu'il se soit formé sur Bourbon. Sans broncher, je laissai donc passer tous les grondements précurseurs. Mais ils allaient augmentant ; de grands éclairs rayaient le ciel de leurs tortils lumineux : l'orage gagnait sur Saint-Aubin. Bien que j'eusse très peur, je ne me décidai à partir qu'au moment où se mirent à tomber de grosses gouttes espacées. J'étais à peine dans la rue que la pluie augmenta soudain, tomba en une averse de déluge, parsemée de grêlons. Les moutons refusaient d'avancer ; j'étais ruisselant, transpercé, meurtri et commençais à me faire bien du mauvais sang quand j'aperçus venir à mon secours, les épaules couvertes d'un sac vide, mon père. Il me demanda si je n'étais pas idiot à fond de ne pas rentrer par un temps pareil. A la maison, après qu'elle m'eut fait revêtir des habits secs, ma mère me tarabusta de nouveau.

Ayant été battu pour venir quand il ne fallait pas et battu pour ne pas venir quand il fallait, on comprendra combien ensuite les ciels d'orage me rendaient perplexe, combien ils me semblaient gros de menaces.

IV

Quand je songe que je n'avais pas encore sept ans quand m'arrivaient ces aventures, quand je compare mon enfance à celle des petits d'aujourd'hui qu'on dorlote et qu'on choie, et qu'on n'oblige à aucun travail manuel avant douze ou treize ans, je ne puis m'empêcher de dire qu'ils ont joliment de la chance. En ai-je fait, moi, des séances de plein air pendant qu'eux font leurs séances d'école ! Je restai berger pendant deux ans, ce qui me permit d'esquiver, jusqu'à huit ans et demi, les très mauvais jours : car on n'envoie pas les brebis dehors quand il pleut ou neige. Mais alors on me confia les cochons et c'en fut fini des journées de repos. Qu'il pleuve ou vente, que le soleil darde ou que la bise cingle, par la neige ou par le gel, il me fallait aller aux champs. Oh ! ces terribles factions d'hiver, alors que l'on est enduit de boue tout au long des jambes, que l'on a les pieds mouillés et que le froid étreint, quoi qu'on fasse, en une progression méchante ! On ne peut pas s'asseoir ; les haies dépouillées ne donnent plus d'abri ; les doigts gourds et crevassés font mal ; un tremblement convulsif agite le corps : oh ! qu'on est malheureux !

Il y avait toujours deux truies mères qu'on appelait

les « vieilles gamelles » et deux bandes de petits, soit quinze ou vingt. Tout cela s'agitait, grognait, fouillait le sol. Quand les truies avaient des petits tout jeunes qui restaient à l'étable, elles devenaient particulièrement difficiles à garder, l'instinct de la maternité les poussant à aller au plus tôt les rejoindre. Elles perçaient au travers des haies avec une facilité étonnante et il fallait des ruses de stratège pour les empêcher de partir ; il était d'ailleurs impossible de les faire rester bien longtemps. Mais enfin, quand je les échappais dans ces moments-là, j'avais la certitude qu'elles s'en iraient tout droit vers la maison. Il n'en était malheureusement plus ainsi quand les petits, devenus forts, les suivaient. En été, dès l'époque où jaunissent les orges, elles devenaient insupportables, étant maraudeuses à l'excès. Quand elles arrivaient à pénétrer dans un champ de céréales, elles y causaient des dégâts nombreux et il n'était pas commode de les y découvrir ; de plus, il était quasi impossible de les empêcher d'y retourner. Je reçus encore de bonne taloches les rares fois où je ne sus pas préserver de leurs ravages les champs de grain. Après les céréales venaient les fruits. Mes « vieilles gamelles » connaissaient, dans un rayon de plusieurs kilomètres, tous les poiriers sauvageons grands producteurs et j'avais beau courir et me gendarmer, il ne m'était guère possible de les empêcher de faire chaque jour une grande promenade circulaire pour manger les fruits tombés. Les choses continuaient de même à l'époque des châtaignes, des faînes et des glands, et il fallait veiller ferme à cause des semailles nouvelles et des pommes de terre non encore arrachées. Le comble était que toute la troupe ne se suivait pas. Les familles se divisaient, chaque bande de petits suivant la mère en un endroit différent. D'autres fois, les jeunes, trop inexpérimentés, restaient en panne, les uns ici, les autres ailleurs, ne pouvant suivre les « vieilles gamelles » dans toutes leurs pérégrinations. Et pendant que je poursuivais les uns, les autres se sauvaient d'un autre côté : il en résultait qu'à certains jours de guigne je ne pouvais arriver à les ramener tous ensemble à l'étable. Souvent il me fallait, à la tombée de nuit, repartir au diable à la recherche des manquants.

A tous les embêtements que les cochons me causaient aux champs, venait s'ajouter l'ennui d'entretenir en parfait état de propreté le domicile particulier de ces messieurs. Ils étaient logés en trois cahutes exiguës adossées au pignon de la maison ; ils y étaient toujours trop serrés, et, à cause des pavés disjoints, le nettoyage était difficile. Je faisais de mon mieux pourtant ; mais ma mère, qui allait souvent passer l'inspection, ne trouvait jamais que ce fût suffisant : toujours elle me faisait des observations. Je me rappelle d'une fois où elle me battit, parce que j'avais mis à des gorets nouveau-nés de la paille trop raide, ce qui leur avait fait tomber la queue presque à tous.

Ces petites misères ont suffi à me faire garder de ce temps-là d'assez mauvais souvenirs. Mais ce fut à une foire d'hiver à Bourbon, ou j'étais allé avec mon père conduire une bande de nourrains, que m'advint le plus triste épisode de ma carrière de porcher.

V

J'avais alors neuf ans. On me désigna pour aller à la foire parce que, mon parrain s'étant fait l'entorse, mon frère Louis devait rester pour le pansage, et parce que ma sœur Catherine était très enrhumée. Je dois dire que cela ne me fit pas déplaisir, bien au contraire. Depuis que nous étions au Garibier, je n'avais jamais quitté le territoire du domaine, si ce n'est pour aller à la messe, à Meillers, les jours de grande fête, quatre ou cinq fois par an tout au plus. Or, d'avoir traversé Bourbon le jour du déménagement, il m'était resté un souvenir vague et confus, mais grandiose. C'était pour moi une ville immense avec de grandes maisons, de beaux magasins et des rues si nombreuses qu'il ne devait pas être facile de s'y reconnaître. Dame, j'étais rudement content d'aller revoir toutes ces choses étonnantes !

Pourtant, le matin, je trouvai fort désagréable de me lever à trois heures. Mon père eut mille peines à me faire ouvrir les yeux ; et, même levé, je ne me départissais pas de ma somnolence inconsciente. Ma mère me fit endosser mes habits des grands jours, — lesquels n'étaient guère luxueux, puisqu'ils avaient servi à mes deux frères avant de m'échoir — ; puis elle voulut me faire manger la soupe. Mais je n'avais pas faim, ayant trop sommeil. Ma tête s'appuyait sur mon bras, retombait sur la table, et du sable toujours me brouillait les yeux. Ma mère prévoyant bien qu'avant peu je regretterais ma somnolence du matin me mit dans la poche un morceau de pain avec quelques pommes :

— Pour quand tu auras faim, petit !

Elle m'enveloppa le cou dans un gros cache-nez de laine et me couvrit les épaules d'un vieux châle gris effrangé.

— Que tu vas avoir froid, mon pauvre Tiennon, ça me fait de la peine de te voir partir par un temps pareil.

Elle me montrait, ce matin-là, une tendresse inaccoutumée, la bonne femme ; sa voix se faisait caressante et ses yeux étaient pleins d'une douceur attristée ; je sentis dans sa plénitude son amour de mère qui, sous sa dureté coutumière, ne transparaissait qu'à moitié.

A quatre heures, on fit sortir de leur étable les cochons étonnés ; on les démarra péniblement hors de la cour et, dans le grand gel de cette fin de nuit, le voyage commença. Au contact de la température hostile, je m'éveillai tout à fait. Alors, songeant qu'on allait à Bourbon, je retrouvai mon enthousiasme d'enfant, ma gaîté innocente, et je me mis à frapper les cochons avec ma branche d'osier, ayant hâte d'arriver. Je me donnai tellement de mal que je n'eus pas très froid ; et ce trajet du matin se passa sans trop d'ennui ni de souffrance.

Sur les sept heures et demie, nous fûmes installés au champ de foire, en bonne place, le long d'un mur. Mon père tirait d'un petit sac de toile bise, apporté exprès, des poignées de seigle, qu'il jetait aux cochons pour leur faire prendre patience. Bientôt, néanmoins, ils se mirent à grogner à cause du froid ; leurs corps recroquevillés tremblaient ; leurs soies se hérissaient, et il devint difficile de les faire tenir en place. J'avais bien froid, moi aussi. Succédant au mouvement de la marche et à la chaleur relative qui en résultait, le calme du foirail était vraiment cruel. Les frissons me gagnaient et mes dents claquaient sans relâche, sans compter que mes pieds s'engourdissaient, devenaient douloureux plus que de raison. En plus, j'avais faim ; mais mes pauvres mains étaient tellement raidies que je ne pouvais même arriver à sortir de ma poche les provisions que ma mère y avait mises ; je n'y parvins qu'après les avoir réchauffées à la chaleur de mon corps, en les introduisant l'une après l'autre sur ma poitrine. Et le cinglement de l'air glacé m'obligea à m'interrompre de manger pour les réchauffer encore. Mon père avait de la peine à s'en tirer, lui aussi. Il battait la semelle constamment et frottait ses mains l'une dans l'autre, ou bien battait l'air avec de grands mouvements de bras.

Cependant la foire allait son train ; mais elle n'était guère importante. « C'est une foire morte », disaient les habitués. Autour de nous, d'autres nourrains et de tout petits laitons blancs grognaient d'avoir trop froid, comme les nôtres. Plus loin, des porcs gras, étendus sur le sol durci, se levaient avec une plainte encolérée quand un marchand les frappait de son fouet pour les examiner. A l'autre extrémité de l'enclos, il y avait des moutons qui paraissaient malheureux et malades à cause du givre qui mouillait leur toison. Les bovins se tenaient dans l'autre partie du champ de foire qu'un mur séparait de celle où nous étions ; on ne les voyait pas, mais on entendait de temps à autre leurs beuglements ennuyés et plaintifs. Les gardiens des bêtes, tous campagnards en sabots de bois, pantalons d'étoffe bleue, grosses blouses et casquettes, — avec des cols de chemises très hauts dans lesquels s'engonçaient leurs figures maigres, — grelottaient de compagnie et se livraient, comme mon père, à des mimiques diverses pour vaincre le froid. Il y avait peu de monde en dehors de ceux-là : seulement quelques gros fermiers en peaux de chèvre et quelques marchands en longs cabans gris ou bleus. Les uns et les autres circulaient sans relâche, ayant hâte de faire leurs affaires pour s'en aller déjeuner dans quelque salle d'auberge bien chauffée. Les oisifs, ceux qui vont aux foires pour tuer le temps, étaient prudemment restés chez eux.

De temps à autre, M. Fauconnet, notre maître, passait à côté de nous. C'était un homme d'une quarantaine d'années, aux larges épaules, à la figure grimaçante et rasée ; de bonne humeur, il souriait constamment d'un sourire bénin ; mais quand quelque chose ne lui allait pas, son visage se plissait, devenait dur. Ce jour-là, justement, il était de fort méchante humeur parce que la foire ne valait rien et qu'il fallait vendre à bas prix ou ne pas vendre. Il se fâcha parce que trois des cochons étaient trop inférieurs ; il dit qu'on aurait mieux fait de les laisser à la maison, attendu que la bande se trouvait dépareillée de leur présence et qu'il était quasi-impossible de les faire partir avec les autres.

Cependant il se faisait tard : j'avais toujours froid et je commençais à trouver le temps long. Mon père me proposa bien d'aller faire une tournée en ville pour me réchauffer ; mais je refusai, ayant peur de m'égarer, et aussi parce que m'effrayaient tous ces gens inconnus que je voyais circuler.

Plusieurs tentatives de vente ayant échoué, nous nous disposions à repartir lorsque, vers dix heures, les cochons furent achetés, après un long débat, par un marchand très loquace, sauf pourtant les trois petits dont il ne voulut pas. A vrai dire, M. Fauconnet n'essaya guère de les lui faire accepter. Il aima mieux lui vendre plus cher les autres et nous laisser ramener ceux-ci pour que nous les fassions grossir davantage. Les peines qui pouvaient en résulter pour nous lui importaient peu !

Sur la route de Moulins, où nous devions faire au marchand la livraison des cochons vendus, il nous fallut attendre deux grandes heures. Je m'y ennuyai fort, d'autant plus qu'il continuait de faire très froid, le soleil n'ayant pu réussir à percer l'opacité de l'atmosphère hivernale. Quand l'acheteur parut, des gens de bonne volonté nous aidèrent à effectuer le triage des non-vendus, ce qui ne fut point chose commode. Après que les vendus furent livrés et soldés, — en pièces d'or que mon père fit sonner une à une sur la chaussée humide, — nous repartîmes au travers de la ville avec les trois rebuts. J'eus une désillusion au cours de ce trajet : les maisons ne me semblèrent plus aussi belles ; seuls quelques étalages de magasins me charmèrent. Il faut dire que nous ne suivîmes presque pas la grande rue ; nous prîmes à côté de la rivière de Burge, une rue montueuse et grossièrement pavée qui débouchait dans le haut quartier, sur la place de l'église : c'est de là que partait le chemin de Meillers.

. . . .

Sur cette place de l'église, au carrefour de la route d'Autry, mon père me laissa seul. Il voulait, selon l'usage, aller remettre sans plus tarder à M. Fauconnet l'argent de la livraison. J'étais bien un peu inquiet de le voir partir ; mais il m'avait promis de n'être pas longtemps et de me rapporter du pain blanc et du chocolat pour faire mon goûter ; de plus, il voulait demander à M. Vernier, un fermier de Meillers qu'il connaissait, et qu'il comptait rencontrer chez M. Fauconnet, de me ramener en croupe sur son cheval. Ces promesses me faisaient oublier l'appréhension que j'avais de rester seul.

Je jetai aux trois gorets le peu de grain qui restait au fond du sachet de toile. Mais, en dépit de cela, ils ne tardèrent pas à me causer du désagrément. L'un se sauva dans le chemin de Meillers qu'il reconnaissait sans nul doute, tandis qu'un autre redescendait en courant vers la ville. Fort à propos, un homme qui s'en retournait de la foire m'aida à les rassembler. Ils furent tranquilles un moment, pas longtemps. Bientôt ils se remirent à courir de côté et d'autre en grognant, et j'eus bien de la peine à ne pas les échapper. Aux rares instants où ils ne bougeaient pas, je portais obstinément mes regards sur l'entrée de la ruelle par où mon père s'en était allé avec l'espoir, toujours déçu, de le voir réapparaître. Et, de plus en plus, j'étais pris par l'ennui, par le froid, par la faim.

Il y avait longtemps, longtemps que j'étais là, quand j'entendis sonner trois heures à l'horloge de la tour de la Sainte-Chapelle. Cette tour et les trois autres, plus éloignées, qui sont les derniers vestiges de l'ancien château, je les devinais plus que je ne les voyais : assombries naturellement par les siècles, elles apparaissaient plus sombres encore sous le ciel gris, noyées et presque indistinctes dans la grande brume du soir givreux. Au-dessous, la ville formait une masse également informe et vague où rien ne tranchait et d'où ne venait aucun bruit : elle semblait anéantie par quelque invisible catastrophe. La place de l'église où j'étais cadrait bien avec l'ensemble triste de tout. Ils étaient tristes, ses grands arbres à la nudité voilée de paillettes blanches, et ses arbustes buissonneux, tout blancs aussi, et son carré de gazon nu qui craquait sous mes pas, et son bassin rectangulaire dont les glissades des gamins avaient meurtri la glace terne. Au fond, l'église, aux massives portes fermées, semblait hostile à la prière et à l'espoir. A droite, dans un jardin aux murs élevés, un château tout neuf, avec deux tours carrées, avait des allures de prison. En bordure du chemin de Meillers, face à l'église, une belle maison à un étage était lugubre aussi parce qu'à ses murs grimpaient de vilains reptiles noirs — qui étaient sans doute, en été, de belles plantes vertes. — Venait ensuite une rangée de basses chaumières que précédait une ligne uniforme d'étroits jardinets : maisons de journaliers probablement, sauf une, vers le milieu, dont le locataire était savetier, ainsi que l'attestait la grosse botte suspendue au-dessus de la porte. Au bas de la place, la maison d'angle de la rue pavée servait à la fois d'épicerie et d'auberge : des pains de savon s'apercevaient derrière les vitres de l'imposte ; une branche de genévrier se balançait au mur.

Comme l'église, toutes ces habitations restaient closes ; elles contenaient sans doute des foyers flambants, des poêles chauds auprès desquels les gens pouvaient se rire de l'hostilité du dehors. L'hostilité du dehors, j'étais tout seul à en souffrir avec mes trois cochons.

La grille qui clôturait le jardin du château s'ouvrit et livra passage à deux prêtres, lesquels s'inclinèrent profondément devant une dame encapuchonnée qui les avait accompagnés jusque-là. Ils passèrent tout à côté de moi, me jetèrent même un regard indifférent, et pénétrèrent dans la grande maison tapissée de reptiles noirs qui, je le compris, devait être la leur.

Un moment après, ce fut la porte d'une des chaumières qui cria sur ses gonds. Une grande femme ébouriffée parut dans l'embrasure et jeta dans son jardinet l'eau d'une casserole. En dépit des observations de cette femme, un gamin, de mon âge à peu près, profita de cet instant pour s'esquiver : il se dirigea vers le bassin de la place où il se mit à patiner. Après cinq ou six glissades, il alla cogner à la porte du cordonnier en criant par trois fois le nom d'André. Un autre gamin plus petit finit par apparaître, et tous les deux glissèrent un long moment de compagnie, tantôt debout et se suivant, tantôt accroupis et se tenant par la main. Mais la grande femme ébouriffée, ayant de nouveau ouvert sa porte, leur enjoignit de rentrer, et cela d'un ton sévère qui les détermina à obéir sans retard. Je fus de nouveau seul sur la place.

De loin en loin, quelques cultivateurs passaient ; ils s'en allaient marchant vite, ayant hâte de regagner leur logis. S'en allaient aussi quelques fermiers à cheval, emmitouflés dans leurs manteaux et leurs cache-nez. L'un d'eux, qui avait un gros cheval blanc, s'arrêta en m'apercevant :

— D'où donc es-tu, mon p'tit gas ?

— De Meillers, m'sieu, fis-je en balbutiant, les dents claquantes.

— Tu n'es pas le petit Bertin, du Garibier ?

— Si, m'sieu.

— Et ton père n'est pas encore venu te rejoindre ?

— Non, m'sieu.

— Voilà qui est fort, par exemple !... Il se sera mis en noce, pardi !... Eh bien, mon garçon, je devais t'amener ; mais dans ces conditions, impossible... tu ne peux pas laisser tes cochons. Donne-toi du mouvement, surtout, ne te laisse pas engourdir par le froid.

Après ces sentencieux conseils, le monsieur éperonna son cheval et disparut bientôt dans le brouillard. Je n'eus pas de peine à comprendre qu'il était M. Vernier, et je m'attristai profondément en songeant à ce qu'il m'avait dit au sujet de mon père :

— Voilà qui est fort, par exemple !... Il se sera mis en noce...

Cette chose, à laquelle je n'avais pas encore pensé, me semblait maintenant très vraisemblable. Mon père sortait bien rarement, et, lorsqu'il allait à la messe à Meillers, il rentrait d'habitude tout de suite après. Mais les jours de foire il était parfois moins sage. Il m'était arrivé de me coucher avant qu'il ne soit rentré. Les lendemains de ces jours-là, il paraissait malade et ennuyé et ma mère avait, surtout à son égard, son air le plus brutal ; elle le plaignait pourtant d'avoir la tête trop faible, pas assez d'énergie pour résister aux entraînements du hasard. Tous les anciens faits de ce genre me revinrent en mémoire et je ne doutai plus que son retard n'eut la cause supposée par M. Vernier.

Dès quatre heures, la nuit vint : elle tombait du grand ciel bas et noir ; elle montait de la brume flottante au-dessus du sol qui s'était épaissie soudain. Je tremblais de froid, de faim et de peur. N'ayant rien mangé de la journée que mon croûton dur et mes pommes, je me sentais défaillir ; des grondements remuaient mes entrailles et des voiles sombres passaient devant mes yeux. J'étais aussi exténué de fatigue ; le faible poids de mon corps pesait lourdement sur mes jambes molles. Des regrets me venaient de ne pas m'être plus tôt hasardé à partir seul, bien que le chemin ne me fût guère familier. Mais à présent que s'enténébrait la campagne, j'aurais préféré geler sur place que de me mettre en route. Les cochons, comme moi fatigués, dormaient au fond du fossé ; j'en profitai pour m'asseoir auprès d'eux, refoulant mon chagrin.

Un domestique à face rasée sortit du château avec un panier vide, suivit à grands pas la ligne des arbres de la place et, par la rue pavée, disparut vers la ville ; il en revint un moment après, le panier lourd de provisions, et portant sous le bras un pain long à croûte dorée pour lequel j'eus un regard d'envie.

Cinq heures : c'était la nuit tout à fait. Je pus à peine distinguer une voiture de bohémiens s'éloignant de la ville par le chemin de chez nous. Deux hommes marchaient à côté du cheval qu'ils frappaient à grand coups de bâton. Derrière venaient trois adolescents de tailles diverses, dont les loques dépenaillées pendaient, et qui discutaient fort en une langue inconnue. Et de l'intérieur du véhicule, venaient des lamentations, des cris d'enfants battus, des voix de mégères qui se fâchaient. Ces gens-là n'avaient pas meilleure réputation qu'à présent ; j'avais entendu dire qu'ils ne vivaient que de rapines et qu'ils volaient des enfants pour les torturer et en faire des mendigots exciteurs de pitié. Mon sang se glaça davantage et mon cœur se mit à battre plus que de raison. Mais les bohémiens passèrent sans me voir.

Et ils ne me virent pas non plus, les deux couples d'amoureux qui défilèrent peu après. Ils s'en venaient sans doute de danser dans quelque auberge. Les filles avaient mis leurs capes de travers en leur grande hâte de partir, vu l'heure tardive ; les garçons les serraient par la taille en une étreinte amoureuse que le froid rendait bien excusable.

Le sacristain avait sonné l'Angelus du soir. Le presbytère, les chaumières avaient clos leurs volets et ne laissaient entrevoir que de minces filets de lumière. Il gelait ferme; la brume se dissipait en partie, et c'était maintenant comme un vague crépuscule qui faisait paraître bizarres tous les objets environnants. Je souffrais moins ; mon estomac s'était tu ; mais je devenais faible de plus en plus, et des voiles sombres brouillaient mes yeux plus fréquemment, et dans mes oreilles tintaient des sons de cloches, comme si l'Angelus eut sonné sans fin. Les cochons s'étaient éveillés et me donnaient à présent bien du mal à garder. Mais, en dépit de l'énergie qu'il me fallait dépenser pour les faire rester en place, le froid me gagnait les os.

Du côté de la ville, une grande clameur s'éleva... J'eus encore une peur atroce quand je vis apparaître, en un groupe affairé, les individus qui criaient ainsi. J'étais à ce moment en dehors de la place, à une petite distance sur le chemin de chez nous. Au carrefour, ils s'arrêtèrent et se séparèrent, après s'être fait des adieux bruyants : les uns prirent le chemin d'Autry, les autres vinrent de mon côté. J'eus un instant la pensée que mon père était peut-être de ceux-là. Mais quand ils furent plus près, je vis qu'ils étaient tous des jeunes gens. Ils étaient six. L'un, très grand, marchait en tête, faisant de moulinets avec son bâton ; bras dessus, bras dessous, trois autres suivaient, titubant beaucoup ; à une dizaine de mètres, venaient les deux derniers qui s'étaient attardés à allumer leurs pipes. Celui d'en avant chantait d'une voix forte, brusque et saccadée, un refrain d'ivrogne :

A boire, à boire, à boire,
Nous quitt'rons-nous sans boire !

A cette interrogation, les trois du milieu répondirent par un « non » formidable. Et tous reprirent, chacun sur un ton différent, avec des gestes drôles :

Les gas d'Bourbon sont pas si fous
De se quitter sans boire un coup !

Ce mot coup dégénérait en un « ououou » prolongé qui battait son plein quand ils passèrent auprès de moi. J'étais dans le fossé, adossé au tronc d'un petit chêne, à côté des cochons rendormis : les garçons ne soupçonnèrent pas ma présence.

A ce moment, une odeur de cuisine m'arriva du château, une délicieuse odeur de viande en train de cuire dans le beurre grésillant. Cela réveilla les facultés de mon estomac vide. J'eus envie de franchir le mur, de crier, de hurler ma misère et ma faim, de demander une petite part de cette cuisine qui sentait si bon. Pour échapper à la tentation, je me rapprochai du presbytère. Mais là aussi, je perçus un bruit de cuillers et un parfum de soupe qui, pour être moins pénétrant que celui du château, n'en était pas moins suave. Je compris que partout dans les maisons chaudes on faisait le repas du soir. Les bourgeois du château avaient la viande et le bon pain doré. Le curé et ses vicaires mangeaient la soupe au parfum suave et d'autres bonnes choses. Et dans toutes les chaumières, on mangeait aussi de la soupe qui ne sentait rien, mais qui était douce à l'estomac et qui remplissait le ventre. Seul, restait sur le chemin, sous le givre et le gel, un petit paysan attifé d'un châle gris qui gardait trois cochons rebutés; et ce petit paysan était là depuis cinq heures; et ce petit paysan n'avait mangé dans toute la journée qu'un morceau de pain et trois pommes; et ce petit paysan, c'était moi ! Ils m'avaient tous vu, ceux du château et ceux du presbytère, et les ménagères des chaumières, et leurs petits qui étaient de mon âge; ils m'avaient tous vu : mais pas un n'avait daigné me faire l'aumône d'une parole de sympathie; pas un n'avait songé que je pouvais souffrir ; pas un n'avait la pensée de venir voir si j'étais encore là dans la nuit.

Sept heures sonnèrent à la Sainte-Chapelle; je comptai tristement les coups de marteau frappant l'airain qui, dans le silence de cette place déserte, de ce nocturne cadre d'hiver, me semblèrent lugubres comme un glas. Je tombai, à partir de ce moment, dans une sorte de demi-sommeil, dans le terrible état léthargique de ceux qui meurent de froid. Je m'étais adossé de nouveau au tronc de l'arbre, dans le fossé, et mes yeux étaient clos à demi. Je vis pourtant se lever les cochons, et j'eus la force de les suivre encore,machinalement. Mais je n'avais presque plus de sensations, ni de pensées. Et cependant quelques souvenirs hantaient mon cerveau quasi mort : le Garibier, la Breure, la forêt, ma grand'mère, ma mère, mes frères et mes sœurs, le chien Médor même, ces champs, cette maison, ces êtres qui avaient tenu une place dans ma vie d'enfant, — et qu'il me semblait avoir quittés depuis bien longtemps — y défilaient en images imprécises. Cela ne me donnait ni regret, ni attendrissement ; cela tenait plutôt du rêve. Je n'étais d'ailleurs pas bien certain d'avoir vécu cette vie passée ; j'avais en tout cas la conviction que je ne la vivrais plus. Je me sentais mourir, et la volonté me manquait pour résister à l'engourdissement final.....

. . . .

Il était bien près de neuf heures quand je fus tiré de ma torpeur par un bruit de pas qu'il me sembla reconnaître. Je me frottai les yeux : je vis mon père qui arrivait. Il toussait, crachait, marchait un peu de travers ; mais enfin, c'était lui ! J'oubliai d'un coup le chagrin, les terreurs, les souffrances, tout le long martyre de cette journée, dans le grand bonheur de le retrouver ; et, exultant de joie, j'allai me jeter dans ses bras. Lui, tout d'abord, resta interdit : il était dans l'habituel état d'hébétement qui suit l'orgie et il semblait étonné de ma présence ici. Enfin le souvenir lui revint : il me pressa dans ses bras, en un débordant enthousiasme d'amour paternel, et m'appela son « pauvre petit ami ». Les gens qui ont bu s'exagèrent toujours leurs impressions. Mon père pleura de m'avoir laissé toute la journée seul ! Il avait dans sa poche un croûton de pain, reste de son déjeuner d'auberge, et un morceau de sucre, dernier vestige du café qui avait suivi le déjeuner : je croquai ces débris qui me donnèrent quelques forces. Il voulut absolument aller m'acheter d'autres provisions à l'épicerie-auberge du bas de la place ; mais je refusai. Maintenant que je l'avais retrouvé, lui, mon protecteur et mon guide, je ne craignais plus rien ; je me sentais la force de marcher jusque chez nous sans manger autre chose ; et je me cramponnais à sa main en un engourdissement voulu, pour l'empêcher de s'éloigner.

Les cochons circulaient dans le chemin paraissant, eux aussi, à demi anesthésiés. Ils n'avaient, à coup sûr, pas voulu se sauver : car je n'avais pas dû faire jusqu'au bout, même inconsciemment, mon office de gardien.

Le retour fut long, silencieux et pénible. Mes yeux se fermaient malgré moi, et mon père, dont je ne lâchais pas la main, me traînait presque. De plus, il avait à fouailler toujours les cochons qui lambinaient. Et, à un moment donné, malade, il dut s'arrêter, s'accoter contre un mur de pierres sèches, le front dans la main; exhalant une écœurante senteur de vin, des hoquets de plus en plus rapprochés le secouèrent; il souffrait tellement, que son visage était décomposé; il finit enfin par vomir et, soulagé, me reprit la main, put repartir.

Il était onze heures passé quand nous fûmes rendus. J'entrai de suite à la maison, laissant mon père s'occuper seul d'enfermer les cochons et de leur donner à manger. Au coin de l'âtre où s'éteignaient les dernières braises, ma mère veillait en tricotant. Toute la soirée elle avait prêté l'oreille aux bruits du dehors, comptant toujours nous voir arriver, sentant grandir son inquiétude à mesure qu'avançait l'heure. Elle me demanda pourquoi nous nous étions tant attardés. Et quand je lui eus fait le récit de la journée, elle se prit à me plaindre et à me prodiguer des caresses, en même temps qu'elle foudroyait de son plus mauvais regard mon père qui venait d'entrer; puis elle sembla ignorer qu'il fût là, ne lui prêta aucune attention. Lui ne dit pas un mot non plus; il se coucha immédiatement. Je mangeai un reste de soupe et un œuf cuit sous la cendre. Ce régal me fit du bien; mais tout de même, je ne pus guère dormir. Il me fallut plus d'une semaine pour me remettre de mes fatigues et du rhume qui fut la conséquence de ma trop longue faction. Mais il fallut à mon père et à ma mère bien plus de temps encore pour revenir à leurs relations normales.

VI

Vint le moment où je dus aller au catéchisme : ce fut mon premier contact avec la société. La société, pour la circonstance, était représentée par un vieux curé à la mine rose et aux cheveux blancs, et par cinq gamins, dont quatre étaient, pour le moins, aussi sauvages que moi. Seul, Jules Vassenat, le fils du buraliste-aubergiste, était moins emprunté parce qu'il allait apprendre à lire à Noyant où il y avait une école. Elles étaient loin les unes des autres à ce moment, les écoles. Et les quasi-bourgeois seuls pouvaient y envoyer leurs enfants ; car les annuités étaient chères.

Le catéchisme des garçons se faisait à huit heures du matin. Comme il y avait une bonne lieue du Garibier au village, il me fallait partir de chez nous l'hiver avant qu'il fasse jour. Par les temps de gel je m'en tirais bien, sauf qu'il m'arrivait souvent de buter et même de tomber : car les chemins étaient cahoteux à l'excès. Mais par les temps humides, je m'enlisais dans la boue gluante ; elle pénétrait dans mes sabots et crottait mes chausses de laine, si bien que j'étais très mal à l'aise à l'église pendant le cours des séances. De plus, le curé se fâchait quand j'arrivais avec des sabots trop sales. (A vrai dire, il ne ménageait pas davantage mes camarades, lesquels n'étaient guère plus favorisés que moi sous le rapport des chemins.) Il était d'un caractère très emportant. Quand nous répondions mal à ses questions, et aussi quand nous chuchottions et riions, il s'emballait tout à fait :

— Sac à papier ! jurait-il. Voleur de grain !

Et il nous donnait sur la tête de grands coups du plat de son livre. Mais ses colères ne duraient pas longtemps ; il en était vite arrivé à nous dire des « goguenettes » (1) et à rire avec nous. Il avait d'ailleurs des attentions délicates qui rachetaient largement ses sévérités passagères. C'est ainsi qu'à l'occasion d'un mariage il nous partagea la brioche bénite que les jeunes époux lui avaient offerte ; il nous distribua des dragées au lendemain d'un baptême ; et, le 31 décembre, il nous donna une orange chacun, en nous priant de ne pas aller l'embêter le lendemain pour la bonne année. Au demeurant, c'était un brave homme, familier avec tout le monde, jovial et sans malice ; il avait son franc-parler, même avec les riches ; la puissance de l'argent le laissait froid ; ce n'était pas un léche-pieds comme j'en ai tant vu depuis.

Je ne pouvais guère rentrer du catéchisme avant dix heures, mais j'arrivais souvent plus tard. Je m'étais lié avec un de mes camamrades, Jean Boulois, du Parizet, qui s'en venait un bout de chemin avec moi, et il nous arrivait de faire de bonnes parties.

Nous passions sur la chaussée d'un étang très vaste, juste à côté du moulin, et nous nous arrêtions chaque fois pour voir tourner la grande roue motrice, pour entendre le grincement des meules et le tic-tac du mécanisme. Nous trouvions amusant aussi de voir partir les garçons avec leurs gros chevaux portant à dos la farine des clients ; ils ramenaient de même le grain à moudre. Les carrioles d'à présent étaient inconnues, en raison de l'absence de routes.

Jean Boulois, qui était ingénieux, avait toujours à me proposer des distractions nouvelles. Il m'entraîna le

(1) Anecdotes. Bons mots.

long d'un ruisseau où croissaient des plantes à grains rouges, lesquels grains nous servirent à faire des colliers. Il m'apprit à faire des pétards de sureau et des « marlassières » pour prendre les oiseaux en temps de neige. Nous cherchâmes des prunelles qui, gelées, sont mangeables. Ainsi, nos trajets de retour duraient longtemps : je finis par ne plus arriver qu'à onze heures au lieu de dix ; et,comme ma mère se fâchait, je lui racontais que le curé nous gardait de plus en plus tard ; elle concluait :

— Allons, mange vite la soupe ; tes cochons s'impatientent à l'étable ; il y a deux heures qu'ils devraient être aux champs.

Je repartais alors dans la Breure ou dans quelque jachère pour une bien longue séance de garde : la solitude me pesait plus qu'avant.

Un jour, je commis l'imprudence de ne rentrer qu'à midi : cela donna l'éveil à ma mère. Le dimanche suivant, elle s'en fut trouver le curé qui lui dit que nous étions toujours libres à neuf heures. Naturellement, elle me tança d'importance et il me devint impossible de continuer à lambiner : si je n'étais pas rentré à dix heures et quart dernière limite, j'étais sûr d'avoir les oreilles tirées.

En mai 1835, après ma deuxième année de catéchisme, le bon curé blanc me fit faire mes Pâques. Etant camarade avec mon ami Boulois, j'allai après la messe, avec mon père, ma mère et mon parrain, déjeuner au Parizet. Ça passait pour être une bonne maison, et, en effet, le repas était copieux : il y avait une soupe au jambon, du lapin, du poulet, il y avait de la miche de froment toute fraîche, de la galette et de la brioche ; il y avait du vin, — j'en bus bien un verre entier, — et du café, boisson que je ne connaissais pas encore. J'abusai peut-être un peu de toutes ces bonnes choses ; toujours est-il que je fus indisposé à la cérémonie du soir.

J'ai pu me convaincre, depuis, qu'il est de règle dans la vie qu'au plaisir succède l'ennui... L'ennui est la rançon de la joie.

VII

J'eus l'occasion de faire encore un festin peu de temps après : mes deux frères se marièrent au mois de novembre de cette même année.

Mon frère Baptiste, l'aîné, qui était mon parrain, touchait à ses vingt-cinq ans. Le Louis en avait vingt-deux. Pour les sauver du service, mon père les avait assurés à un marchand d'hommes avant le tirage au sort.

Le service militaire, qui avait alors une durée de huit ans, semblait une calamité sans nom. Ma mère disait souvent, en parlant de mes frères, qu'elle préférerait les voir mourir que partir soldats. Cette crainte exagérée s'expliquait par plusieurs raisons. D'abord, le nombre des appelés était restreint ; et, parmi ces victimes du hasard, tous ceux qui n'étaient pas sans ressources se faisaient remplacer. Puis les partants n'avaient pas la perspective de venir en permission chaque année. Ils gagnaient à pied leur garnison lointaine et ne reparaissaient généralement qu'à l'expiration de leur congé. (Les chemins de fer n'existant pas encore, les voyages étaient très coûteux et possibles seulement aux riches.) Enfin, tout le monde restant sédentaire, on n'avait pas la moindre notion de l'extérieur. Hors de la commune et du canton, au-delà des distances connues, c'étaient des pays mystérieux qu'on s'imaginait dangereux et peuplés de barbares. Sans compter que le souvenir persistait des grandes guerres de l'Empire pendant lesquelles tant d'hommes étaient morts. Voilà pourquoi la conscription était pour les parents, dix ans d'avance, un sujet de transes continuelles.

En s'assurant avant le tirage, ça coûtait cinq cents francs à peu près, alors que si l'on s'exposait à être pris on ne s'en tirait pas, le cas échéant, à moins de mille ou onze cents francs. Ma mère avait donc accumulé patiemment gros sous et petites pièces dans le tiroir intérieur de son armoire. A force d'économie, rognant sur le sel, sur le beurre et sur tout, elle était arrivée à rassembler pour l'époque du tirage au sort de chacun des aînés les cinq cents francs nécessaires à l'assurance préalable. Elle avait été bien fière de ce résultat qui lui donnait la certitude de les conserver auprès d'elle.

. . . .

Mes frères épousaient les deux sœurs, les filles de Cognet, du Rondet. Le Louis ne s'était décidé qu'au dernier moment à demander la Claudine Cognet, car il avait plus près de chez nous une petite bonne amie avec laquelle il voulait bien se marier. Mais ma mère lui avait fait entendre qu'étant sans doute appelé à vivre toujours avec son frère, il valait bien mieux qu'ils aient les deux sœurs pour femmes, que ce serait dans le ménage une garantie de concorde. Et comme elle avait sur lui beaucoup d'ascendant, elle finit par obtenir qu'il acquiesçât à ses avis.

Comme j'étais trop jeune pour servir de garçon, on me fit rester à la maison le jour de la noce avec ma grand'mère et la Marinette. J'allai même garder les cochons comme de coutume, mais je les ramenai de bonne heure sachant bien que, dans le remue-ménage général, on ne s'en apercevrait pas. Le dîner se préparait sous la direction d'une cuisinière de Bour-

3*

bon qu'aidaient ma mère, rentrée sitôt la fin de la cérémonie, la mère Simon, de Suippière, et la servante de la Bourdrie. Tout était sens dessus dessous. On avait monté les lits au grenier. Une grande table faite avec des planches posées sur des tréteaux coupait en deux, diagonalement, la pièce. Une hécatombe de volailles avait eu lieu la veille ; j'en avais compté jusqu'à vingt, — oies, canards et poulets, — étalant sur un banc leur nudité saignante. D'autre part, le boucher de Bourbon avait amené dans sa voiture une provision de viande. Quand je revins des champs, tout cela mijotait dans la chambre à four. Je me régalai avec des abatis de volailles et de la brioche appétissante fleurant le beurre frais.

Ceux de la noce arrivèrent comme il faisait nuit. Ils avaient passé la journée au bourg, chez Vassenat l'aubergiste, où un grand bal avait eu lieu. Car, la noce étant conséquente, il y avait deux musiciens : un vieux maigre qui manœuvrait avec conviction le tourniquet d'une vielle, et un joufflu au nez cassé qui jouait de la musette. Le déjeuner du matin s'était fait hâtivement et de bonne heure au Rondet, avant le départ pour Meillers. Tout le monde avait grand'faim le soir, et le dîner commença presqu'aussitôt.

La grande table se trouvant être insuffisante, on installa sur une petite table spéciale, au coin de la cheminée, les gamins dont j'étais. Il y avait les deux plus jeunes enfants de l'oncle Toinot, trois ou quatre petits de la parenté de mes belles-sœurs et enfin des voisins : les deux gas de Suippière, le Claude et la Thérèse de la Bourdrie. J'étais placé à côté de la Thérèse et j'admirais ses joues fraîches et les quelques mèches de ses cheveux blonds que n'emprisonnait pas son bonnet d'indienne. Je ne lui parlais guère, toutefois, car je continuais d'être peu hardi d'ordinaire, et cet envahissement d'étrangers m'intimidait plus encore. Mes compagnons de table n'étaient d'ailleurs pas plus loquaces que moi. Mais si nous restions quasi silencieux, nous n'en faisions par moins honneur aux plats. Ma mère vint s'installer avec nous et s'occupa de nous surveiller, de nous servir, ce en quoi elle eut bien raison, car, sans elle, nous nous serions certainement trop bourrés.

A la grande table, par contre, les conversations allaient s'animant. Tout le monde parlait fort. Mais plus fort que tous s'exprimait l'oncle Toinot qui faisait son récit habituel de la guerre de Russie. Il plaça un épisode dramatique qu'il ne servait que dans les grandes occasions : il s'agissait d'un Russe qu'il avait tué :

— C'était l'avant-veille de la Bérésina, un jour qu'il faisait rudement froid, sacré bon sang ! J'étais en reconnaissance avec ma compagnie, sur les flancs de la colonne, au delà d'une légère ondulation qui se détachait en relief dans l'immense paysage plat. Et voilà qu'au moment où on ne s'attendait à rien, les Cosaques se mirent à nous canarder à faible portée. Avant que nous n'ayons eu le temps de nous mettre en état de défense, ils avaient tué ou blessé la bonne moitié de notre petite troupe ; puis, nous voyant démoralisés, ils se précipitèrent sur nous avec des cris sauvages : étant nombreux, ils voulaient nous cerner. Alors, nous leur fîmes voir que nous étions des Français ; nous nous défendîmes à la baïonnette avec une telle vigueur qu'ils ne purent réussir à nous entourer. Le chef russe avait une sale tête ; j'aurais bien voulu lui mettre les tripes au vent. Mais comme je l'approchais, un furtif coup d'œil à gauche me permit de voir un grand diable en train de prendre ses mesures pour m'assommer d'un coup de crosse. Je n'eus que le temps d'éviter le choc en faisant un saut de côté. Et, avant que le Cosaque ait pu se reconnaître, je lui fichai un coup de tête dans le ventre, puis un croc en jambe qui le fit s'étendre dans la neige, puis, prestement, j'amenai la pointe de ma baïonnette en vue de sa poitrine... Alors le malheureux me fixa de ses deux grands yeux blancs pleins d'épouvante et de supplication :

— « Francis bono !... Francis bono !... disait-il. »

» Je compris que ça signifiait « Bon français » et qu'il me suppliait de ne pas le tuer. Mais je n'étais guère d'humeur à montrer de l'indulgence : il y avait huit jours qu'on ne mangeait rien que de rares morceaux de cheval mort, tout crus :

— « Oh ! ça, mon vieux cochon, tu peux te fouiller !... Tu ne m'aurais pas ménagé, toi, si je ne t'avais pas vu à temps ; tu as voulu me tuer : je te tue... »

Je ne lui fis pas tout ce discours, vous pensez bien. Mais ces choses-là me passèrent par la tête en l'espace d'un éclair. Je lui fourrai ma baïonnette dans le ventre avec une telle force qu'elle le perça de part en part...

Un petit frisson d'horreur passa autour de la tablée, un instant silencieuse. Tous les regards se portèrent sur cet homme qui avait tué un homme. Lui jouissait de son triomphe. Il but deux verres de vin et, pour continuer d'attirer l'attention, se mit à chanter des chansons de l'armée, très croustillantes, qui émoustillèrent tout le monde. Ma grand'mère lui dit que ce n'était pas convenable de chanter cela à cause des enfants. Il est vrai qu'à la petite table nous étions tout oreilles et que plus d'un couplet nous intriguait fort.

La porte extérieure s'ouvrit sous une poussée brusque. Une dizaine d'individus bizarrement attifés entrèrent à la file et se mirent à crier, à sauter, à faire des contorsions et des grimaces. Presque tous étaient habillés en femmes, ou bien en costumes hétéroclites, partie hommes et partie femmes. Ils avaient d'énormes nez postiches dans des figures enfarinées. Quelques-uns, avec du noir de charbon, s'étaient fait des moustaches et des rayures par tout le visage. Cinquante bouches poussèrent le même cri :

— Les masques !... Les masques !...

C'était la coutume de cette époque : à tous les dîners de noce, les jeunes gens du voisinage se présentaient ainsi déguisés, sous le prétexte d'amuser les invités.

Ils continuaient à faire les fous, embrassant les filles qu'ils blanchissaient de farine et noircissaient de charbon. On leur offrit du vin et de la brioche. Ils burent et mangèrent, puis se mirent à danser dans l'étroit espace libre : ils dansaient avec des entrechats formidables qui soulevaient leurs jupes, et ils poussaient des hurlements de bêtes.

Mais les convives commençaient de s'ennuyer à table ; les faits et gestes des masques leur donnaient envie de prendre de l'exercice, de se dégourdir les jambes. Tout le monde se leva ; mon père alluma la lanterne et, au travers de la cour boueuse, on le suivit jusqu'à la grange, sur l'aire de laquelle un bal s'organisa. Dans un coin, avec des bottes de paille, une estrade rudimentaire fut édifiée sur laquelle prirent place le vieux maigre avec sa vielle et le joufflu au nez cassé avec sa musette. La lanterne fut accrochée au milieu, très haut, à un bâton piqué d'un côté dans le foin du fenil et de l'autre dans un tas de blé non battu. Elle donnait une faible clarté blafarde et, dans la demi-obscurité, les danseurs avaient l'air de spectres. Mais cela leur importait peu : masques et convives tournaient à qui mieux mieux ou bien s'agitaient en cadence dans les multiples figures de la bourrée. Adossés au tas de gerbes, les vieux regardaient en causant et parfois même faisaient *la leur*. Nous, les gamins, nous courions au travers des danseurs, nous poursuivant et nous chamaillant. A un moment où nous étions sages, mon parrain et sa femme nous taquinèrent.

— Il faut danser, les petits : c'est une bonne occasion pour apprendre.

Et comme nous baissions tous la tête en rougissant, mon parrain reprit :

— Allons, Tiennon, attrape la Thérèse et fais-la tourner...

Il y mit de l'insistance, et, malgré notre confusion, il nous fallut partir. La tête nous tourna bieu un peu ; nous nous cognions aux grands qui nous rejetaient à droite et à gauche ; mais nous allâmes jusqu'au bout quand même, et quand ce fut fini, voyant les autres embrasser leurs danseuses, je mis deux gros baisers sur les joues roses de la Thérèse, ce dont mon parrain qui nous observait me taquina fort. Mais ce premier essai m'avait donné de l'audace et je me mêlai ensuite à presque toutes les danses.

La lanterne ayant usé son combustible s'éteignit soudain, et, dans la grange enténébrée, ce furent des cris d'effroi et de gaîté, des bousculades et des rires. D'ironiques exclamations passaient.

— Baptiste, gare ta femme !

— Louis, je te vole la Claudine !

— Pauvres jeunes mariés, où en sont-ils ?

Il y avait des étreintes dans les coins ; on entendait des chuchotements, des bruits d'embrassade ; il y eut des baisers anonymes, pris audacieusement, qui firent se fâcher les filles.

Mon parrain m'ordonna d'aller à la maison chercher de la lumière. J'y trouvai les vieux qui, depuis un moment, avaient quitté le bal. Ils étaient attablés de nouveau en train de boire et de chanter, et de s'empiffrer de gros morceaux de volaille rôtie. L'oncle Toinot. tout à fait ivre, dormait sur la table.

Quand l'aire fut éclairée à nouveau, les danses reprirent et le bal ne se termina qu'à deux heures du matin. Seulement les jeunes mariés s'en étaient allés plus tôt, ils s'en étaient allés dans la nuit à Suippière où ils devaient coucher. Quelques-uns des invités reçurent aussi l'hospitalité chez les voisins. Les autres couchèrent chez nous : les femmes et les enfants au grenier, — où chacun des lits avait été dédoublé par les soins de ma mère, — les hommes au fenil, où on avait disposé à leur intention de vieilles couvertures et de vieux sacs.

Les jeunes garçons ne se couchèrent pas. Quand ils eurent bu et mangé à satiété, ils se répandirent dans la cour et firent mille sottises. Ils démontèrent complètement l'araire et bousculèrent le char à bœufs dans l'abreuvoir ; ils enlevèrent des jougs les liens de cuir et s'en servirent pour suspendre au sommet d'un poirier des bêches, des pioches, des « mares », tous les outils qu'ils trouvèrent ; ils y suspendirent aussi la brouette sur laquelle ils avaient préalablement lié Médor ; (le pauvre chien poussa des plaintes déchirantes qui réveillèrent les dormeurs, et mon père fut obligé de l'aller délivrer ; il eut mille peines à y parvenir). Pendant ce temps, les autres continuaient leurs exploits, mettaient sur le chemin des mariés de grands bâtons fourchus, dont je ne compris pas à ce moment le sens. Ce fut ainsi qu'ils s'occupèrent jusqu'au jour.

Le cortège se reforma vers neuf heures pour aller chercher les mariés, et il y eut de beaux rires à leurs dépens quand on passa à proximité des emblêmes. Mais je ne vis pas cela, car il m'avait fallu aller garder les cochons comme si de rien n'était. Quand je revins, le déjeuner s'achevait dans une gaîté un peu factice. La fatigue se lisait sur les figures tirées aux gros yeux somnolents. Il y eut encore une petite séance de bal dans la grange ; puis ce fut, dans des embrassades sans fin, le départ des invités...

Il fallut travailler plusieurs jours ensuite pour remettre toutes choses en place.

VIII

Après ce double mariage, il se trouva que notre ménage fut très fort, surtout en femmes. Ma grand'mère, ma mère, la Catherine, mes deux belles-sœurs, cela les faisait cinq, toutes capables de travailler. Il y avait en plus ma petite sœur Marinette qui touchait à ses dix ans: mais la pauvre gamine était innocente. Elle s'était élevée chétive et malingre. Elle avait été très longue à se développer physiquement, n'avait marché qu'à deux ans, parlé qu'à trois : et encore lui restait-il un zézaiement qui lui faisait déformer beaucoup la plupart des mots, la rendait inapte à se faire comprendre des étrangers. On mettait cela sur le compte d'une mauvaise fièvre qu'elle avait eu étant toute petite, ou plutôt sur les convulsions provoquées par cette fièvre. Mais ces tares de l'organisme n'étaient rien en comparaison de celles du cerveau où nulle idée ne se faisait jour. La pauvrette avait de la peine à saisir les moindres choses. Sa physionomie restait fermée. Ses yeux étrangement fixes ne décelaient nulle lueur d'intelligence. Elle ne répondait que par monosyllables et ne tenait guère de conversation qu'avec Médor et les chats avec lesquels elle se plaisait à jouer. Les reproches la laissaient indifférente; les événements les plus graves ne l'émeuvaient point; mais elle riait parfois sans motif, longuement. Sa compréhension était, à dix ans, et devait rester toujours celle d'un enfant en bas âge.

. . . .

A dater de ce moment, bien que restant porcher en titre, je commençai à me familiariser avec toutes les besognes. J'étais employé comme toucheur de bœufs — « boiron » comme on disait alors — surtout pendant le dernier mois d'hiver et les deux premiers mois de printemps. C'était l'époque où on mettait l'araire dans les jachères à ensemencer l'automne d'après, et, pour cette opération, il fallait les quatre bœufs au même attelage.

Nous venions à neuf heures, après le pansage du matin — mon parrain et moi — et nous restions jusqu'à trois ou quatre heures de l'après-midi. J'amenais les cochons qui s'occupaient à suivre le sillon ouvert pour manger les vers déterrés et restaient à peu près sages. Une longue gaule aiguillonnée me servait à diriger les bœufs qui s'appelaient Noiraud, Rougeaud, Blanchon et Mouton. Les deux premiers étaient de cette race d'Auvergne dont j'ai déjà parlé : (il y en avait un couple au moins dans chaque ferme; car on prétendait que les bœufs blancs du pays n'étaient pas assez robustes pour faire tout le travail). Ils allaient bien, ayant l'expérience de l'âge. Mais les deux blancs, jeunes encore, avaient besoin d'être surveillés sans relâche. Je me fatiguais beaucoup à marcher sur la terre remuée, à cause surtout des petits cailloux qui pénétraient dans mes sabots et me faisaient mal aux pieds. Quand j'étais trop ennuyé de toucher, je demandais à mon parrain de me laisser un peu tenir le manche de l'araire, et il y consentait quelquefois. Ça me remuait fortement, mais ça m'intéressait. Néanmoins, malgré toute ma bonne volonté, le manque d'habitude et le manque de force, ou bien un faux mouvement des bœufs, faisaient que e laissais quelquefois dévier l'outil. Alors mon parrain se fâchait : car il était assez emportant et très pointilleux sous le rapport du travail. Pourtant, la chose lui arrivait bien, à lui aussi, quand il tenait le manche; mais il prétendait que c'était de ma faute parce que je conduisais mal les bœufs, et souvent il me gifflait... Je compris à ce moment pourquoi, avec les meilleures raisons du monde, les faibles se trouvent avoir tort, et combien il est triste de travailler sous la direction des autres.

Je comptais souvent le nombre des sillons labourés au cours de l'attelée, et je supputais approximativement, par comparaison au travail des jours précédents, à quel moment il serait temps de partir. Quand il approchait d'être l'heure, je ralentissais ostensiblement en arrivant à la haie dans laquelle s'ouvrait la barrière d'accès, et j'épiais à la dérobée la physionomie de mon parrain, comptant qu'il donnerait le signal attendu. Mais il ne disait rien; il restait impénétrable, et je devais retourner les bœufs, faire un long tour encore, au bout duquel m'attendait souvent une nouvelle déception plus profonde de toute la croissance de mon espoir. D'ailleurs, la plupart du temps, mon parrain attendait pour partir qu'on appelât de la maison : car il n'avait pas de montre et, par les temps sans soleil, rien ne pouvait le régler que la quantité de travail accompli ou le degré de faim qu'accusait son estomac. A cause de l'éloignement des villages, nous entendions même rarement la sonnerie de l'Angelus de midi qui aurait pu nous donner une vague indication, arrivant juste au milieu de la tâche quotidienne.

Quand il faisait beau, les séances se passaient avec un minimum d'ennui; mais par les mauvais jours, vraiment ça n'en finissait plus. Il me souvient d'un mois de mars où nous labourions dans le champ des châtaigniers, le plus éloigné de nos champs. Il faisait toujours un grand vent de Souvigny, c'est-à-dire du plein Nord, avec des averses froides, des giboulées de grésil et de la neige quelquefois. Cela traversait mes vêtements, m'enveloppait d'un suaire glacé et mes mains étaient d'un rouge pourpre tavelé de taches violettes. Un jour que les averses nous douchaient plus que de raison, j'eus des frissons qui n'étaient pas uniquement des frissons de froid. J'avais le front brûlant, les dents claquantes et l'estomac lourd. Je bâillais et, bien qu'il fût tard, je n'avais pas faim. Je dis à mon parrain que j'étais malade et que je voulais m'en aller. Mais il se fâcha, me traita de « grand feignant », m'obligea à continuer. A la dernière extrémité pourtant, une averse trop brusque nous ayant fait réfugier dans le creux d'un chêne, il se donna la peine de m'examiner ; il constata que j'étais soudain très pâle et soudain très rouge, comprit que j'avais un accès de fièvre et consentit au départ. Mes jambes flageolaient, molles et fatiguées : j'eus de la peine à gagner la maison. On me fit tout de suite coucher ; on me couvrit bien ; et, le lendemain, à la suite d'une bonne suée, j'eus par tout le corps une éruption de petits boutons rouges.

Cela me tient sédentaire pendant une quinzaine. Quand je pus repartir dans les champs, la rougeole passée, avril rayonnait. Il y avait du soleil, de la verdure et des oiseaux. Les haies se paraient de jeunes feuilles et les cerisiers étalaient leur floraison blanche. La nature en joie semblait fêter ma guérison. Je trouvai du bonheur à circuler, à vivre.

. . . .

L'hiver d'après mes quinze ans, ayant cessé tout à fait de garder les cochons, je dus agir en homme. On me mit à battre au fléau et à participer au nettoyage des étables.

Les années d'avant, quand j'allais au champ dans la neige, j'enviais ceux qui restaient à la grange pour battre. Mais quand je dus le faire à mon tour, je fus forcé de convenir que ce n'était pas tout rose non plus, que, si l'on conservait les pieds secs, on se fatiguait joliment les bras et qu'on avalait par trop de poussière. Il faut noter que le battage n'était pas une petite affaire à cette époque où tout s'écossait au fléau. Cela durait depuis la Toussaint jusqu'au Carnaval, et même jusqu'à la Mi-Carême, sans interruption presque, sauf quelques journées chaque mois, quand la lune était bonne, pour tailler les haies et ébrancher les arbres. Dans la journée, on battait seulement entre les deux pansages; mais on se reprenait à la veillée. L'année de mon début se trouvant être une année d'abondante récolte, nous battions chaque soir jusqu'à dix heures à la lueur d'une lanterne. Je ne connais pas de besogne qui, plus que celle-ci, soit énervante, porte à la révolte. Manœuvrer le fléau constamment, du même train régulier, pour conserver l'harmonie obligée de la cadence ; ne pouvoir un instant s'arrêter ; ne pouvoir même disposer d'une de ses mains pour se moucher, pour enlever le grain de poussière qui vous fait démanger le cou : quand on est encore malhabile et non habitué à l'effort soutenu, c'est à devenir enragé ! Je n'étais content que les jours où l'on vannait, quand je voyais le gros tas de mélange gris diminuer peu à peu, passer en entier dans le tarare, et que je plongeais mes mains avec délices dans le grain propre...

Les séances de nettoyage des étables, le samedi matin, étaient bien dures aussi. C'est avec le Louis que j'effectuais ce travail. Nous avions une grosse civière de chêne que je trouvais déjà lourde sans qu'elle fût chargée. Munis chacun d'un « bigot » (1), nous piquions violemment dans la couche épaisse de fumier chaud et

(1) Fourche recourbée en forme de crochet.

nous entassions sur la civière des « bigochées » monstres. Le Louis excitait ma vanité :

— Nous en mettons encore un peu, hein? Tu porteras bien ; c'est là que nous allons voir si tu es un homme.

Comme je tenais à me montrer homme, je consentais à laisser grossir le chargement tant et si bien qu'après, lorsqu'il me fallait soulever ce fardeau trop lourd, il m'en craquait dans les reins. Au début, néanmoins, je parvenais à m'en tirer; mais au bout d'un moment, je suffoquais de chaleur. Quelle que soit la température extérieure, ma chemise se mouillait de sueur. Et mes nerfs fatigués se détendaient : la civière, — dont je ne pouvais plus serrer suffisamment les poignées, — m'échappait dans le parcours de l'étable au gros tas de fumier de la cour. On avait beau ensuite modérer le chargement : à tout propos une nouvelle échappade survenait. Alors mon père, ou mon parrain, était obligé de venir me remplacer, et ils me raillaient, ce qui me faisait mettre en rage.

J'ai remarqué depuis que tous les débutants connaissent ces ennuis-là. Quand on commence à travailler, on a tout de suite le désir de faire aussi bien que les grands ; mais on ne peut y parvenir, car on manque de force, d'adresse et d'expérience. Les autres font sonner bien haut leur supériorité, conséquence de leur âge : et l'on souffre de ne pouvoir les égaler...

IX

M. Fauconnet venait chez nous tous les quinze jours à peu près, à cheval ou en voiture, selon l'état des chemins. Dès qu'il apparaissait, les femmes se précipitaient pour tenir sa monture et elles appelaient bien vite mon père qui s'empressait d'accourir, — tant loin soit-il, — pour lui montrer les récoltes et les bêtes, lui donner toutes les explications désirables.

M. Fauconnet tutoyait tout le monde, jeunes et vieux, hommes et femmes. Dans ses moments de grosse jovialité, il allait jusqu'à décoiffer ma grand'mère qui portait ces chapeaux en trois parties — un cône et deux volutes renversés — dits « chapeaux à la bourbonnaise » que commençaient à dédaigner les jeunes.

— Eh bien, tu te maintiens, petite mère? Mais oui, tu as encore bonne mine; tu vivras au moins jusqu'à quatre-vingt-dix ans. Avec ces chapeaux-là, toutes les femmes devenaient vieilles ; elles font mal de les changer ; les nouveaux sont malsains d'être trop plats ; ils ne gardent pas du soleil.

A ma mère il disait :

— Ta volaille marche, cette année, Jeannette ? Je constate que les poulets ne manquent pas ; j'en vois plein la cour. Surtout ne leur fais pas manger la farine des cochons et ne leur laisse pas gaspiller le grain dans les champs : ou bien gare !

Il tapotait le ventre de mes belles-sœurs, leur demandant si *ça n'allait pas venir*: et, à l'époque où elles étaient enceintes, il constatait complaisamment que *ça viendrait bientôt*. Il prenait par le menton ma sœur Catherine en lui disant qu'elle était gentille et qu'il la voulait engager comme bonne.

— Et toi, brigand d'Auvergne, tu deviens aussi long qu'une grande perche, me disait-il.

Il m'appelait « brigand d'Auvergne » en souvenir du jour où j'avais laissé pénétrer les moutons dans le trèfle pour m'être allé promener dans la forêt avec le scieur de long auvergnat.

Les mauvaises années, mon père lui adressait force plaintes et lui demandait une diminution de charges. A quoi il répondait :

— Tu te fais toujours du mauvais sang, Bérot : tu ne viendras pas vieux, mon ami ! Une réduction... Mais tu n'y penses pas ! Quand tu ne gagnes rien, moi je ne gagne rien non plus, vieux farceur. Et quand ça va bien est-ce que je t'augmente ?

Lorsqu'il s'agissait, à l'époque de la Saint-Martin, de régler les comptes de l'année, on s'efforçait de se rappeler à quelle foire on avait vendu des bêtes et quel prix elles avaient atteint. Mais personne ne sachant faire un chiffre, il était bien difficile de se remémorer tout cela de tête, et plus difficile encore de faire les totaux, de déterminer quelle somme exacte restait comme bénéfice. Attentifs, graves, les yeux brillants, mon père, ma mère et mes frères comptaient de compagnie :

— A une foire de Bourbon, dans l'hiver, sept cochons à vingt-trois francs...

— Ça fait cent soixante et un francs, disait le Louis, très habile.

Ma mère ne s'en rapportait pas à lui du premier coup :

— Tu dis cent soixante et un... Est-ce bien ça... Voyons : sept fois vingt-trois... prenons d'abord sept pièces de vingt francs qui font... qui font... les cinq font cent, les deux quarante, cent quarante francs ; il reste sept pièces de trois francs qui font vingt et un ; cent quarante et vingt et un font bien cent soixante et un. C'est çà. Après ?

Mon père avait eu le temps de songer ; il reprenait :

— Nous en avons vendu d'autres le Mercredi des Cendres, au Montet. Il y en avait cinq. C'étaient des gros : nous les vendions trente-huit francs dix sous, je crois bien.

Alors on se remettait à décomposer :

— Cinq pièces de trente francs, cinq pièces de huit francs, cinq pièces de dix sous...

C'était comme cela pendant des soirs et des soirs. Lorsqu'on arrivait à la fin, on ne souvenait plus des totaux précédemment faits et il fallait tout recommencer. C'était à désespérer de pouvoir aboutir. On finissait pourtant par se mettre d'accord sur un chiffre sans être bien certain, d'ailleurs, qu'il soit le véritable.

Quand M. Fauconnet arrivait pour compter, il avait vite tranché toutes les questions, lui. Il disait, son papier à la main :

— Les achats se montent à tant, les ventes à tant ; il te revient tant, Bérot...

Les mauvaises années, cette somme était nulle ; il y avait même retard. Des fois elle se montait à deux ou trois cents francs, jamais au delà. Souvent mon père avait espéré mieux : il se hasardait à dire :

— Mais, monsieur, je pensais d'avoir à toucher plus que çà ?

Alors le visage du maître prenait de suite son mauvais plissement :

— Comment, plus que çà ? Est-ce que tu me prends pour un voleur, Bérot ? S'il en est ainsi je vais te prier de chercher un autre maître qui ne te vole pas.

Mon père s'empressait de bredouiller, très humblement :

— Je ne veux pas dire cela, monsieur Fauconnet, bien sûr que non !

— A la bonne heure, parce que, tu sais, les laboureux ne manquent pas : après toi, un autre.

Pourtant, quand la différence était trop considérable, Fauconnet daignait expliquer qu'il avait reporté au compte prochain les ventes du mois d'octobre. Cela lui permettait de ne donner, selon la coutume, qu'une somme insignifiante ; et cela lui laissait pour l'année entière la jouissance de cet argent qu'il aurait dû nous partager de suite. Mais, bien entendu, il fallait accepter de bonne grâce cette combinaison illégale, sous peine d'être mis à la porte...

X

L'argent, comme bien on pense, était rare à la maison, et, jusqu'à dix-sept ans, je n'eus jamais même une pauvre pièce de vingt sous dans ma poche. Pourtant, les jours de sortie, il me prenait des envies d'aller à l'auberge, de voir du nouveau. Nous allions à la messe à tour de rôle, car il n'y avait que deux garnitures d'habits propres pour nous quatre. Mes frères avaient bien leurs habits de noce, mais ils les réservaient pour les jours de grande fête et pour les cérémonies possibles. (La garniture d'effets de drap du mariage durait la vie d'un homme et lui servait encore de toilette funèbre.) Mon père et mon frère Louis allaient au bourg de compagnie ; le dimanche suivant, c'était au tour de mon parrain et au mien.

Or, je voyais que mes camarades de catéchisme commençaient d'aller boire bouteille chez Vassenat, et cela m'ennuyait de n'avoir pas d'argent pour les accompagner. Le second dimanche avant le carnaval, il était de tradition pour les jeunes de bien s'amuser. Etant dans ma dix-huitième année, j'osai, ce jour-là, demander un peu d'argent. Mon père eut un soubresaut et gémit :

— Qu'en veux-tu faire? Si jeune que ça, mon Dieu!

Ma mère, intervenant, déclara qu'il n'y aurait plus moyen de suffire si je voulais me mettre déjà à manger de l'argent. Je finis pourtant par obtenir quarante sous.

Là-dessus, je partis content comme un roi, levant la tête plus que de coutume et faisant bouffer ma blouse avec orgueil. Après la messe, au lieu de m'esquiver, j'abordai franchement Boulois, du Parizet, et j'offris de payer un litre. Il y avait déjà longtemps qu'il allait chez Vassenat, lui, et il connaissait tous les habitués: il eut vite raccroché quelques intimes et nous nous trouvâmes bientôt cinq ou six attablés ensemble. N'ayant pas l'habitude du lieu, je restai d'abord tout penaud. Même avec ceux de mon groupe je n'osais rien dire. Je les entendais avec étonnement rappeler d'anciennes débauches et passer une revue des filles du pays en faisant sur chacune des commentaires désobligeants ou ironiques.

A la suite de la salle d'auberge, il y avait une salle de danse où préludèrent bientôt le vieux maigre avec sa vielle, et le joufflu au nez cassé avec sa musette. Je me transportai là avec mes camarades. Les filles entraient par une porte latérale donnant sur une ruelle. Par dessus leurs grosses robes de bure, elles avaient de petits châles gris ou bruns croisant sur la poitrine et tombant en pointe derrière le dos. Leurs bonnets blancs étaient recouverts de chapeaux de paille ronds, sans bords, garnis de velours noir, avec des brides qui flottaient sur leurs épaules. Thérèse Parnière était là. C'était à présent un belle fille de seize ans, toujours blonde et fraîche, très développée. Comme j'étais plus familier avec elle qu'avec aucune autre, je la demandai pour danser, ce à quoi elle consentit: elle fut quasi ma cavalière pendant toute la durée du bal. Entre les danses, je rejoignais Boulois et les autres; nous regagnions dans la salle d'auberge la petite table où s'alignaient nos litres; nous buvions une rasade en devisant gaîment, et nous repartions aux premiers accords de la vielle.

Il en fut ainsi jusqu'à cinq heures du soir, heure où s'esquivèrent les dernières filles. Alors, comme nous avions très faim, nous demandâmes du pain et du fromage. Ces provisions furent dévorées en un clin d'œil, à peine le temps de vider deux nouveaux litres. On s'offrit ensuite le café, puis la goutte. C'était la première fois que je buvais autant; je me trouvai un peu gris. Je voyais comme en un rêve l'agitation de la salle, les groupes qui, autour des tables, riaient et chantaient, et mes compagnons, très gais aussi, qui avaient leur part dans le vacarme de l'ensemble. Quand on se leva pour partir, je sentis que je n'étais pas bien stable. Dehors, Boulois me prit par le bras, sans quoi je me serais certainement étalé dans quelque fossé. Pourtant l'air me fit du bien et, quand nous fûmes à proximité du Parizet, j'avais repris mon aplomb; mon camarade put rentrer chez lui, me laissant seul. Je fis sans encombre le reste du chemin. Chez nous je trouvai tout le monde couché, bien qu'il ne fût pas encore huit heures:

— Eh bien, quoi, on dort déjà? fis-je en pénétrant dans la cuisine enténébrée.

Je butai dans le banc qui fit un grand bruit et je me mis à pester et à monologuer. Les deux mioches de mon parrain et les trois de mon frère Louis s'éveillèrent en criant. Ma mère se leva ainsi que ma belle-sœur Claudine: je voulus les embrasser.

— Il est saoûl! firent-elles de compagnie.

Ma mère me prépara à manger en gémissant, parce que j'avais dépensé si bêtement ce pauvre argent qui donne tant de peine à gagner. La Claudine donna le sein à son petit dernier qui pleurait, puis elle le remit dans son berceau et, tout en le berçant, chanta pour le faire endormir :

« Dodo, le petit, dodo...
Le petit mignon voudrait bien dormir :
Son petit sommeil ne peut pas venir.
Dodo, le petit, dodo... »

Mais ni les reproches de ma mère, ni ses regrets, ni la mélopée de ma belle-sœur, ni les cris de son enfant, n'eurent le don de m'émouvoir. Je fis le boucan plus que de raison et tins tout le monde éveillé par ma verve et mes façons de pantin jusqu'à plus de neuf heures. Après quoi, m'étant couché, je dormis profondément jusqu'au matin. Au travail, le lendemain, mes frères se moquèrent de moi à cause de ma triste mine et parce que je fus obligé d'aller boire dans les fossés, tellement j'avais la bouche chaude.

Je n'eus pas l'occasion de recommencer de sitôt. A Pâques, on me donna vingt sous seulement. Il me fallut attendre la fête patronale, en juin, pour rattraper une autre pièce de quarante sous.

. . . .

Heureusement, on savait à cette époque s'amuser sans argent ; on organisait fréquemment des parties de plaisir qui ne coûtaient rien : c'étaient, à la belle saison, des bals champêtres qu'on appelait les « vijons » et, en hiver, les veillées.

Pour les vijons, on choisissait autant que possible un carrefour ombreux et gazonné à souhait et, au jour dit, toutes les jeunes filles, tous les jeunes gens de la contrée s'y réunissaient. Il vénait même des gens mariés, et aussi des vieillards et des enfants : tous ceux, en un mot, qui avaient à dépenser un moment de loisir. Quand on pouvait avoir un « berlironneur » quelconque, on dansait agréablement autant qu'on en avait envie : les vieux même faisaient leur bourrée. S'il n'y avait pas de mucisiens, les plus dévoués chantaient ou sifflotaient des airs ; et ça marchait tout de même. En plus des danses on avait la ressource des petits jeux. On formait un grand cercle au milieu duquel s'agitait une victime aux yeux bandés qui n'était délivrée qu'après avoir deviné qui lui faisait face, qui lui frappait dans la main, ou autre chose dans le même genre. On faisait donner des gages, ce qui permettait d'embrasser les filles. Enfin, pour les hommes sérieux à qui ces plaisirs-là semblaient trop enfantins, il y avait un jeu de quilles où s'organisaient de longues parties.

Les amoureux, par exemple, ne pouvaient guère s'isoler ; il y avait trop de monde ; la chose eût été aussitôt remarquée et commentée avec malveillance. Ces réunions du grand jour restaient donc très honnêtes : il ne s'y passait jamais rien d'anormal.

Les veillées d'hiver donnaient souvent plus de liberté. Elles avaient lieu d'après le même principe que les vijons. On se réunissait un dimanche dans un domaine et le dimanche suivant dans un autre. On y dansait, on y jouait, on y riait. Quelquefois, quand ceux de la maison voulaient bien faire les choses, ils offraient une poêlée de châtaignes, ce qui achevait agréablement la soirée. Et quand on s'en allait vers minuit, on avait parfois la chance de servir de guide, dans l'obscurité, à l'élue de son cœur, ce qui était tout à fait charmant.

. . . .

Ce fut dans cette circonstance que j'en arrivai à faire des aveux à Thérèse Parnière, ma voisine de la Bourdrie. Depuis ma première sortie chez Vassenat, pour ne pas dire dire depuis la noce de mes frères, je me sentais attiré vers elle. Aux vijons et aux veillées, j'étais son danseur attitré, et, par des pressions de mains et des regards tendres, je lui montrais assez quels sentiments elle m'inspirait. Mais quand il m'arrivait de la rencontrer en dehors de ces réunions, je ne trouvais rien à lui dire que des paroles banales sur la température et le mauvais état des chemins ; et pourtant Dieu sait si le cœur me battait fort !

Ce dimanche-là, il y avait veillée à Suippière et je m'y étais rendu seul de chez nous : (la Catherine, souffrante, n'avait pas voulu m'accompagner et mes frères ne sortaient plus que très rarement.) De la Bourdrie, il n'y avait que la Thérèse et son frère Bastien. Je prévoyais bien qu'à l'heure du départ Bastien voudrait accompagner la plus jeune des Lafont, de l'Errain, qui était sa bonne amie de longue date. Comme je ne me gênais pas avec lui, je lui dis en confidence qu'il serait embarrassé à cause de sa sœur.

— Eh bien, reconduis-la donc, me dit-il.

Je lui avouai que ce serait mon plus cher désir. Il se mit à rire et reprit :

— Tu n'as qu'à lui demander, badaud, elle sera bien contente.

En dansant une polka je m'armai de toupet et dis à Thérèse :

— Veux-tu de moi pour conducteur, ce soir ?

— Mais oui, si tu veux, fit-elle sans hésiter. Autant toi qu'un autre.

Selon l'usage, la veillée se termina vers minuit. Tous les étrangers sortirent ensemble, et, dans la cour, la division eut lieu par maisonnée ou par groupements sympathiques. Je rejoignis Thérèse qui, à dessein, avait quitté son frère de quelques pas, et nous pénétrâmes dans un grand champ qu'il fallait traverser pour gagner la Bourdrie. Il faisait très noir. Le vent d'Ouest soufflait violemment par rafales intermittentes. La bruine, qui n'avait cessé de tomber dans la journée, avait rendu le sol glissant. Nous allions avec précaution, nous tenant par le bras et essayant mutuellement de nous éviter une chute complète quand nos sabots dérapaient.

Je gardais le silence, très ému par la nouveauté de la scène. Thérèse dit :

— Il ne fait pas bon s'en aller ; il fait aussi noir que dans le cul d'un four.

— Oh bien, quand on est deux... fis-je timidement.

Et, sur sa joue fraîche, je posai mes lèvres d'un geste brusque.

Je ne pouvais, en raison des ténèbres, observer sa physionomie, mais il me sembla que mon audace ne l'avait point trop surprise. Pourtant, comme je faisais mine de vouloir m'arrêter :

— Finis donc, va, grand bête ! dit-elle d'un ton plus condescendant que fâché.

Je lâchai son bras, reccueillis sa main dans ma main droite et, du bras gauche, lui enlaçai la taille.

— Il y a bien longtemps, Thérèse, que je souhaitais une occasion comme çà pour te proposer de devenir ton bon ami...

— Tu en seras bien avancé... Tu ne veux pas te marier encore, je pense ?

— Peut-être sans bien tarder, va...

Je serrai plus fort sa taille et pressai sa main davantage ; puis, d'un mouvement énergique, je l'arrêtai :

— Tu voudras, dis ?

— Quoi ?

— Te marier avec moi ?

Et, grisé, sans lui donner le temps de me répondre, je l'embrassai de nouveau, longuement. Mes lèvres cherchèrent ses lèvres...

Elle avait renversé la tête d'un geste instinctif : je la sentis tressaillir.

— Finis, je t'en prie, reprit-elle d'une voix plus faible, quasi suppliante.

Mais elle ne put éviter ma caresse ; nos lèvres se sceillèrent en un baiser délicieux. Tout près, avec un air de nous narguer, une chouette se mit à pousser une série de huhulements gutturaux. Nous reprîmes notre marche à pas plus vifs, troublés beaucoup tous les deux de cette première manifestation d'amour et péniblement impressionnés par les cris de mauvais augure de l'oiseau nocturne.

La bruine s'était remise à tomber, dense et froide. Elle humectait la cape de bure de ma compagne ; elle dégoulinait sur ma grosse blouse de cotonnade qu'elle était impuissante à pénétrer : et sur nos mains unies, chaudes de fièvre, elle mettait son contact glacé...

Le champ traversé, il nous fallut, par un échalier, franchir la bouchure qui le séparait du pré de la Bourdrie. Il faisait tellement noir que nous eûmes de la peine à trouver l'échalier. Je le passai le premier et, comme le pré était en contre-bas, je reçus Thérèse dans mes bras au pied du pieu crochu qui servait d'accès pour monter et d'échelon pour descendre. Je voulus m'autoriser de ce service pour en faire le prétexte d'une nouvelle étreinte, mais elle se dégagea si vite que je n'eus même pas le temps de l'embrasser. Tout au long du pré humide nous allâmes très sagement et presque silencieusement. Il nous fallut ensuite parcourir un bout de très mauvais chemin ; nous fûmes obligés de passer à la file sur un sentier fait de grosses pierres placées en ligne et assez éloignées l'une de l'autre. Pour faire le brave, et malgré que le sentier ne me fût guère familier, je voulus aller le premier. Ma témérité fut punie : bien qu'avançant avec précaution, je manquai une des pierres et m'enfonçai dans une flaque d'eau jusqu'à mi-jambe. Des gouttes de cette eau boueuse allèrent souiller les vêtements et la figure de ma compagne. Je me tirai de là tout penaud, le pantalon ruisselant et imprégné de boue, pendant qu'elle riait de l'aventure. Dans la cour, je la repris néanmoins par la taille et, avant de la quitter, je la pressai tout contre moi en une étreinte passionnée, et lui redonnai, sans qu'elle s'en fâchât, un long baiser d'amant...

Je regagnai, fiévreux, le Garibier. Une exubérance de vie me soulevait. Par cette nuit d'hiver sombre, venteuse et pluvieuse, j'avais du ciel bleu plein le cœur...

Donc, à partir de cette soirée, Thérèse devint ma bonne amie attitrée. Je n'eus pas crainte d'afficher mes préférences pour elle aux autres veillées de cet hiver-là, aux vijons de l'été suivant, non plus qu'au bal de l'auberge Vassenat, les jours de fête. J'allais même la trouver dans les pâtures, les dimanches où il n'y avait pas assemblement, et nous passions de longues heures seul à seule au long des grosses haies parfumées et discrètes, complices des amoureux. Pourtant elle ne devint pas ma maîtresse. Nos relations se bornèrent à des mignardises innocentes, à des baisers nombreux et à des rééditions de nos effusions de lèvres du premier soir. Jeunes et naïfs tous deux, la timidité, la pudeur, la crainte des suites nous empêchèrent d'aller jusqu'à la consommation de l'amour. J'avais d'ailleurs absolument l'intention d'en faire ma femme.

XI

J'avais dix-neuf ans quand il me fallut quitter cette ferme du Garibier où s'était écoulée ma jeunesse.

Ce fut à la suite d'une scène violente avec mes parents que M. Fauconnet leur donna congé. Mon père proposait de vendre une des truies avec ses petits, parce qu'il n'y avait guère de nourriture cette année-là. Mais le maître déclara qu'il valait mieux garder la mère et laisser grossir les petits.

— Nous achèterons du son, fit-il.

Ce mot mit le feu aux poudres, car on avait cru s'apercevoir qu'au règlement de la dernière Saint-Martin, il avait compté beaucoup plus de son qu'il n'y en avait eu d'acheté en réalité. De plus, on avait trouvé absolument dérisoire le prix des deux bœufs gras qu'il avait vendus en dehors de la présence de mon père. A différentes reprises ma mère avait juré qu'il n'emporterait pas cela en terre. Elle profita donc de ce qu'il parlait de son pour lui dire qu'il n'aurait pas à porter aux dépenses celui qu'il se proposait d'acheter, attendu qu'il était payé depuis l'année dernière. Là-dessus, Fauconnet lui ayant demandé de s'expliquer, elle reprit carrément qu'il en avait compté au moins mille livres de trop.

— Dites tout de suite que vous me prenez pour un voleur ! fit-il, selon sa coutume.

Mon père sortit de sa passivité ordinaire :

— Eh bien ! oui, là, vous êtes un voleur !

Il lui parla des bœufs gras et rappela plusieurs

choses anciennes qui l'avaient frappé, mais de quoi il n'avait jamais osé l'entretenir de peur de le mécontenter. Il répéta, appuyé par ma mère :

— Oui, oui, vous êtes un voleur ! Si vous aviez agi honnêtement j'aurais peut-être trois ou quatre mille francs devant moi alors que je n'ai pas seulement un sou. Oui, oui, vous êtes un voleur !

Fauconnet, malgré son toupet, blémit. Son visage glabre eut des plissements très accentués, une grimace horrible. Furieux, avec un geste de menace, il dit :

— Vous viendrez raconter cela devant les juges, mes agneaux ! Je vais vous attaquer pour insultes et atteintes à l'honneur ; vous ne savez pas ce qui vous pend au nez, soyez sûrs... En attendant, Bérot, cherche un autre domaine, vieux malin !

Il sortit, alla seul prendre son cheval dans l'étable, et, en partant, il cria de nouveau :

— Vous saurez comment je m'appelle, n'ayez pas peur.

. . . .

En osant cela, mes parents savaient qu'ils allaient au devant d'un congé immédiat : cette conséquence prévue les laissa donc indifférents. Mais la menace d'un procès les effraya beaucoup, et leur appréhension à ce sujet était partagée par tous. Devant les juges, avec les meilleures raisons, les malheureux se trouvent avoir tort ; c'était une vérité déjà connue. Qu'arriverait-il ! On ne pourrait qu'affirmer ce qu'on savait être la vérité, alors que le maître montrerait des papiers, présenterait des comptes qui auraient l'air d'être justes : et il aurait gain de cause. Ma grand'mère gémissait :

— Les hommes de loi vont tout nous prendre ; ils feront vendre aux enchères le mobilier et les instruments. Ah ! mon Dieu !...

Ces terreurs étaient vaines pourtant : Fauconnet ne

porta aucunement plainte : (au fond, malgré la supériorité de sa situation, lui aussi avait peut-être peur des juges). Il se borna à nous faire, jusqu'à la Saint-Martin, toutes les misères possibles, exigeant que les conditions du bail fussent suivies à la lettre, nous empêchant de faire pâturer les trèfles, de façon à nous forcer à acheter du foin et à laisser un cheptel en mauvais état. Il trouva moyen de nous faire tellement tort qu'à notre sortie mon père fut redevable d'une somme qu'il ne put fournir. Le maître alors s'empressa de faire mettre une saisie sur la récolte en terre qu'il garda toute. C'est à lui seul que profita notre travail de la dernière année.

Quand je le vis par la suite mettre ses fils dans les plus grandes écoles, au point de faire de l'aîné, un médecin, du second, un avocat, et du troisième, un officier ; quand je le vis plus tard acheter à Agonges un château et quatre fermes, vieillir et mourir dans la peau d'un gros propriétaire terrien, — possesseur d'un demi-million tout au moins, et considéré en conséquence, — je compris combien l'épithète de « voleur » lui avait été justement appliquée. C'est bien en spéculant sur l'ignorance de ses sous-ordres qu'il put édifier cette fortune, car il l'édifia tout entière. De ses ascendants, il n'avait rien eu : son père était garde de propriété et son grand-père métayer comme nous.

XII

Après bien des démarches, mon père finit par trouver une autre ferme. Cette ferme, qui s'appelait « la

Billette », était située à proximité du bourg de Saint-Menoux, au bas d'une grande côte, tout près de la route de Bourbon. Elle venait d'être achetée par un pharmacien de Moulins, un certain M. Boutry, lequel, ayant remis son fond, vint s'y installer en même temps que nous : car il y avait une maison de maître, une grande maison carrée dans un jardin spacieux, qu'un mur séparait de notre cour.

A plusieurs points de vue, nous étions mieux placés qu'au Garibier. Les bâtiments n'étaient qu'à deux cents mètres de la grande route que bordaient plusieurs de nos champs. Nous voyions passer des cavaliers, des piétons, des voitures ; cela nous changeait de notre vallon sauvage de là-bas où jamais nous n'avions l'occasion de voir d'étrangers. Le logement était passable et il n'y avait pas à se plaindre des terres. Mais ce qui nous sembla bientôt gênant, puis insupportable, ce fut la quasi-cohabitation avec le maître, sa présence constante.

M. Boutry n'était pas un mauvais homme et je mettrais ma main au feu que lui ne profita pas de notre ignorance pour nous gruger sur les comptes. Seulement, il était méticuleux et tatillon. Il avait le tort, — ne connaissant rien des choses de la culture, — de prendre au sérieux son rôle de propriétaire gérant. Il avait acheté des livres d'agriculture et il aurait voulu nous faire accepter en bloc les théories qu'il y puisait. Ces théories avaient peut-être du bon, mais elles contenaient aussi beaucoup d'absurdités ; et elles étaient si contraires aux habituelles façons de faire que, bien souvent, lorsqu'il les développait, nous lui éclations de rire au nez. D'ailleurs, son physique même et ses gestes prêtaient à rire. Petit, vif et remuant, crâne chauve et barbe courte, il venait en sautillant nous relancer dans les étables ou dans les champs. Et timidement, poliment, il faisait ses observations :

— Voyez, il serait préférable de labourer à telle époque et de telle façon. Ou bien : — Vous mettez trop peu de semence. Ou bien encore : — Il faut donner telle ration à vos bœufs.

Je me rappelle d'un jour où il vint nous trouver, mon parrain et moi, alors que nous étions en train de labourer une jachère. Il pouvait être neuf heures du matin ; c'était à la fin d'avril et il faisait chaud ; M. Boutry dit, très affairé :

— Baptiste, Baptiste, quand il fait chaud comme cela il ne faut pas garder les bœufs trop longtemps, trois heures au maximum. Si l'on prolonge au-delà de cette limite, il peut en résulter des accidents fort graves. J'ai lu cela hier dans un traité d'agriculture très bien fait.

Il passa sur le dos des bœufs sa petite main d'apothicaire fine et blanche.

— Voyez, ils sont déjà en sueur ; leurs flancs battent ; de la mousse écumeuse sort de leur bouche ; ils en viendraient à tirer la langue... Il va falloir les dételer, Baptiste.

Mon parrain haussa les épaules.

— Nous en aurions pour longtemps à faire notre ouvrage, monsieur, si nous ne les gardions que trois heures chaque attelée. Par les temps de chaleur, bien sûr que leurs flancs battent et qu'ils tirent la langue, mais çà ne leur fait pas de mal, allez...

Il s'exprimait d'un ton rude, en notre langage incorrect de la campagne, et cela contrastait avec l'affabilité du maître et son pur français.

— C'est une erreur : il peut en résulter des accidents fort graves, vous dis-je... Ne les gardez pas trop longtemps.

— Oh ! pas plus tard que midi, vous pouvez être tranquille, fit mon parrain narquois.

— Comme les autres jours, ajoutai-je malignement.

M. Boutry vit bien qu'on se fichait de lui. Il partit très mécontent.

— Vieux serin, va ! t'as pas fini de nous embêter, monologua mon parrain en le voyant s'éloigner. Qu'on est malheureux d'avoir toujours ce vieux cruchon sur le dos !

La politesse, la déférence nous faisaient bien défaut, comme on voit. Pourtant, au Garibier, avant la rupture, nous savions nous montrer empressés à l'égard de Fauconnet. Mais Fauconnet ne venait que deux fois par mois ; il connaissait la vie rurale ; il avait comme gérant des capacités incontestables ; enfin il savait parler en maître. Tandis que Boutry, exprimant d'un air de prière les idées de ses livres, nous semblait ridicule ; et puis, dame, il était toujours là...

De par les conditions du bail, nous étions astreints à accomplir pour le service particulier du maître une foule de petites besognes : car il n'avait pas de domestique mâle. Nous devions soigner son cheval, nettoyer sa voiture, atteler et dételer quand il allait en route, puis faire son jardin et casser son bois. Il eût voulu, je pense, que nous prévenions ses désirs, que nous nous prêtions au moins de bonne grâce à l'accomplissement de ces diverses corvées. Et, certes, avec son caractère, nous eussions gagné d'agir ainsi, de demander chaque matin, par exemple, si Monsieur allait en route dans la journée et à quelle heure, s'il y avait quelque chose à faire au jardin et ainsi de suite. Mais, au lieu de cela, mon père, qui se chargeait ordinairement du pansage du cheval et des autres travaux, ne cessait de dire au bourgeois qu'il était très ennuyeux de passer du temps chez lui alors qu'on avait tant à faire ailleurs : il ignorait absolument l'art de la dissimulation, si nécessaire dans la vie.

Au printemps surtout, quand il lui fallait bêcher le jardin, il était toujours furieux, parce qu'à cette époque l'ouvrage abondait chez nous. Et c'était encore pis au moment de la rentrée des récoltes : il avait alors des réponses affairées quand M. Boutry venait lui commander quelque chose :

— *Oh m'sieu, ça va t'y nous r'tarder! J'voulions faire çà ou çà* — finir de rentrer le foin d'un pré, terminer le liage d'un champ de blé ou édifier une meule. — *J'aurions déjà peiné d'en voir le bout.*

Presque toujours ma mère renchérissait, ou bien mes frères. Alors le maître :

— Mais il n'y en a pas pour longtemps, mes amis. C'est l'affaire d'un tout petit moment... Vous m'aurez vite fait ça, mon brave Bérot.

— *Pus longtemps qu'ou pensez, allez, m'sieu... Ça va bien nous embrouiller, j'vous en réponds*, reprenait mon père.

Ces doléances ennuyaient M. Boutry. Il n'osait plus venir nous déranger, sauf les cas d'absolue nécessité ; et alors il se faisait très humble, courbant le dos, — tel un chien battu à la suite d'une frasque, — comme s'il eut demandé service à des indifférents.

Du côté des femmes, les choses allèrent bientôt plus mal encore. Mme Boutry, maigre pimbêche sur le retour, était loin d'être aussi accommodante que son mari. C'était d'un ton sec et dédaigneux qu'elle disait à ma mère :

— Jeannette, vous m'enverrez quelqu'un demain pour la lessive. Ou bien : — Je compte sur Catherine dimanche pour aider la bonne ; j'aurai du monde.

Cela n'admettait pas de réplique.

De plus, elle était méfiante à l'excès. Les volailles, les fruits, étant à moitié au même titre que le reste, elle comptait fréquemment les poussins et venait souvent chez nous à l'heure des repas pour voir s'il ne se trouvait pas sur la table des fruits non partagés. Les jours de marché elle se trouvait toujours là comme par hasard à l'heure où partait ma mère et, du regard, inspectait les paniers, craignant sans doute qu'ils ne contiennent des denrées soustraites à la communauté. Bref, elle passait une partie de son temps à fureter et à épier, toujours empressée de connaître le pourquoi et le comment des moindres choses. Ma mère et mes belles-sœurs ne tardèrent pas à ronchonner beaucoup à cause de cela.

Un jour, Mme Boutry ayant fait observer à la Claudine que des prunes avaient dû être soustraites au gros prunier de la rue, celle-ci, qui n'était pas toujours commode, lui fit une réponse un peu vive :

— Ma foi, que voulez-vous que je vous dise... j'ai autre chose à faire que de rester là pour les garder.

Un autre jour que deux poulets avaient disparu, probablement pris par la buse, la propriétaire observa :

— Je trouve que cela arrive souvent : vous devriez les veiller mieux.

— Nous louerons une servante pour çà ! répondit ma belle-sœur ironiquement.

Et la dame fut très froissée.

M. Boutry et sa femme avaient enfin une commune manie que personne chez nous ne pouvait souffrir : ils étaient toujours à nous donner des conseils d'hygiène. S'ils nous voyaient en sueur à la suite d'une séance de travail pénible :

— Ne restez pas ainsi, disaient-ils. Allez tout de suite vous changer. Massez-vous les uns les autres pour que la circulation du sang ne se ralentisse pas trop vite. Surtout, évitez les courants d'air.

Tout cela était excellent sans doute, mais en été on a autre chose à faire que de se changer et de se masser réciproquement chaque fois qu'on est en sueur ! Et puis, il faudrait recommencer trop souvent ces deux opérations !

Quand les gamins couraient dehors tête nue, comme il arrivait fréquemment, les maîtres s'empressaient encore d'intervenir :

— Mais faites donc attention : ces enfants vont prendre mal ! Ne les laissez jamais au soleil la tête découverte.

Ils n'auraient pas voulu non plus les voir sortir au crépuscule, ni par les temps humides, en raison de la faiblesse de leurs poumons. En un mot, ils conseillaient tout un tas de prescriptions bonnes pour les enfants des riches, — qui ne s'en portent pas mieux d'ailleurs, — mais auxquelles les petits des travailleurs n'ont pas l'habitude d'être astreints.

Et quand quelqu'un, petit ou grand, souffrait d'une indisposition quelconque, le Monsieur et la Dame insistaient de compagnie pour lui faire prendre des médicaments et pour qu'on aille quérir le médecin.

— Ils se figurent pourtant que leurs remèdes empêchent de mourir, disait mon père. C'est de la blague : plus on s'en fourre dans le corps, plus mal on se porte. Tant qu'aux médecins, s'il fallait recourir à eux chaque fois qu'on sent du mal, on ne pourrait pas suffire ; car s'ils ne connaissent rien aux maladies les trois quarts du temps, ils s'entendent toujours à raboter l'argent... On voit bien que le « bourgeois » était pharmacien : çà s'accorde ensemble, les marchands de drogues et les médecins, pour rouler le pauvre monde.

De même, ma mère disait, quand elle venait de subir un cours d'hygiène :

— En voilà des embarras ! Si l'on voulait les croire, il faudrait se fourrer dans une boîte à coton. Mais il faut avoir des moyens pour çà : ils n'ont pas l'air de s'en douter.

Et plus fort encore pestaient mes belles-sœurs quand elles recevaient des observations au sujet de leurs mioches.

Pour ces différentes raisons, il y eut bientôt des tiraillements dans nos relations avec les maîtres. Une véritable brouille survint même entre la Dame et la femme de mon frère Louis. Pourtant, au point de vue des intérêts généraux, ça marchait bien. M. Boutry n'allait guère aux foires : en tout cas il laissait une grande liberté à mon père pour les ventes et les achats. Dès le premier compte il y eut à toucher un joli bénéfice, ce qui nous permit de subsister en dépit de la saisie de notre part de récolte au Garibier.

XIII

Les premiers mois de notre installation à la Billette j'étais resté fidèle à Thérèse Parnière et, en dépit de l'éloignement, — dix kilomètres au moins par les coursières, — j'allais la voir presque tous les dimanches. J'accomplissais ces trajets par monts et par vaux, au travers des cultures et des prés, suivant quelquefois un bout d'impossible rue creuse et circulant même en un coin de la forêt.

A vingt minutes à peu près de la Bourdrie j'avais à traverser un terrain vague assez vaste et très humide auquel accédaient plusieurs rues. Vers le milieu il n'y avait pour passer qu'un étroit sentier, le terrain étant coupé par une grande mare à l'eau verdâtre où croissaient des roseaux et qu'entouraient des ormes bizarrement penchés. Deux rangées de vieux chênes jamais élagués régnaient tout auprès. Et la forêt était à cinq minutes. Ce lieu désert et un peu mystérieux était dénommé le *rendez-vous des sorciers*, et, certes, il n'était pas agréable de passer là tout seul en pleine nuit : les cris des hiboux y semblaient plus lugubres et le bruit du vent dans les feuilles avait une insistance particulière, une sonorité inquiétante. Sans avoir précisément peur, ce n'était pas sans une certaine appréhension que je m'engageais dans cet espace.

J'étais passé plusieurs fois déjà sans rien voir d'anormal. Mais, certaine nuit sans lune, comme j'arrivais à quelques dix mètres du bord de la mare, surgit soudain d'entre les ormes une forme blanche qui se mit à faire des cabrioles... Puis une autre survint, et une troisième qui firent de même. Un frisson de terreur me parcourut tout entier, mais je ne perdis pas mon sang-froid. J'étais muni d'un solide gourdin d'épine; je l'assurai dans ma main et continuai d'avancer, bien résolu à en user contre les fantômes s'ils tentaient de me barrer le passage. Après avoir gambadé quelques instants en silence, ils se campèrent tous trois de front dans le sentier et se mirent à pousser, simultanément d'abord, puis alternativement, d'horribles cris gutturaux. Ils étaient effrayants : les linceuls blancs qui les drapaient masquaient leurs formes; on ne leur voyait ni tête ni jambes; seulement ils agitaient, tout blancs aussi, des bras d'une longueur démesurée. Quand je fus à cinq pas d'eux :

— Attendez-moi, les gas! fis-je avec une énergie dont je ne me serais pas cru capable.

Au lieu de se détourner, ils m'entourèrent en continuant leurs cris, tendant vers moi leurs grands bras menaçants. D'un geste désespéré, mon gourdin fendit l'air, s'abattit sur le travers d'un des trois êtres qui s'affaissa avec un long cri plaintif — très humain cette fois. Sans demander leur reste, les autres détalèrent prestement au travers d'un champ.

A mes pieds, le fantôme à présent gémissait, râlait, de façon lamentable. Et il proféra entre deux plaintes :

— Tu m'as tué, cochon, tu m'as tué !...

Je déroulai les serviettes et le drap qui masquaient le malheureux et je reconnus le petit Barret, de Fontivier, un garçon de deux ans plus jeune que moi avec qui j'étais très bien. Je lui demandai où je l'avais frappé.

— C'est dans les reins, gémit-il. Tu m'as cassé les reins, je ne peux pas me remuer.

Ses compagnons étaient les deux Simon, de Suippière, des amis d'enfance avec lesquels j'étais brouillé depuis un certain temps. Je les appelai l'un après l'autre, mais ils ne me répondirent pas. Barret eut un spasme; il vomit du sang, je crus qu'il allait passer. J'avais bien envie de m'en aller, de le laisser crever tout seul là, dans la nuit, non pas pour me venger cruellement, mais plutôt par égoïsme,parce que je prévoyais que j'allais avoir grand'peine à le secourir. Je fouillai mes poches et pus y découvrir quelques allumettes. A la lueur de l'une d'elles, je distinguai ses traits décomposés, ses yeux suppliants, le sang rouge qui sortait encore de sa bouche. Une grande pitié me prit et un chagrin immense. Je descendis jusqu'à l'extrême bord de la mare dans laquelle je mouillai l'une des serviettes qui avaient servi à lui envelopper les bras ; j'humectai son front, ses tempes, le creux de ses mains ; je nettoyai sa bouche. Il parut se remettre un peu.

— Conduis-moi, je t'en prie, dit-il. Ne me laisse pas tout seul là...

— Tu n'aurais pourtant que ce que tu mérites, fis-je d'un ton de justicier.

— Oh ! Tiennon, tu t'es bien assez vengé... Je te jure que je n'avais pas du tout l'intention de te faire du mal. Je voulais seulement te faire peur pour que tu ne reviennes plus voir la Thérèse. Depuis quelque temps je l'aimais à n'en plus dormir. Mais tu peux être tranquille à présent, va : c'est toi qui l'auras ; je suis foutu !

Je m'efforçai de le rassurer sur son état ; puis, avec de grandes précautions, je le mis sur ses jambes. Il chancelait beaucoup ; pourtant, appuyé sur moi, il put se tenir et faire quelques pas ; mais un faux mouvement provenant du heurt de son pied contre un caillou le fit crier de douleur.

— Asseyons-nous ; je ne peux pas aller plus loin, dit-il en sanglotant.

Nous n'avions pas parcouru dix mètres.

Je me baissai, le fis s'appuyer sur mon dos, sa tête sur ma nuque, ses bras m'étreignant, ses mains se nouant sur le haut de mon estomac. Puis, m'étant relevé doucement, mes mains passées sur ses cuisses pour l'empêcher de glisser, je me mis à marcher avec précaution, tout courbé. Mais j'eus beau faire : les secousses inévitables de la marche lui causaient des souffrances tellement intolérables qu'il gémissait à fendre l'âme. Je l'emportai quand même, sans paraître faire attention à ses plaintes qui, tantôt s'affaiblissaient, et, tantôt redevenaient déchirantes. Vint un moment où l'étreinte de son bras parut mollir, où son corps pesa davantage d'être inerte. Je le crus mort. Comme j'étais exténué, je le déposai à terre lentement ; il ne remua pas. Je courus retremper la serviette dans un trou de fossé et lui bassinai de nouveau le visage, les mains, les poignets : il rouvrit les yeux, se remit à geindre sans me rien dire. Dès que je fus un peu reposé, je le repris dans les mêmes conditions que la première fois, et la marche lugubre recommença. Barret eut des hoquets qui me semblèrent marquer son agonie. Le drap blanc que j'avais passé en travers sur mon cou se marbra de rouge à proximité de sa bouche ; le sang venait de nouveau. Je me félicitai intérieurement de ce que le linceul préservait mes effets, empêchait ma blouse de recevoir des traces de sang qui n'eussent pas manqué le lendemain, chez nous, de me valoir un interrogatoire embarrassant. Je m'efforçai de marcher plus vite, tellement anxieux et énervé que je ne sentais plus le poids de mon fardeau. Ma force était comme décuplée. Et mon cœur, un moment amolli, était redevenu de marbre ; j'entendais distraitement et sans en être affecté les modulations diverses de ma victime, indiquant le degré de torture qu'elle subissait.

Après une grande heure de marche, j'arrivai dans la cour de Fontivier. Les chiens eurent des abois furieux et vinrent en grognant me flairer ; craignant qu'ils ne donnent l'éveil aux gens, je m'efforçai de les amadouer par des paroles douces. Je suivis le mur de l'unique corps de bâtiment de la ferme et parvins à la porte de la maison où je posai le malheureux qui geignait toujours de façon lamentable ; je le couchai dans l'embrasure sur son suaire de fantôme. Puis, ayant donné deux grands coups de pied dans la porte, je me sauvai par un sentier de chèvre qui, en arrière des bâtiments, dévalait brusquement au travers des cultures. Les chiens me poursuivirent un peu avec des jappements toujours fâchés, mais je fus bientôt hors de leur atteinte. Et quand, dans le silence de la nuit, j'entendis les crissements du verrou qu'on tirait et de la porte qu'on ouvrait, puis les exclamations que provoquait la lugubre découverte, je n'avais plus à craindre d'être rejoint.

Le pauvre Barret ne s'était malheureusement pas trompé : il avait son affaire. Mon bâton d'épine avait dû lui casser quelque chose dans la colonne vertébrale. Il traînailla plusieurs mois, souffrit affreusement, puis mourut. Jamais, au cours de son agonie, il ne voulut parler du drame dont il était victime. Quand on lui demandait qui l'avait frappé, il répondait invariablement :

— C'est quelqu'un qui en avait le droit ; c'est bien fait pour moi... Et il défendit absolument à ses parents de porter plainte.

Les deux complices de la victime n'avaient pas à faire de confidences qui eussent provoqué la confession de leur triste rôle. J'avais moi-même tout intérêt à ne rien dire. Les parents de Barret, s'ils eurent des doutes, s'abstinrent de les divulguer. La justice ne fut donc pas informée, et, après les mille suppositions du début, on ne parla plus de cet événement qui resta pour tout le monde mystérieux et inexplicable.

Ayant agi en état de légitime défense, ou presque, je n'avais rien à regretter. Mais c'est tout de même ennuyeux de se dire qu'on a causé la mort d'un homme, — dans ces conditions-là, du moins car il y a des cas où c'est, paraît-il, une action très méritoire : mon oncle Toinot était si fier d'avoir tué un Russe ! — souvent l'image du malheureux et les détails de cette triste nuit sont revenus assaillir ma pensée. Je ne dirai pas que ce souvenir a empoisonné ma vie : non, certes ! Mais il m'a causé bien des embêtements intimes.

Après l'événement, je ne tardai pas à rompre avec la Thérèse. Ses parents me mirent en demeure de l'épouser tout de suite ou de ne plus la fréquenter. Ils avaient entendu dire que mon père ne pourrait pas m'assurer et que je serais soldat, si le sort m'était défavorable. Cela les effrayait. Et leur ultimatum était un congé, car ils savaient bien que je ne voulais pas me marier sans être fixé à cet égard. Bref, je ne revins plus.

Six mois après, elle devint la femme de l'aîné des Simon, de l'un des lâches qui accompagnaient le petit Barret au *rendez-vous des sorciers*. La noce eut lieu la semaine même où on l'enterra. La vie a de bien cruelles ironies...

XIV

Il se passa chez nous, pendant le cours de notre première année de séjour à la Billette, deux événements familiaux très graves : la mort de ma grand'mère et le départ de ma sœur Catherine.

Ma grand'mère avait plus de quatre-vingts ans. Un jour de mai, en gardant les oisons, elle fut prise d'une attaque. Inquiet de ne pas la voir rentrer à l'heure du repas, mon père alla à sa recherche et la trouva affalée sur le bord d'un fossé, le côté gauche inerte, la langue pâteuse. On la transporta sur son lit d'où elle ne put plus bouger. Elle resta six mois ainsi, souffrant beaucoup et donnant pas mal de peine. Elle articulait obstinément des sons incompréhensibles qui devaient être des phrases et se mettait en colère parce que nous ne pouvions saisir sa pensée. Il fallait presque toujours quelqu'un à côté d'elle pour la contenter à demi, la faire manger et boire lorsqu'elle en avait envie, et ainsi de suite.

Bien souvent j'entendais prononcer à ma mère ou à

l'une de mes belles-sœurs des phrases comme celle-ci :

— Savoir si ça va durer longtemps?

A quoi une autre répondait :

— Ça n'est pas à souhaiter.

Je n'aimais ni ne détestais la vieille femme; elle m'était plutôt indifférente. Mais j'étais quand même peiné de ces dialogues où perçait le désir de sa mort. Quand nous étions à table, je portais machinalement mes yeux sur son lit et une angoisse m'étreignait de la contempler immobile et le teint cireux sous sa vieille coiffe, ou bien remuant les lèvres pour des articulations qui n'étaient pas des mots. Souvent j'abrégeais le repas, emportant un morceau de pain pour manger dehors, parce qu'en sa présence çà me devenait impossible.

Je trouve qu'un des bons avantages des fortunés, est d'avoir des appartements composés d'une série de pièces, — celle où l'on mange étant distincte de celle où l'on couche, chaque ménage ayant sa chambre propre et, conséquemment, son intimité distincte. Au moins, ils peuvent être malades tranquillement. Tandis que dans l'unique pièce des maisonnées pauvres, c'est tous les spectacles mêlés, la misère de chacun s'étalant aux yeux de tous sans possibilité contraire.

Et c'est ainsi qu'à côté de ma grand'mère se mourant, mes petits neveux clamaient leur joie d'être au monde, l'assommaient de leurs jeux bruyants, de leurs cris. La vie allait son train coutumier. Qu'importait la vieille femme paralysée!

Elle mourut à l'entrée de l'hiver, à la suite d'une seconde attaque, après une journée seulement de souffrances plus vives. Aussitôt qu'elle fut morte, on arrêta l'horloge et on jeta dehors l'eau qui était dans le seau parce que l'âme de la défunte avait dû s'y baigner avant de s'élever vers les régions célestes. Comme je n'avais encore jamais vu de deuil chez nous, cet événement me causa une très vive impression. C'était la terreur de la mort vue de près, sentiment complexe où se mêlaient la curiosité, la pitié, le dégoût. Je contemplai longuement, à plusieurs reprises, dans sa rigidité dernière, cette créature qui était mêlée à mes premiers souvenirs, que j'avais toujours vue évoluer dans le rayon familier de mon existence. Cette mort ne changea rien aux coutumes journalières de la maisonnée ; les mêmes besognes furent exécutées ; les repas eurent lieu aux mêmes heures, en face de ce lit dont les rideaux fermés masquaient un cadavre. Seule, mettait une note de mystère la bougie qui brûlait à proximité, sur une petite table, à côté du bol d'eau bénite où trempait une branche de buis. On s'abstint pourtant de faire l'attelée quotidienne de labour. Mon frère Louis s'en alla à Agonges prévenir l'oncle Toinot et sa famille. Mon parrain s'occupa d'aller déclarer le décès au secrétaire de mairie et de fixer avec le curé l'heure de l'enterrement. Je fus chargé, moi, d'aller dans le voisinage demander des porteurs. Quand il fut rentré du bourg, mon parrain travailla à la mise au point d'un araire neuf, et il me fallut l'aider. Sa besogne terminée, il me dit, l'air satisfait :

— Il y a combien de temps que je voulais en voir le bout de cet araire ! J'avais bien besoin d'une journée comme çà...

Vrai, ce sentiment de calme égoïsme me peina. On s'attendrit aisément quand on est jeune ; plus tard, quand j'eus l'âge qu'avait mon parrain à ce moment, je devins bien aussi pratique que lui.

Le lendemain, ce fut l'enterrement. Nous étions une trentaine à suivre, dans l'épais brouillard froid, le char à bœufs qui portait la bière. A l'entrée du bourg on la descendit et on la déposa sur deux chaises empruntées dans une maison voisine. Il fallut attendre là un grand quart d'heure, car le curé n'arrivait pas. Il parut enfin, récita quelques prières latines et l'on se mit en route vers l'église, la bière portée maintenant par quatre hommes, avec des bâtons qu'ils passaient dans une serviette suspendue à leur cou. Ce fut de la même manière qu'on se rendit de l'église au cimetière après la cérémonie. Au bord de la fosse, au moment de l'aspersion finale, j'eus la surprise de voir pleurer et sangloter bien fort ma mère et mes belles-sœurs. Ce grand chagrin, ostensiblement étalé, m'étonna, étant donné qu'elles avaient manifesté si souvent la crainte de voir la disparue *durer trop longtemps*. Je compris que ces sanglots ne survenaient que pour la forme, parce qu'il était d'usage d'en faire entendre à ce moment. Pour moi, au moment de la descente du cercueil dans la fosse, j'eus un moment d'émotion intense et je versai en silence quelques larmes très sincères.

Quand tout fut terminé, les parents d'Agonges vinrent chez nous. On avait fait quelques préparatifs, acheté du vin et un morceau de viande pour la soupe ; ma mère ajouta une omelette. Le repas dura deux heures et, vers la fin, la conversation s'anima ; je crois même que l'oncle Toinot redit une fois de plus dans quelles conditions il avait tué son Russe. Je fis cette réflexion que tous les rassemblements se terminaient à peu près de la même manière, qu'ils aient lieu à l'occasion d'un mariage, d'un baptême, d'un enterrement ou d'un autre événement de moindre importance. Pourvu qu'il y ait un repas avec de l'extra, un repas donnant l'occasion de rester longtemps à table, on en arrivait fatalement à émettre des souvenirs où chacun se donnait le beau rôle et en tournait d'autres en ridicule, à raconter des histoires comiques ou osées : en somme, des mensonges, des médisances, des bêtises...

De ce repas funèbre, seules, les chansons furent bannies.

. . . .

Ce fut peu de temps après la mort de ma grand'-mère que ma sœur Catherine nous quitta pour aller servir, à Moulins, chez une parente de Mme Boutry.

La Catherine avait alors vingt-quatre ans. De physionomie sympathique, elle avait plu tout de suite à la Dame qui la faisait aller chez elle fréquemment pour aider la bonne. Ma sœur prit goût à ce qu'elle faisait et voyait faire dans cette maison ; elle adopta bientôt les manières polies et soumises qu'il faut pour servir les riches ; elle en vint même à prendre une certaine familiarité respectueuse avec les Boutry qui lui étaient bons. Elle aimait un garçon de Meillers, un nommé Grassin, qui était au service et auquel elle avait juré d'être fidèle. Depuis cinq ans déjà elle tenait sa promesse, sortait peu et ne se laissait aucunement courtirer. Grassin lui écrivait trois fois par an : au premier janvier, dans le cours du printemps, à la fin de l'été. La Catherine attendait avec impatience ces lettres qui, cependant, lui causaient beaucoup d'ennui : car elle ne savait à qui s'adresser pour les faire lire, ni pour faire écrire les réponses. Elle économisait sur ses effets pour obtenir de ma mère l'argent nécessaire au libellé et à l'expédition de ses missives. Or, après quelques mois, elle avait fait aux propriétaires l'aveu de son roman et ils s'étaient chargés de la correspondance. Puis, voyant qu'elle mettait de la bonne volonté à leur être agréable et qu'elle avait des dispositions pour le service, M. et Mme Boutry eurent cette pensée de la caser en ville. Grassin étant brosseur d'un officier, ils pourraient, une fois mariés, se placer ensemble et gagner beaucoup. La Catherine s'habitua progressivement à cette idée qui, de prime abord, l'avait effrayée, à cause de la part d'inconnu qu'elle contenait. Elle s'y habitua d'autant mieux qu'elle voyait mes belles-sœurs lui tourner les yeux parce qu'elle délaissait le travail de la ferme pour celui des maîtres. De plus, Grassin, consulté par M. Boutry, se montra enthousiaste du projet. Elle accepta donc et partit pour Moulins dans le courant de décembre, malgré l'opposition de mes parents.

XV

J'eus, à dater de ce moment, passablement d'inquiétudes pour mon compte. Le bourg de Saint-Menoux était important ; il possédait au moins cinq auberges, dont l'une avait un billard, et une autre un jeu de boules ; on dansait à deux endroits les grands jours. Or, depuis que j'avais cessé de voir Thérèse, je m'étais débauché. Je sortais à peu près régulièrement un dimanche sur deux et, chaque fois, je demandais à mes parents une pièce de quarante sous. Quand ils faisaient droit à ma demande, ils ne se dispensaient jamais de me faire une morale que j'écoutais tête baissée, sans répondre ; ou bien je disais carrément que j'entendais être récompensé de mon travail. Des fois, ils ne me donnaient que vingt sous et même rien du tout ; alors, furieux, je parlais d'aller me louer ailleurs.

Nous étions cinq ou six garçons de la classe prochaine à nous fréquenter et nous avions tous pris goût au jeu : nous faisions de longues parties de quilles ou de neuf trous. Il nous arrivait, les jours de gain, de boire force litres, de nous soûler et de rentrer tard. Dans ces moments il ne faisait pas bon venir nous chercher noise : nous n'étions pas d'accès facile, ni d'humeur à plaisanter. Ce fut ainsi qu'un beau dimanche nous nous prîmes de dispute avec *ceux du bourg*. *Ceux du bourg*, c'étaient les jeunes ouvriers des différents corps d'état : forgerons, tailleurs, menuisiers, maçons, etc. Il y avait entre eux et nous un vieux levain de haine chronique. Ils nous appelaient dédaigneusement *les laboureux*. Nous les dénommions, nous, *les faiseux d'embarras*, parce qu'ils avaient toujours l'air de se ficher du monde, qu'ils s'exprimaient en meilleur français, et qu'ils sortaient souvent en veste de drap, sans blouse. Ils avaient leur auberge attitrée comme nous avions la nôtre, et on ne s'aventurait guère les uns chez les autres sans qu'une dispute s'en suivît. Ce jour-là, trois du bourg, ayant bu du vin blanc le matin, se trouvèrent être éméchés de suite après la messe. Ils vinrent pour jouer avec nous au jeu de neuf trous. L'un de notre groupe dit :

— Nous ne jouons pas avec les bourgeois, nous autres !

— Eh bien, firent-ils, nous voulons jouer avec les *bounhoummes*, nous ; aussi bien qu'eux nous avons de l'argent pour mettre nos enjeux.

J'étais à jeun et je restais un peu timide avec ces *gas*-là, qui, même sans avoir bu, avaient plus de blague que nous. Je dis néanmoins :

— Il ne faut pas que ça vous embête : les *bounhoummes*, les *laboureux* ont autant d'argent que vous pouvez en avoir.

J'avais bien trente sous !

Un de mes intimes, un grand, nommé Aubert, qui n'avait pas froid aux yeux, leur lança je ne sais plus quelle injure cinglante. Ils ripostèrent. Finalement, on en arriva à s'engueuler ferme de part et d'autre ; et, comme nous étions de beaucoup les plus nombreux, nous les chassâmes de la cour où était le jeu. La partie recommença après leur départ et notre groupe fut favorisé : Aubert gagna, moi aussi, un autre encore. Naturellement, nous nous mîmes à faire la noce. Vers huit heures du soir, quand nous eûmes mangé, le diable nous tenta d'aller dans l'auberge où ceux du bourg étaient réunis autour du billard. Notre entrée fit sensation. Il y eut un moment de silence pendant lequel nous nous observâmes mutuellement. Enfin, l'un de ceux que nous avions expulsés le matin, un petit cordonnier brun, prononça d'une voix forte :

— Les porchers ne sont pas admis ici !

— Répète voir, *feignant*, répète voir que *j'sons* des porchers ! dit Aubert en roulant des yeux furieux.

— Oui, oui, reprit l'autre, vous êtes des porchers, des *pantes*, des tas de *sacrés bounhoummes* !

Un de ses camarades, mettant la main devant son nez, lança :

— Misère ! ça sent la bouse de vache !

Et un troisième :

— Ce n'est pas étonnant ; ils se lavent les jambes une fois par an ; ils gardent une couche de bouse l'hiver pour se tenir chaud !

La partie de billard était interrompue : ils étaient dix à présent à nous regarder, à nous huer. Nous nous efforcions de faire bonne figure en leur renvoyant leurs insultes grossies le plus possible. Aubert, qui était fier de sa force, rageait :

— Venez donc le dire dehors, *sacrés feignants* que vous êtes, bourgeois manqués, *arsouilles !*

L'aubergiste intervint, nous supplia de ne pas nous battre, puis nous invita à sortir, nous, campagnards, derniers arrivants. Mais cela ne faisait pas notre affaire.

— Nous avons le droit d'être là aussi bien qu'eux, je suppose ! dit l'un de nous que nous approuvâmes tous.

Cependant, avec des ménagements, le bistro nous poussait dehors peu à peu. Les autres s'avançèrent :

— A la porte ! firent-ils. A la porte !

Et, sans nous frapper, il nous bousculèrent...

— Ah, c'est comme çà ! fit Aubert. Eh bien, vous allez voir !

En même temps il assénait un grand coup de poing sur la tête du petit cordonnier brun qui, dans le clan opposé, se démenait le plus.

Ce fut le signal d'une mêlée générale. Les coups de poing, les coups de pied pleuvaient, en même temps que continuaient les insultes. Et l'aubergiste nous poussait tous dehors, amis et ennemis, avec une douceur obstinée. Quand les derniers furent à proximité du seuil, il ferma la porte si brusquement que deux ou trois dégringolèrent. Dans la rue, que balayait un vent glacial précurseur de la neige, la lutte continuait furieuse : on entendait :

— Tiens, attrape ça, *bounhoumme* !

— V'là pour toi, bouif !

— Cochon ! il m'a cassé deux dents !

— Le nez me saigne, laisse-moi ! me dit un maçon à qui je venais d'appliquer un formidable *gnon*.

Aubert serrait à l'étouffer un ouvrier maréchal qui, impuissant, le mordait au bras et à la figure ; un charron vint délivrer le maréchal et, combinant leurs efforts, ils renversèrent mon grand copain. Lui, au paroxysme de la colère, sortit son couteau, en porta un coup sur la main de l'un, laboura la joue de l'autre. Il y eut des cris de fureur :

— Un *bounhoumme* qui se sert de son couteau !

— Oui, fit Aubert relevé, nu-tête, la blouse rejetée en arrière, les yeux hors de l'orbite, les dents grinçantes, la main levée brandissant le couteau saignant : si d'autres ont envie d'en avoir autant, qu'ils s'approchent !

Le garde-champêtre arrivait, et des curieux avec des lanternes.

— Voyez, il y en a un qui saigne comme un bœuf !

— Tas de sauvages ! Est-ce possible de s'abîmer comme ça.

Des hommes séparèrent ceux de nous qui luttaient encore et nous retinrent éloignés : car nous étions tellement furieux tous que nous continuions à nous invectiver et que nous voulions de nouveau nous précipiter les uns sur les autres. Le garde-champêtre prit nos noms. On soigna les blessés. Nos antagonistes furent tous emmenés par leurs parents ou leurs patrons. Le père du maréchal qui avait reçu le coup de couteau à la joue cria, en s'éloignant :

— On va laisser les *laboureux* tranquilles ; ils se battront ensemble s'ils veulent.

— Les *laboureux* vous valent bien ! hurla Aubert.

Et il voulut courir sus à leur groupe. Notre aubergiste habituel et quelques autres personnes qui l'accompagnaient nous prêchèrent la modération. Je n'étais moi-même ni ivre, ni encoléré au point de ne plus rien comprendre. Je dis :

— C'est bien assez, Aubert, il vaut mieux s'en aller...

Et nous partîmes, en effet, pas très loin, à vrai dire : car l'idée nous vint d'entrer chez notre aubergiste pour boire un café froid, histoire de calmer notre excitation.

Les quelques consommateurs qui se trouvaient là s'entretenaient de la rixe :

— Ils en sauront long : il y a des coups de couteau.

— Ça sera peut-être de la prison !

— Rien d'impossible.

Aubert, toujours très énervé, donnait de grands coups de poing sur la table, disant qu'il se foutait de la justice :

— S'il faut aller en prison, on ira, voilà tout. Et ça ne m'empêchera pas de me battre encore quand on m'insultera. Ce que je ne veux pas, c'est passer pour *feignant*, non, jamais ! Les gas du bourg voulaient nous flanquer une *trifouillée* : eh bien, c'est eux qui la tiennent... Ils ne pourront pas dire que les *laboureux* sont des lâches !

Nous nous entendions tous pour déclarer que nous ne regrettions rien, que, d'ailleurs, toutes les bonnes raisons étaient de notre côté. Au fond, nous n'en étions pas moins très inquiets.

. . . .

Le lendemain, les gendarmes de Souvigny vinrent à la Billette pour m'interroger. Mes petits neveux, qui jouaient dans la cour, furent les premiers à les voir.

— Les gendarmes ! firent-ils d'un ton d'effroi, les gendarmes !

Ils vinrent se réfugier dans la grange où nous battions au fléau, mes frères et moi ; ils se blottirent derrière un tas de paille et n'en bougèrent plus.

Mes parents ne furent qu'à demi-surpris, car ils avaient vu le matin mes vêtements souillés, ma figure noire de coups ; et j'avais dû avouer que je m'étais trouvé mêlé à une dispute.

Les gendarmes m'interrogèrent sommairement et m'enjoignirent de me rendre au bourg de Saint-Menoux le lendemain à midi.

A l'heure dite, nous nous trouvâmes réunis tous, artisans et campagnards, sur le lieu de la lutte. Le maréchal frappé par Aubert avait un bandeau sur la joue ; un autre avait le bras en écharpe ; plusieurs boitaient ; des *gnons*, des bleus, des meurtrissures se voyaient encore comme de convaincantes, sinon glorieuses cicatrices, sur tous les visages. Deux gendarmes arrivèrent bientôt, dont l'un avait des galons blancs sur le bras : c'était le maréchal-des-logis, chef de la brigade de Souvigny. Ce fut lui qui mena l'enquête. Ses traits accentués, son air froid, sa longue moustache noire et sa barbiche le faisaient paraître sérieux et méchant. Il se fit expliquer par l'aubergiste dans quelles conditions la rixe s'était engagée ; puis il questionna le garde-champêtre ; puis enfin il nous interrogea séparément, en commençant par les blessés. Sur un grand carnet il crayonnait à mesure les réponses. Ah ! notre morgue du dimanche était loin ! Nous nous regardions, amis et ennemis, sans haine ; nos yeux baissés, nos physionomies atterrées disaient seulement combien nous regrettions cette bêtise auv si vilaines suites. Je remarquai qu'Aubert était le plus pitoyable de tous. Comme il était le seul à s'être servi d'un couteau, le maréchal-des-logis l'interrogea plus longuement ; mais le malheureux, affalé, livide, tremblait si fort qu'il se trouvait dans l'impossibilité de répondre autrement que par monosyllabes. Les plus malins lorsqu'ils ont un verre dans le nez sont presque toujours les plus lâches, les plus couards aux heures difficiles.

Je dois dire que ceux du bourg firent meilleure impression que nous à l'interrogatoire : ils s'exprimaient mieux et avec plus de facilité, étaient moins impressionnés. Et il en fut de même au jour du jugement. Les campagnards, habitués à travailler solitairement en pleine nature, font toujours mauvaise figure en présence de gens qui ne sont pas de leur milieu.

On peut croire qu'après cela j'eus de tristes jours à passer chez nous. Ce furent des reproches à n'en plus finir sur les ennuis, les frais, le déshonneur que j'allais causer.

— Ce n'est pas une petite affaire, Seigneur de Dieu, disait ma mère, tu vas peut-être faire de la prison ! *Tu seras marqué sur le papier rouge*! Qu'on est donc malheureux d'avoir des enfants qui vous fassent faire tant de bile.

Mon père se lamentait presque autant ; les autres montraient aussi de l'inquiétude ; et, certes, je n'étais guère tranquille moi-même.

Quand M. Boutry eut connaissance de l'affaire, il vint chaque jour me faire la morale, disant que c'était indigne d'un siècle de civilisation de voir se battre ainsi, sans motif, des jeunes gens d'une même commune.

— Vous avez agi en sauvages, en barbares ! concluait-il.

Il intervint néanmoins auprès du maréchal des logis et auprès du maire ; puis, voyant qu'il était impossible de nous éviter le tribunal, il s'occupa de nous chercher un avocat, le même pour tous les belligérants.

— Ce procès, me dit-il un jour, doit non seulement vous servir de leçon, mais il doit encore être le prétexte d'une réconciliation générale et durable.

Il n'était guère prophète, ce bon M. Boutry : soixante années ont passé depuis, et l'antagonisme dure encore, à Saint-Menoux et ailleurs, entre les garçons du village et ceux des fermes.

. . . .

Le jour du jugement, nous nous rendîmes à Moulins à pied, en deux groupes, à une demi-heure d'intervalle : ceux du bourg les premiers, nous ensuite. Il me souvient que je fus bien étonné en passant sur le pont de l'Allier. Je n'avais jamais vu que l'étroite Burge de Bourbon et les tout petits ruisseaux de nos prés : il ne me semblait pas qu'il pût y avoir des rivières aussi larges. Ceux de mes compagnons qui venaient au chef-lieu pour la première fois partagèrent, d'ailleurs, mon étonnement

En ville, nous nous trouvâmes vite embarrassés. Nous allions lentement, regardant les étalages, en badauds qui n'ont jamais rien vu. Il avait plu le jour précédent et le temps menaçait encore ; nos sabots glissaient sur les trottoirs humides. J'avais conscience que, pour les gens de la ville, nous devions former un groupe ridicule. En effet, les employés de bureau et les demoiselles de magasin qui s'en revenaient de travailler nous jetaient des regards curieux, nuancés d'ironie.

Un homme chargeait sur un tombereau des tas de boue ; je me hasardai à lui demander s'il connaissait l'endroit où l'on juge.

— Le tribunal ? fit-il, un peu étonné, c'est rue de Paris, un grand bâtiment en briques rouges avec une cour au milieu. Vous en êtes encore loin ; il vous faut aller d'abord jusqu'à la place d'Allier et là vous demanderez de nouveau.

Il nous indiqua le chemin pour arriver à cette place d'Allier que nous ne fûmes pas longtemps à trouver. Comme nous cherchions quelqu'un à qui nous adresser pour nous renseigner de nouveau, nous aperçûmes un autre groupe en contemplation devant l'entrée d'un grand bazar : c'étaient nos compatriotes ennemis, les gas du bourg. Ma foi, on était là hors de son atmosphère habituelle, on n'était plus chez soi ; on n'était plus soi ; la rancune persistante s'en trouva très atténuée. Ils se tournèrent de notre côté : nous échangeâmes des sourires.

— Eh bien, on y va ?

Le petit cordonnier brun répondit :

— Nous vous attendions... seulement, on commençait à craindre que vous n'ayez mangé le mot d'ordre.

Nous nous dirigeâmes de compagnie vers le grand bâtiment de briques rouges. On nous fit entrer dans une salle carrée, blanchie à la chaux et garnie de bancs,où il nous fallut attendre une grande heure et demie en compagnie de six roulants et de trois braconniers. Notre tour vint enfin, après tous les autres, et nous pénétrâmes à la file dans la salle du tribunal. Dans le fond, sur une sorte d'estrade élevée, trois hommes, en robe noire, étaient assis. Au mur, derrière eux, un grand Christ de plâtre trônait, les dominant. L'homme du milieu nous interrogea ; c'était un gros rougeaud à figure rasée dont les yeux clignotaient derrière des lunettes. Nous avions tous des allures de bêtes prises au piège ; nous lui répondîmes d'un ton si humblement plaintif qu'il dut se demander si nous étions bien les mêmes fous furieux qui s'étaient tant cognés quinze jours auparavant. Après que l'interrogatoire fut terminé, se leva un autre homme en robe, un jeune avec des favoris noirs, qui siégeait sur une petite estrade placée à gauche de celle des juges et un peu en avant ; il flétrit notre abominable conduite, prétendit que nous étions des crapules, des brigands, — il traita même Aubert d'assassin, — et conseilla au tribunal de ne pas hésiter à nous appliquer toutes les rigueurs du Code : ce serait d'un excellent exemple. Mais ce fut après le tour de notre avocat, un petit barbu qui avait l'air de se ficher du monde. Il traita de gaminerie sans conséquence notre lutte épique, dit que nous étions tous d'excellents garçons, d'inoffensifs petits jeunes gens dont le seul tort avait été de boire un verre de trop certain jour, et il supplia les trois hommes du fond de ne pas nous mettre en prison. Il eut gain de cause : en raison des coups de couteau, Aubert fut condamné à vingt-cinq francs d'amende ; tous les autres à seize francs.

Etant sortis, nous allâmes manger tous ensemble dans un caboulot de la place du Marché, après quoi nous nous mîmes en route pour l'étape de retour, qui se passa bien, sauf que plusieurs avaient les pieds écorchés et que tout le monde était très fatigué. Le petit cordonnier essaya pourtant, à différentes reprises, de se payer nos têtes ; mais ses amis n'eurent pas l'air de le soutenir et les rapports restèrent cordiaux entre les deux groupes réunis.

On fut bien content chez nous de ce que je n'avais pas de prison ; néanmoins, la solde de l'amende et des frais parut énorme.

. . . .

Le tirage au sort approchait : mes parents m'appelèrent à part un beau jour pour m'annoncer que je n'avais pas à compter sur un remplaçant. Ils me détaillèrent leurs raisons ; le déménagement, la mort de ma grand'mère avaient causé des dépenses considérables ; mes frères avaient sept enfants à eux deux, ce qui augmentait les charges de la maisonnée ; la canaillerie de Fauconnet avait causé bien du tort ; je faisais depuis longtemps de grands frais d'auberge ; et, enfin, ce maudit procès était survenu qui coûtait cher. A cause de tout cela, il ne leur avait pas été possible de réunir les cinq cents francs nécessaires pour m'assurer au marchand d'hommes ou à la cagnotte mutuelle qui existait à Saint-Menoux (1). Cette révélation m'abasourdit, car j'avais toujours compté, malgré tout, jouir

(1) Dans les gros villages les parents des conscrits versaient préalablement une somme convenue qui servait à acheter des remplaçants à ceux que le sort désignait pour partir.

du même régime que mes frères. J'eus une explosion de fureur et je dis carrément que, si la chance me favorisait au tirage, je ne resterais pas longtemps à la maison. Mes parents, tout confus, ne cherchèrent pas à modérer mon mécontentement.

J'eus le numéro 68 ; et fus sauvé on ne prit que jusqu'à 59. Je passai encore à la Billette le reste de l'hiver et tout le printemps. Mais, quand arriva l'époque de la Saint-Jean, j'annonçai officiellement que j'allais me louer.

— Ce n'est pas vrai que tu veux t'en aller, Tiennon ? fit ma mère très inquiète.

— Qu'irais-tu faire ailleurs, du moment qu'il y a ici de quoi t'occuper ? ajouta mon père.

— C'est bien que vous comptiez pouvoir vous passer de moi, puisque vous vouliez me laisser partir, répondis-je malignement. J'ai passé toute ma jeunesse à travailler pour rien : il est temps que je travaille pour gagner de l'argent.

Ma mère reprit :

— Quand il te faudra t'entretenir sur ton gage, je t'assure que tu n'auras guère de reste. Tu n'auras pas autant pour t'amuser que nous te donnions ici.

Tous me supplièrent de rester : mon parrain, le Louis, mes belles-sœurs, et jusqu'à cette pauvre innocente de Marinette qui m'aimait beaucoup. Les petits mêmes se cramponnaient à moi.

— Tonton, ne t'en va pas ! Dis, ne t'en va pas, je t'en prie !

Je faillis pleurer en dénouant l'étreinte de leurs petites menottes, mais je demeurai inflexible.

A vrai dire, il y avait pour me faire partir un motif autre que l'injustice obligée de mes parents. Je comprenais que bientôt, quand les petits auraient grandi, nous serions trop nombreux pour ne former qu'une maisonnée. Forcément, il faudrait alors que je gagne ma vie ailleurs. Je préférais commencer plus jeune.

J'allai donc à la foire de Souvigny, avec un épi de froment sur mon chapeau. Je me louai à l'année dans un domaine d'Autry, à Fontbonnet, pour la somme de quatre-vingt-dix-francs. C'était, à l'époque, le prix des bons domestiques.

Le matin de Saint-Jean, je fis un ballot de mes effets, je pris ma faucille et ma faux, et quittai pour jamais le toit familial, un peu ému d'avoir entendu sangloter ma mère et d'avoir vu mon père pleurer silencieusement.

XVI

Il est nécessaire de changer de vie pour apprécier justement les bons côtés de sa vie ancienne ; car, dans la monotonie de l'existence journalière, on jouit inconsciemment des meilleures choses ; elles semblent tellement naturelles qu'on ne conçoit pas qu'elles puissent ne plus être ; seuls, les ennuis frappent parce qu'on se figure qu'ils n'existent pas partout. Le changement de milieu, en supprimant les bonnes choses qu'on n'appréciait pas, fait ressortir leur importance, et il montre que les embêtements se retrouvent toujours : c'est à peine s'ils changent de forme.

Je constatai cela les premières semaines de mon séjour à Fontbonnet et il y eut des instants où je regrettai d'avoir quitté ma famille. Je finis pourtant par m'habituer tout à fait et même par me trouver mieux que chez nous, en raison de l'indépendance absolue dont je jouissais aux heures libres. Pourtant, je n'avais pas la ressource de demander de l'argent pour sortir. Je cessai complètement d'aller au bourg de Saint-Menoux, ce qui put sembler naturel à mes anciens amis, étant donné que je n'habitais plus la commune. Mais je n'allai pas davantage au bourg d'Autry, dont je dépendais. J'évitai même les vijons, dans la crainte de trouver des gens qui me voudraient faire jouer. Ayant la poche vide, j'étais forcément sage.

Je passai mes dimanches d'été à rôder dans la campagne et dans la forêt : car le domaine côtoyait le point terminus de Gros-Bois. Il y avait par là une maison forestière où résidait un garde déjà vieux, le père Giraud, avec qui je ne tardai pas à me lier. J'eus l'occasion de lui rendre différents services, de l'aider à couper de l'herbe pour ses vaches dans les clairières de la forêt et à moissonner le carré de blé qu'il avait au bas de son jardin. Je trouvais toujours chez lui à m'occuper quelques heures chaque dimanche. La plupart du temps, il offrait un verre de vin quand le travail était fait et je restais avec lui une bonne partie de la journée. Le père Giraud avait un fils soldat en Afrique dont il me parlait souvent, une fille mariée à un verrier de Souvigny, et enfin une seconde fille non mariée, encore avec lui. Mlle Victoire était une brune aux yeux noirs, au teint bistré, à l'air froid comme sa mère. J'étais peu familier avec les deux femmes : la fille du garde me semblait être d'ailleurs d'une situation trop supérieure à la mienne pour que je tente de lever les yeux sur elle.

. . . .

Par exemple, je les levais beaucoup, les yeux, sur la servante qui était avec moi à Fontbonnet. C'était une maigriote à l'air ingénu qui avait les plus belles dents du monde et le sourire le plus enchanteur. Elle s'appelait Suzanne, travaillait bien et n'avait pas mauvais caractère. J'aurais peut-être pu prendre à son endroit des idées pour le bon motif si elle eût été d'une famille honorable. Mais elle était *bâtarde*. Sa mère, bonne à tout faire, disait-on, chez un vieux rentier infirme, n'avait jamais eu de mari, ce qui ne l'empêchait pas d'avoir deux autres enfants. La pauvre Suzanne devenait pourpre quand on l'entretenait de cela. Pour moi, qui n'étais domestique que par hasard et de ma propre volonté, c'eût été déchoir déjà que de me marier avec une servante : seules, les filles de métayers étaient de mon rang. A plus forte raison, ne pouvais-je épouser une *bâtarde* : pour le coup, ma mère aurait fait joli ! Si donc je ne m'arrêtais pas à l'idée du mariage avec Suzanne, je rêvais d'en faire ma maîtresse... Pour mon excuse, je peux dire que j'étais alors dans un état d'esprit particulier que tous les garçons connaissent un moment, je crois bien.

A Saint-Menoux, Aubert et la plupart de ceux avec qui j'avais fait de bonnes parties l'année d'avant, affirmaient mordre à volonté au fruit défendu. Ils citaient même les filles qu'ils avaient eues : et, à beaucoup de celles qu'ils nommaient ainsi, on aurait donné le bon Dieu sans confession, tellement elles n'en avaient pas l'air. Chaque fois que ce chapitre était venu sur le tapis, je m'étais efforcé de prendre part à la conversation d'un ton enjoué, comme quelqu'un qui connaît çà depuis longtemps ; (pour parler sur un sujet qu'on ne connaît pas, il suffit de savoir assaisonner et servir à point quelques phrases des autres, tout en posant au blasé : ça prend toujours). En somme, j'étais entièrement naïf et j'avais un grand désir de ne l'être plus.

Je m'efforçai donc d'amadouer Suzanne en lui rendant des petits services d'ami, comme de lui éviter les plus mauvaises besognes aux champs et à la maison, d'aller à sa place quérir l'eau et le bois quand il m'était possible. Elle ne tarda guère de me regarder avec tendresse, rien qu'à cause de ces petites attentions. Je ne représentais pas trop mal, d'ailleurs. J'étais de taille moyenne, plutôt trapu ; mon organisme décelait la vigueur ; et mon visage un peu allongé, au nez fort, au front couvert, était empreint de virilité et d'énergie. Il était tout naturel que je plaise à la petite. Quoi qu'il en soit, le hasard nous ayant fait rencontrer dans l'étable des vaches, un soir, à la tombée de la nuit, je lui dis qu'elle était jolie, que je l'aimais, et je l'embrassai avec autant d'effusion que j'avais embrassé Thérèse deux ans et demi auparavant. Elle en parut si heureuse que je crus bien qu'elle allait défaillir dans mes bras. Je m'en tins là, craignant l'arrivée du maître qui rôdait aux alentours.

Mais un dimanche que nous étions seuls à la maison, je recommençai de lui conter fleurette et, après des préludes peut-être trop courts, je voulus glisser ma main sous ses jupes. Elle fut debout d'un bond ; une flamme étrange passa dans ses yeux et, de toute la force de son petit bras nerveux, deux fois de suite elle me souffleta... Puis, s'étant mise en défense derrière le dos d'une chaise, elle dit d'une voix sifflante :

— Salaud, va ! C'est pour ça que vous me flattiez ; vous vouliez vous amuser de moi... J'ai autant d'honneur que n'importe laquelle, vous le saurez... Et si jamais vous vous ravisez de me toucher, je le dis tout de suite à la bourgeoise. Vous avez compris ?

— Méchante !... Méchante !... fis-je bêtement, frottant ma joue rouge et cuisante.

— C'est bien votre faute si je vous ai fait mal, reprit-elle un peu radoucie. Ça vous apprendra à me respecter.

Je sortis tout penaud et n'essayai plus de revenir à l'assaut de cette vertu trop farouche. J'eus d'ailleurs, à la suite de sa défense énergique, un réveil de conscience qui me montra combien ce serait de ma part une action mauvaise que de risquer par sot amour-propre, plus encore que pour quelques problématiques instants de satisfaction, de causer le malheur de sa vie. Je me sentis coupable et méprisable, et m'efforçai de mériter mon pardon en continuant de me montrer prévenant envers Suzanne sans jamais plus lui parler d'amour.

. . . .

A quelque temps de là, j'eus une nouvelle aventure galante qui tourna encore à mon désavantage. Il y avait dans un domaine voisin, à Toveny, une autre servante déjà vieille, aux allures indolentes et aux cheveux bond filasse, qu'on appelait la grosse Hélène. De la Billette même, j'avais entendu parler de cette fille qui passait pour très légère de mœurs. Ici, c'était bien autre chose. Au travail, entre hommes, on s'entretenait tous les jours d'elle. On rapportait, aux heures de fatigue, pour retrouver la gaîté, toutes les histoires scabreuses dont elle avait été l'héroïne.

— Elle n'en refuse que deux, disait le maître, celui qui ne veut pas et celui qui ne peut pas.

Je souhaitais fort la connaître mieux.

Or, un jour, comme nous étions en train de déjeuner, elle vint à Fontbonnet pour réclamer trois taureaux échappés du pâturage et égarés. Elle s'assit, point gêneuse, causa de tout avec assurance et répondit carrément aux blagues du maître et de ses garçons. Elle sortit en même temps que moi. Dehors, je pus lui parler seul à seule et j'en profitai pour lui servir quelques bêtises choisies parmi les plus raides que je connusse, lesquelles n'eurent pas l'air de la troubler le moins du monde ; je crois bien qu'au contraire ce fut moi qui rougis de ses réparties.

La connaissance me sembla suffisamment faite et, le diable me poussant, je m'en fus rôder le dimanche suivant autour de Toveny. Je me dissimulai dans un carré de maïs voisin de la cour et ne tardai pas à voir Hélène qui s'en revenait de traire. Elle porta à la maison sa cruche de lait et ressortit un moment après, transformée, ayant mis un bonnet blanc, un caracot propre, des sabots nouvellement noircis. Elle retourna à l'étable pour détacher les vaches qu'elle démarra hors de la cour. Cinq minutes plus tard, les bâtiments n'étant plus en vue, je me trouvais comme par hasard sur son passage, dans le chemin.

—Tiens, vous êtes par là? fit-elle, l'air étonné.

— Oui, je me promène pour ma santé.

— Eh bien, si vous voulez venir m'aider à garder les vaches ?

— Je voulais vous le proposer.

Nous dévalâmes côte à côte par une rue ombreuse et solitaire jusqu'à un pré de bas-fond que bordait un petit taillis. J'étais un peu ému de me voir seul avec cette dispensatrice d'amour et je ruminais péniblement des phrases de circonstance que je ne parvenais pas à rendre viables. Elle jouait avec sa trique, gaie, très à l'aise, faisant tous les frais de la conversation. Je fus ennuyé de voir qu'il y avait à l'autre extrémité du pré une chaumière de journalier auprès de laquelle jouaient des enfants. Mais ma compagne proposa, comme devinant ma pensée :

— Tenez, si vous voulez, nous allons entrer dans le taillis cueillir des noisettes.

Je m'empressai d'accepter, et, quand nous y eûmes pénétré, bien que le cœur me battit fort, je me fis entreprenant : passant mon bras autour de la taille d'Hélène, je lui déclarai qu'il ferait bon se coucher au dessous de ces arceaux de verdure, sur le fin gazon. Elle répondit, ironique :

— Vous êtes fatigué ? Je vous préviens que, moi, je ne suis pas venue ici pour me coucher.

Puis ayant, par un demi-tour preste, échappé à mon étreinte, elle se mit à courber les branches de noisetier et à détacher les touffes de noisettes qu'elle glissait à mesure dans la poche de son tablier.

Je commençais à devenir perplexe. Cela m'étonnait qu'elle eût l'air de mettre des formes à une chose qui devait lui sembler très banale. J'avais la volonté d'agir, mais je repoussais d'instant en instant le début de l'action. J'observai que les noisetiers se faisaient rares.

— Allons dans le fond, nous en trouverons davantage, dit-elle.

Elle glissait au travers des branches avec une agilité qui avait de quoi surprendre, étant donné ses façons pesantes ; j'avais de la peine à la suivre. Nous marchions depuis quelques instants dans la voie frayée qui coupait en deux le taillis quand nous nous trouvâmes en face d'un homme à forte barbe noire, très grand et jeune encore. Elle ne parut pas surprise : j'eus l'intuition que j'étais joué. L'homme dit, mi-sérieux, mi-rieur :

— Tiens, vous avez donc pris un commis pour vous aider aux noisettes, Hélène ?

Je rougis comme une ingénue de quinze ans, comme rougissait la Suzanne de chez nous ; néanmoins, j'essayai de m'en tirer par une bravade.

— A deux, on fait toujours mieux, dis-je.

— Oui, mais à trois on fait moins bien, blanc bec !

Et le voilà qui me tombe dessus à coups de poing en ricanant.

— Tiens, attrape ça... tiens... Et puis ça encore...

C'est pour t'apprendre à venir rôder où tu n'as pas affaire, gamin !...

En toute autre circonstance, je ne me serais certainement pas laissé rosser sans rien dire. Mais je fus tellement surpris que je n'eus pas l'idée de me défendre. Sans demander mon reste, je détalai comme un lièvre, poursuivi jusqu'au bout du taillis par les quolibets des deux autres.

Et je jurai, mais trop tard, qu'on ne me reprendrait plus auprès des jupes de la grosse Hélène.

. . . .

Mes équipées amoureuses de jeunesse se réduisent à peu de chose, comme on voit, et je n'ai pas le droit d'en être bien fier. Mais ça ne m'a pas empêché de faire le malin plus tard, comme tous les autres, de parler d'un air entendu de mes bons tours de l'époque où j'étais garçon, de dire même :

— Les femmes ne me manquaient pas, grand Dieu ! Je n'avais que l'embarras du choix !

A la vérité, ce fut mon épouse légitime qui eut les prémices de ma virilité...

XVII

Au printemps suivant, je m'en fus, pour la fête de Meillers, voir mon camarade de communion, Boulois, du Parizet. Son jeune frère étant mort, il restait fils unique, et il était fier de sa belle situation, car ses parents avaient quelques avances. Tout en causant, comme j'en étais venu à parler du père Giraud, le garde, il me demanda en souriant finement s'il n'avait pas une fille. Je répondis qu'il en avait même deux, dont l'une mariée et l'autre encore à prendre. Alors Boulois m'avoua qu'un parent lui avait montré Victoire pour une foire de Souvigny en lui disant qu'elle ferait bien son affaire. Il me fit subir ensuite un véritable interrogatoire ayant pour but de le fixer sur le caractère et les habitudes de la jeune fille en question. Et, quand je partis, il me chargea de la pressentir afin de savoir si elle consentirait à se marier avec un garçon de la campagne.

— Si elle a l'air de dire que oui, tu lui parleras de moi, conclut-il.

Je réfléchis beaucoup à cela toute la semaine. Pour plusieurs raisons, cette mission délicate m'ennuyait. Néanmoins, dans l'intention de la remplir, je me rendis le dimanche suivant à la maison forestière. Le hasard me favorisa ; Victoire et sa mère étaient allées à la messe du matin et, dès qu'elles furent rentrées, le père Giraud partit pour se rendre à celle de dix heures. Je partis avec lui, faisant le simulacre de m'en retourner à Fontbonnet, et m'efforçant d'avoir un air très naturel. Mais je revins une heure plus tard : c'était la moment propice, car Victoire était seule à la maison, sa mère ayant conduit pâturer les vaches dans une clairière. Après quelques préambules embarrassés, je lui dis que j'avais désiré la voir en dehors de la présence de ses parents pour lui demander si un paysan lui plairait comme mari. Elle fixa un instant sur les miens ses grands yeux noirs ; interrogateur et profond, son regard me fouillait l'âme, mais elle ne répondait pas.

— C'est un de mes amis qui m'a chargé de vous poser cette question, ajoutai-je.

— Ah ! c'est un de vos amis...

Je crus discerner dans ces mots, après lesquels elle

redevint pensive un instant, une nuance de désappointement qui me frappa.

— Eh bien, dame, il faudrait que je le voie, cet ami ; sans le connaître je ne peux rien vous dire.

— Il se fera connaître... Mais le métier ne vous déplairait pas trop ?

— Pourquoi me déplairait-il ? Ne suis-je pas paysanne aussi...

Il y eut un moment de silence pénible. Victoire, assise au coin de la cheminée, tisonnait le feu et ne détournait plus les yeux de la flamme rose. J'étais, moi, adossé à une vieille commode de chêne, tout près de la porte d'entrée ; et les sons qui frappaient mes oreilles avaient le don de me faire tressaillir : c'étaient le crépitement des branches qui flambaient, le tic-tac de l'horloge, le chant d'un grillon dans le mur, le gloussement d'une poule dans la cour, tous bruits très familiers, par conséquent. Mais j'avais le cerveau troublé, une idée qui m'était venue dans la semaine s'y agitait avec intensité. Et j'eus l'audace inouïe de l'exprimer tout d'un trait.

— Eh bien, non ! Je ne veux pas mentir plus longtemps !... Ce n'est pas pour un autre, c'est pour moi que je parle en ce moment, Victoire. M'accepteriez-vous pour époux ?

Elle se leva d'un bond, se tourna à demi de mon côté; ses yeux se baissèrent vers les larges pierres noires qui dallaient la pièce et je vis une légère coloration animer ses joues au teint bistré.

— Vous ne me déplaisez pas; mais je ne peux vous donner de réponse définitive sans parler à mes parents. Allez dimanche au bal à Autry ; je m'arrangerai pour y paraître et je vous dirai si vous devez vous présenter ou non.

Je balbutiai un « merci » et me retirai sans même

chercher à me rapprocher d'elle, tellement j'étais troublé et tellement son air froid et sérieux continuait à m'en imposer.

Les jours d'après, je crus avoir rêvé... Il ne me semblait pas possible que j'aie trahi ainsi la confiance de Boulois, que j'aie demandé pour mon compte cette Victoire pour laquelle je ne ressentais d'autre attirance que celle qui résultait de sa situation de fille aisée ! Et pourtant, c'était fait ! Que les grands événements de la vie tiennent donc à peu de chose : à une pensée qui se fait jour par hasard, à une disposition d'esprit passagère, à une minute d'audace, à un moment d'absence de conscience ou de réflexion...

Victoire, qui avait de l'amour pour moi, dut bien manœuvrer, car elle me dit le dimanche au bal que j'avais des chances, malgré que ses parents faisaient beaucoup d'objections. Ils lui donnaient un lit, une armoire, un peu de linge et trois cents francs d'argent — ce qui était beau pour l'époque. — Naturellement, ça les ennuyait que je n'aie rien du tout : ils me le déclarèrent tout net quand j'allai à la maison leur faire ma demande.

— Obtenez de votre père une somme au moins égale à celle de Victoire ; il vous doit bien cela, puisqu'il ne vous a pas racheté. A cette condition, nous consentirons au mariage, car nous vous connaissons comme bon travailleur et brave garçon.

Le bon accueil des parents m'étonna presque autant que celui de la fille. J'en sus plus tard le pourquoi. Leur fils, le soldat d'Afrique, avait eu une jeunesse orageuse ; il leur avait coûté beaucoup d'argent et causé beaucoup de désagréments, alors qu'il était à Moulins commis en rouennerie. D'un autre côté, leur gendre le verrier ne leur procurait aucune satisfaction ; il buvait fréquemment et il lui arrivait de battre sa femme : le ménage n'était pas heureux. Je bénéficiai de ces exemples qui avaient amoindri aux yeux des Giraud le prestige des professions industrielles et commerciales.

Mon père s'était remis à flot ; il avait touché de M. Boutry huit cents francs au compte de la deuxième année, et je n'eus pas trop de peine à obtenir les trois cents francs exigés. Je fus donc agréé définitivement, et la noce eut lieu à la Saint-Martin de 1845 ; j'avais tout juste vingt-deux ans.

Ma femme resta avec ses parents et je continuai mon service à Fontbonnet où j'étais loué pour une seconde année. Chaque soir, après journée faite, je rentrais à la maison forestière, et chaque matin, au petit jour, je regagnais mon poste. Le dimanche, je continuais de faire les travaux, les corvées pénibles du beau-père, ce qui me faisait bien voir à la maison. Victoire se montrait aimable ; je n'avais ni responsabilité, ni inquiétude ; ce fut un des moments heureux de ma vie.

XVIII

Toutefois, cette situation ne pouvait durer longtemps. Dans le courant de l'année, j'appris qu'une locature était vacante à Bourbon, tout près de la ville, en bordure des Craux. (On appelait ainsi un communal granitique et pierreux, où croissait au ras du sol une herbe dure, de teinte noirâtre. Les Craux formaient la partie descendante d'un plateau fertile et aboutissaient à une vallée, à des prairies humides au travers desquelles coulait un ruisseau bordé d'aulnes). Je visitai cette locature qui me plût et la louai pour trois ans. Nous allâmes nous y installer pour la Saint-Martin suivante, juste un an après notre mariage.

Ah ! nos pauvres six cents francs, comme ils furent vite employés ! L'achat de deux vaches qui nous étaient nécessaires en usa la plus grande partie. Et, pour nous munir d'une charrette, d'une herse, des objets de ménage indispensables, d'une provision de combustible et de quelques mesures de seigle, il fallut emprunter au père Giraud. Victoire, qui avait été habituée chez elle à un certain confortable, souffrit plus que moi de nos débuts pénibles. Il est vrai que son caractère froid et concentré était cause qu'elle ne montrait guère sa satisfaction, alors qu'elle savait bien quand même faire valoir ses plaintes ; j'eus souvent l'occasion de lui dire qu'elle était portée en ce sens à une exagération fâcheuse. Elle disait en geignant :

— Il me faudrait bien une deuxième marmite... J'aurais besoin de vaisselle... Je ne peux pas faire sans baquet mes savonnages...

On achetait, et il manquait toujours quelque chose. Elle ne tarda pas, d'ailleurs, de se préoccuper des langes et du berceau : car elle était enceinte. Bien que n'étant guère tranquille moi-même, je m'efforçais de la réconforter.

C'est surtout nos tête à tête des veillées d'hiver qui furent gros d'inquiétudes et tristement monotones. J'eus de la peine à m'y faire, moi qui étais habitué à l'animation des maisonnées nombreuses. J'évitai pourtant, grâce à une activité jamais interrompue, de me laisser gagner par l'ennui. Je façonnai un tas d'objets utiles : mon araire d'abord, puis une échelle, puis une brouette, et enfin plusieurs râteaux pour les fenaisons. J'en eus pour tout l'hiver.

Au petit jour et le soir vers quatre heures, Victoire

s'en allait vendre en ville le lait frais tiré. Je lui portais sa cruche jusqu'à la place de l'Eglise, au point même où j'avais tant souffert un jour de foire étant gamin. Elle s'en allait seule ensuite de porte en porte, pour servir les clients attitrés ou occasionnels. Au début, les vaches ayant pas mal de lait, elle faisait ses vingt-cinq ou trente sous par jour. Mais quand vinrent les grands froids, il y eut diminution sensible; elle ne put plus arriver à faire vingt sous, bien qu'elle le vendît jusqu'à la dernière goutte, sans même en conserver un peu pour blanchir notre soupe. De plus, pour faire la distribution, ça cessait d'être amusant. Le froid cinglait, raidissait, bleuissait la main qui tenait l'anse de la cruche; les doigts gourds refusaient tout service; ma femme avait le droit de se plaindre et en usait, on peut le croire. Quand il y avait de la neige ou bien du verglas, c'était pis encore; la corvée devenait très pénible et j'eus la preuve qu'elle pouvait aussi être dangereuse. En effet, un matin de verglas, Victoire revint baignée de larmes et les poches quasi-vides : elle avait glissé en descendant la rue pavée et le lait qui restait, — les deux tiers au moins, — s'était échappé en entier de la cruche renversée. Cet accident m'inquiéta, car elle en était à son septième mois de grossesse, et je craignais qu'elle ne se soit fait mal. Je pris alors la résolution de faire moi-même la tournée du lait. J'eus à essuyer force quolibets, force railleries, de la part des gens de la ville, car ce n'était pas la coutume de voir les hommes faire cela. Le soir, les gamins me suivaient en bande :

— V'là le marchand de lait ! V'là le marchand de lait ! Donne-nous du lait, Tiennon ! Par ici, Tiennon, par ici !

Je compris qu'il était préférable de ne pas prendre au sérieux les plaisanteries des mauvais drôles et de rire des quolibets des grands. C'était un moyen sage. Au bout de huit jours, tous me laissèrent tranquille. Mes clientes me félicitèrent, au contraire, de ce que j'étais le modèle des maris.

D'ailleurs, mon rôle me valait aussi quelques satisfactions : c'est ainsi que m'intéressait beaucoup, chaque matin, le réveil de la ville. A mon arrivée, il n'y avait d'activité apparente que dans les boutiques des maréchaux. Là, on voyait déjà le rougeoiment de la forge et les scintillements d'étincelles qui s'échappaient des fers blancs de chaleur façonnés sur l'enclume à grands coups ds marteau. On travaillait aussi dans les abattoirs, dans les fournils et dans les ateliers des sabotiers. Mais les boutiques restaient fermées. La plupart des commerçants dormaient encore derrière leurs persiennes closes, de même que les fonctionnaires et les rentiers. Moi qui *turbinais* depuis deux heures et plus, grisé par l'action et l'air vif du matin, je cognais dans les devantures avec un plaisir réel. Après un moment apparaissaient les ménagères, boulottes ou trop maigres, ridées, ébouriffées, édentées, les seins tombants, les yeux gros avec des cernures bleues et de la cire dans les coins, toutes ridicules. Le négligé de leurs costumes accusait férocement leurs tares, leurs laideurs, leurs déformations. Beaucoup venaient pieds nus dans des pantoufles éculées, avec des jupes mal agrafées laissant voir la chemise, des camisoles de nuit pelucheuses, déchirées souvent, des serre-tête ignobles ou des bonnets crasseux. Elles proféraient dans un bâillement :

— Il fait bien froid ce matin, dites, Tiennon ?

— Ma foi oui, madame ; il a gelé rudement.

— Brrouou... Ce qu'il faisait bon au lit !

Je riais en dedans de contempler ainsi, au naturel, ces belles dames de la ville, ces belles boutiquières, qu'on voyait dans le jour si bien peignées, si bien corsetées, si bien *mistifrisées*.

— Vrai, me disais-je, je ne me laisserai plus prendre aux apparences, oh non !

Je devais pourtant m'y faire prendre terriblement, plus tard !

Sitôt rentré de ma tournée du matin, je quittais ma blouse et mon pantalon propres et réendossais mes effets de travail; je donnais une dernière fourchée aux vaches et faisais leur litière ; puis, ayant mangé une écuelle de soupe à l'oignon et trois pommes de terre sous la cendre, je m'en allais chez le père Viradon, un vieux locataire voisin, où, moyennant huit sous par jour, je battais au fléau de neuf heures à trois heures. A la suite de cette séance, je mangeais une autre soupe quelconque avec un mijotage de citrouille ou de haricots ; puis c'était le pansage ; puis la tournée en ville et vingt autres besognes qui me gardaient jusqu'à sept heures ; à ce moment, je m'installais au coin du feu, à mes travaux d'outillage, et je m'efforçais de prouver à ma femme que nos affaires marchaient bien et que nous n'aurions pas de peine à nous en tirer.

. . . .

En avril, quand survinrent les couches de Victoire, ce fut bien une autre affaire : il me fallut la soigner et me charger de toutes les besognes du ménage. J'étais allé voir mes parents le mois précédent et j'avais demandé à ma mère de venir pour quelques jours quand l'événement se produirait. Elle avait consenti ; mais une maladie de deux de mes petits neveux lui fut un prétexte à ne pas tenir sa promesse. La mère Giraud était souffrante et ne pouvait guère s'absenter à cause de ses vaches. Il n'y eut donc, en dehors de la sage-femme, que la vieille voisine Viradon pour nous aider quelque peu et nous donner des conseils expérimentés.

Comme, en même temps, le travail de la terre donnait, comme il fallait bêcher le jardin, faire les semis d'orge, d'avoine et de pommes de terre, on peut croire que je n'avais pas à rester les deux pieds dans le même sabot ; j'en vins à perdre presque l'habitude de dormir, et ce n'est pas au cours de l'été que je pus la reprendre.

Au cours de l'été, j'allai travailler dans les domaines comme journalier. J'aurais bien eu assez de besogne dans ma locaterie, mais je craignais que les recettes ne soient insuffisantes si je ne gagnais rien au dehors. Quand je rentrais vers dix heures du soir il y avait toujours quelque chose de pressant à faire chez nous, et je me remettais à l'œuvre au clair de lune. Le voisin Viradon m'avait conseillé de faire du jardinage, parce que les légumes se vendaient bien au moment de la saison, quand la ville se pleuplait d'étrangers. Je restais donc souvent jusqu'à une heure du matin à sarcler et à arroser. A trois heures, je repartais au travail. Victoire avait cessé momentanément de faire les tournées de lait, — les vaches touchant à leur terme n'en donnaient plus, — mais elle put vendre quelques têtes de salade et quelques paniers de haricots dont le produit suffit aux besoins courants du ménage.

A la Saint-Martin, nous eûmes la satisfaction de payer sans délai le propriétaire et de rembourser au père Giraud la moitié de la somme qu'il nous avait avancée.

XIX

Il y avait certains travaux pour lesquels l'expérience me manquait beaucoup : ainsi, avant de me mettre à mon compte, je n'avais jamais semé. Dans les fermes, l'emploi de semeur était toujours affecté au maître ou à son fils aîné; (à la Billette, mon parrain en était titulaire depuis un certain temps). Je crois bien que cette coutume de ne pas varier les rôles existe encore un peu. Il y a toujours le bouvier, le jardinier, le semeur. Le bouvier ne s'occupe jamais du jardin; le jardinier ne sait guère labourer, ni soigner les bœufs. Et quand la séparation survient, l'un et l'autre se trouvent embarrassés.

Je semai donc la première fois inégalement et trop fort, et ma récolte en fut compromise. De plus, les voisins qui eurent l'occasion de voir mon blé se fichèrent de moi; cela me fut pénible, malgré que je constatais qu'il y avait de quoi.

A vrai dire, les meilleurs semeurs n'obtinrent pas, cette année-là, de brillants résultats. A la suite d'une période de gels nocturnes et de soleils chauds, puis d'un printemps humide, la récolte de 1847 fut mauvaise entre toutes. Le froment se vendit huit francs le double et le seigle six francs. A la campagne, tous les pauvres gens étaient bien malheureux; et dans les villes, à Paris surtout, il paraît que c'était encore pis.

Je savais cela par M. Perrier, un ancien maître d'école devenu agent d'assurances, qui habitait tout près de la place de l'Eglise et qui était notre client pour le lait. M. Perrier lisait le journal et, chaque fois qu'il se passait quelque chose d'important, il ne manquai pas de le dire à ma femme en la chargeant de me le rapporter.

La misère des ouvriers de la capitale les fit se révolter peu après, au mois de février 1848. Victoire m'annonça cette nouvelle un beau jour, de la part de M. Perrier. Alors, je me rappelai qu'au temps où j'étais pâtre dans la Breure du Garibier, j'avais entendu dire par les scieurs de long quelque chose d'analogue : Paris en révolution, un roi chassé et remplacé par un autre roi qui s'appelait Louis-Philippe, le drapeau tricolore à la place du drapeau blanc, etc. Etant allé le lendemain faire la tournée du lait, je rapportai à M. Perrier ces souvenirs. Il me dit qu'on venait précisément de mettre à la porte à son tour ce même roi Louis-Philippe, et qu'au lieu d'un roi, nous avions maintenant la République ; et il se donna la peine de m'expliquer la différence qu'il y avait.

A la campagne, on ne s'inquiète guère d'habitude des affaires du gouvernement. Que ce soit Pierre ou Paul qui soit en tête, on n'en a pas moins à faire, aux mêmes époques, les mêmes besognes. Pourtant ce changement de régime fut connu de tous et fit un certain bruit.

La République fit d'ailleurs une bonne chose dont je lui sus gré tout de suite, et bien d'autres avec moi : ce fut d'enlever l'impôt sur le sel. On le payait auparavant cinq et six sous la livre, et on le ménageait presque autant que le beurre : après, il ne se vendit plus que deux sous. Je compris que c'était une canaillerie de la part de l'ancien gouvernement que de laisser subsister un impôt énorme sur une matière de première nécessité, et dont le pauvre, pas plus que le riche, ne pouvait se passer.

Une autre innovation dont tout le monde s'aperçut, ce fut l'établissement du suffrage universel. Je savais que les ouvriers des villes faisaient de cela une grande affaire et j'ai compris plus tard qu'ils avaient raison. Mais, à ce moment, je ne trouvais pas que le droit de vote fût une chose d'aussi grande importance que la suppression de l'impôt sur le sel.

Comme bien on pense, ces réformes ne faisaient pas plaisir aux riches. Les céréales augmentaient toujours : on disait que les gros bourgeois en avaient accumulé des approvisionnements considérables qu'ils faisaient jeter dans la mer, dans le but de provoquer la famine, en haine du gouvernement nouveau.

Il y eut bientôt des élections pour nommer les députés. Je reçus plusieurs papiers à cette occasion, et je m'en fus trouver M. Perrier, le priant de me les lire et de m'en expliquer l'usage. Très familier selon sa coutume, il s'empressa de me satisfaire. Dans leur programme, les candidats républicains parlaient de liberté, de justice, de bonheur du peuple et promettaient des réformes nombreuses : la création d'écoles et de routes, la diminution du temps de service, l'assistance aux infirmes et aux vieillards pauvres. Les conservateurs parlaient surtout de la France qu'ils voulaient unie, grande et forte; ils voulaient la paix, l'ordre, la prospérité; ils conseillaient de se méfier des utopistes révolutionnaires qui méditaient de tout bouleverser, de faire table rase des traditions séculaires de notre chère patrie et, — conséquemment, — de nous conduire aux abîmes. J'étais loin de comprendre le sens exact de toutes ces belles phrases. Mais il me sembla néanmoins que les conservateurs tentaient d'éblouir les électeurs par de grands mots qui ne signifiaient rien, alors que les républicains émettaient quelques bonnes idées pratiques. Je dis à M. Perrier ce que je pensais et il m'engagea en effet à voter pour ces derniers.

— Dites-le bien à vos amis, à vos voisins, conclut-il, il n'y a que les républicains qui aient le désir de voir améliorer votre situation. Les autres sont de gros bourgeois qui trouvent excellent l'ancien ordre de choses; ils ont lieu d'être contents de leur sort, et croyez que le sort des autres leur importe peu.

J'étais donc décidé à suivre ma première impression que venait corroborer l'opinion de M. Perrier. Mais l'avant-veille du scrutin, pendant que j'étais au travail, le curé vint chez nous et raconta à ma bourgeoise que tous les républicains étaient des canailles. Il lui cita plusieurs individus de mauvaise réputation, fainéants et ivrognes, qui criaient bien fort : « Vive la République » dans les rues de la ville, les soirs où ils avaient bu.

Si ces gens-là arrivent au pouvoir, avait dit en terminant le curé, il n'y aura de sécurité pour personne ; ils prendront le bien des braves gens et ils vivront en rentiers à la sueur du front des autres. Tous les électeurs honnêtes voteront pour ceux qui représentent les bons principes, c'est-à-dire pour les conservateurs.

Victoire me raconta cela le soir même.

— Voilà, fit-elle, ce que M. le curé m'a chargé de te rapporter. A présent, fais-en ce que tu voudras.

Cela me mit bien en peine, car je savais qu'effectivement tous les pas grand'chose de la ville affichaient à tout propos leur républicanisme. Mais je réfléchis que les candidats à la députation ne devaient pas ressembler aux quelques criards et soulauds que nous voyions ici. D'ailleurs, M. Perrier, cet excellent homme, intelligent et instruit, était républicain. Bien d'autres bons vivants que je connaissais étaient républicains aussi. Et puis, j'avais appris que l'illustre Fauconnet menait une campagne acharnée en faveur des conservateurs. Je dis à ma femme :

— Ecoute, en fait que de bien, nous n'avons guère que nos deux vaches, je ne pense pas qu'on vienne nous les enlever... Et il n'y a pas que des braves gens pour soutenir les candidats du curé : Fauconnet, qui est certainement le plus voleur de Bourbon, les soutient aussi...

— Tu ne veux pas comparer M. Fauconnet aux abrutis et aux fainéants qui crient dans les rues ?

— Oh non ! je leur ferais injure, dis-je en riant ; ils ne sont pas de sa taille !

Au fond, je reconnaissais néanmoins que ces voyous faisaient grand tort aux candidats républicains. J'ai remarqué cent fois depuis que les plus terribles ennemis de ceux qui représentent aux élections les idées de progrès sont les gens à réputation douteuse qui se mettent en vue sous couleur de les soutenir. Les meilleurs programmes, les meilleurs candidats se trouvent salis de ces contacts ; un certain discrédit rejaillit sur eux dans l'esprit au moins de ceux qui, comme les neuf dixièmes des paysans, et moi-même, basent leur opinion sur le degré de sympathie qu'ils éprouvent pour ceux qui se font les apôtres des diverses idées dans le pays.

Toute la journée du samedi, je fus tiraillé de sentiments contraires ; mais le dimanche je revins à ma résolution première : je mis dans l'urne le bulletin de la liste républicaine. Ce fut ma façon de remercier le gouvernement nouveau d'avoir mis le sel à deux sous.

Par exemple, quand on nous fit revoter six mois plus tard pour nommer le président de la République, je n'agis pas selon les mêmes principes. Tous les personnages influents, les propriétaires, les régisseurs, les gros fermiers, les curés, s'étaient chargés de dire et de répéter partout que les campagnards devaient porter leurs suffrages sur Napoléon, attendu que les autres ne s'occuperaient que des ouvriers des villes. On causait de cela dans tous les groupes de cultivateurs qui se formaient le dimanche après la messe, sur la place de l'Eglise, ou sur celle de la mairie.

— Mon maître a dit que si un républicain était nommé président, le blé ne se vendrait que vingt sous la mesure...

— Le mien m'a dit la même chose, reprenait un autre. Les républicains veulent que ceux des villes aient le pain pour rien.

— Ils feraient baisser la viande aussi, on peut en être sûr...

— On ne pourrait plus vivre en travaillant la terre...

Ces bruits avaient pris de l'ampleur et nous influençaient : comme mes confrères, je votai pour Napoléon.

XX

Après un séjour de six années, mes parents avaient été obligés de quitter la Billette, les relations étant devenues impossibles avec M. et Mme Bourtry. Ils s'en étaient allés à l'autre extrémité de la commune de Saint-Menoux, du côté de Montilly.

Mon père ne vécut pas longtemps dans cette nouvelle ferme. Au mois de janvier 1849, deux mois après qu'il y fut entré, on vint me dire qu'il était gravement malade. J'allai le voir dès le lendemain et le trouvai très amaigri, très abattu, avec une forte fièvre qui, sous sa barbe longue, colorait ses joues creuses.

— Mon pauvre garçon, je suis perdu, me dit-il. C'est

égal, je suis bien aise de t'avoir revu avant de mourir...

Il me regarda longuement avec des yeux mouillés ; j'eus de la peine à m'empêcher de pleurer.

Le malheureux ne se trompait pas : il mourut trois jours après, par une triste aube neigeuse.

Je le regrettai sincèrement, car depuis que j'étais à même de l'apprécier sans passion, avec ma pleine raison, j'avais compris qu'il était un très brave homme à qui la vie n'avait pas été tendre : son frère avait vécu à ses dépens, ses maîtres l'avaient grugé, sa femme l'avait malmené. C'est seulement dans ses rares séances prolongées d'auberge qu'il avait trouvé quelques satisfactions.

Ma sœur Catherine, mariée à Grassin, ne put assister à l'enterrement ; car elle était, depuis un an, placée à Paris avec son époux.

. . . .

A la suite de ce deuil, il y eut encore une révolution dans la maisonnée. Ma mère, qui était depuis quelque temps à couteaux tirés avec le Louis et sa femme, chercha à indisposer mon parrain contre eux, dans le but d'arriver à rendre inévitable la séparation des deux ménages. Mais, sauf quelques dissentiments passagers, mes deux aînés s'entendaient assez bien ; ils jugèrent qu'ils s'en tireraient encore mieux à rester ensemble tant que leurs enfants ne seraient pas élevés. Alors, toujours intransigeante et méchante, ma mère déclara qu'elle partirait. Et, en effet, elle loua à l'entrée du bourg de Saint-Menoux, sur la route d'Autry, une pauvre chaumière dans laquelle elle se retira pour y vivre la vie des femmes seules et sans ressources : glaner, laver les lessives, faire toutes les corvées désagréables et pénibles qui se présentaient. Tant qu'elle fut en état de travailler, elle laissa dormir dans un coin de son armoire les quelques centaines de francs qui constituaient son avoir.

La Marinette resta au domaine avec mes frères ; ils la gardèrent un peu par charité, mais aussi parce qu'elle leur rendait service. La pauvre innocente, en effet, avait un culte pour les moutons et s'acquittait très bien du rôle de bergère, moins le dénombrement, à la rentrée, qu'elle n'était pas en état de faire. Elle savait filer et était apte à certains travaux des champs. En somme, elle gagnait bien à peu près sa vie. Comme habits, il lui fallait peu de chose, car elle ne sortait jamais des limites territoriales de la métairie.

XXI

Victoire, enceinte une seconde fois, me donna une petite fille. Heureusement, les affaires n'allaient pas trop mal. Le père Giraud était intégralement remboursé, je payais régulièrement mon fermage et j'avais quelques pièces de cent sous devant moi. Mais ce succès ne m'empêchait pas de travailler, bien loin de là ; au contraire, il me donnait du contentement, partant, du courage. Je continuais, quand cela m'était possible, d'aller besogner hors de ma locaterie. J'avais trouvé pour la mauvaise saison un emploi stable et assuré ; c'était à la carrière du Pied de Fourche, derrière l'église, à l'est de la ville ; j'y cassais de la pierre pour le compte d'un entrepreneur qui faisait des routes. J'étais à la tâche, ce qui me permettait de venir à ma convenance, quand j'avais fini mon pansage du matin, et de rentrer à temps pour celui du soir. Au printemps, j'apportais à manger et restais plus tard.

Nous étions parfois jusqu'à vingt casseurs à la file, travaillant chacun à l'abri d'une claie de paille, agenouillés sur un tabouret de chiffons. De notre chantier, nous dominions toute la ville : (seules, les vieilles tours du château, sur la colline opposée, nous faisaient pendant) ; les toits des plus hautes maisons étaient plus bas que nous ; la grande rue surtout nous semblait être un précipice et nous étions tentés de plaindre ses habitants qui devaient manquer d'air. A vrai dire, si nous avions, nous, la faculté de respirer à l'aise, de nous sentir caressés par les souffles sains de la campagne et de la forêt, nous méritions bien d'être plaints aussi, car c'est un travail peu récréatif que de casser la pierre. D'être toujours inertes et pliées, nos jambes s'ankylosaient ; et nos mains s'écorchaient au contact des trop petits manches de houx de nos masses. Souvent la lassitude nous gagnait, et l'ennui...

Mon voisin de droite prisait et, quand nous nous trouvions rapprochés, il me lançait sa tabatière dans laquelle je prenais de toutes petites pincées, histoire de faire comme les autres, de m'éclaircir le cerveau en éternuant. Mais, peu à peu, je pris goût au tabac et j'en vins à me procurer une *queue de rat* que je fis garnir ; Victoire se fâcha, disant que nous n'étions pas riches au point qu'il soit nécessaire que je m'entre de l'argent dans le nez, et puis, d'ailleurs, que c'était dégoûtant. Mais ses observations furent vaines : ma passion naissante était déjà trop forte.

Et le tabac n'était pas tout. Ce travail à proximité de la ville m'entraînait à d'autres dépenses que je cachais soigneusement à ma femme. Pour me rendre au chantier, il me fallait passer devant la porte de l'entrepreneur qui tenait un caboulot tout près. Quand, par hasard, il me voyait arriver le matin, il ne manquait pas de m'appeler :

— Eh ! Tiennon, viens donc « tuer le ver »...

« Tuer le ver », c'était boire une goutte d'eau-de-vie. Il offrait sa tournée, je ne pouvais moins faire que d'offrir la mienne : c'était deux gouttes bues et quatre sous dépensés.

Quand nous mangions, nouvelle attaque : il y avait toujours un de mes compagnons qui disait :

— Sacré bon sang, que le pain est sec ! Si l'on misait pour avoir un litre ?

En mettant trois sous chacun, ça nous faisait un litre à quatre. Ce verre de vin ne pouvait que nous faire du bien, c'est certain ; mais trois sous ça se connaît sur une journée de quinze à vingt sous !

Les jours de paie, il fallait encore boire. Je n'avais pas le courage de refuser dans la crainte de passer pour « chien » et de me faire remarquer, mais ces dépenses anormales m'inquiétaient ; de plus, Victorine, en dépit de mes précautions, avait fini par avoir vent de la chose et je m'apercevais que c'était loin de lui aller.

Je compris alors que c'est une vraie calamité pour les ouvriers des bourgs et des villes que d'avoir trop d'occasions. Quoique gagnant plus que nous, ils ne sont pas plus riches, car, insensiblement, ils en viennent à trouver naturel de dépenser tous les jours une petite somme à l'auberge, ce qui va loin en fin de compte. Ils sont plus à plaindre qu'à blâmer. Je sentais qu'à leur place je n'eusse pas agi différemment. Mais je résolus de fuir la contagion, de chercher du travail ailleurs.

. . . .

C'est ainsi que, dans l'hiver de 1850, je pris à défricher, du côté de César (1), une portion d'un champ

(1) Hameau de la commune de Bourbon ainsi nommé parce

broussailleux qu'on mettait en culture. Là, c'était la vraie campagne ; je gagnais peut-être un peu moins qu'à la carrière, mais j'avais finalement plus de bénéfice, car ma seule débauche était de puiser quelquefois dans ma tabatière.

A ce chantier, il m'arriva d'être dupe de ma crédulité. Un jour de mars que le soleil brillait, très chaud déjà, je trouvai dans des racines de genêts une vipère qui s'éveillait de sa léthargie hivernale. Je n'avais plus, comme étant gamin, une crainte exagérée des reptiles ; je la regardai donc un instant s'agiter, puis je hélai M. Raynaud, un boulanger de la ville, qui se trouvait là en train de faire mettre en fagots des débris d'épines et de genévriers qu'il avait achetés pour son four.

— Venez voir une belle vipère, monsieur Raynaud, elle est déjà à moitié désengourdie.

Le boulanger s'approcha, l'examina.

— Diable, pas rien qu'à moitié ; elle se tortille joliment...

Après qu'il l'eut contemplée à loisir, il reprit, d'un ton mi-sérieux, mi-narquois :

— Vous devriez la porter toute vivante au pharmacien : il vous la paierait au moins cent sous.

— Vous vous fichez de moi, monsieur Raynaud ?

— Ma foi non ! Je vous assure que les pharmaciens s'en servent pour leurs drogues et qu'ils achètent toutes celles qu'on leur porte.

Les fagoteurs s'étaient approchés : je jetais des regards questionneurs sur leur groupe.

— Monsieur Raynaud a raison, dit l'un ; je crois bien que ça s'achète, en effet.

que César, dit-on, eut son camp, au moment de la conquête des Gaules, sur le plateau où il est bâti.

— Moi, c'est la première fois que je l'entends dire, reprit un autre.

— Moi aussi, fis-je.

— Eh bien, essayez, reprit le boulanger; portez-la lui vivante et vous verrez qu'il vous la paiera cent sous et peut-être plus.

— C'est qu'elle n'est pas commode à porter vivante...

Il jeta un regard circulaire aux alentours, vit le bidon qui contenait la soupe de mon goûter.

— Mettez-là donc dans votre gamelle.

— C'est une idée: si j'étais certain de la vendre cent sous, je l'emporterais dedans, quitte à en acheter une neuve.

Pour achever de me décider, M. Raynaud affirma une troisième fois.

— Quand je vous dis que c'est la vérité !

Il n'était pas encore l'heure du goûter; néanmoins, je mangeai ma soupe à la hâte, sans même prendre le temps de la faire chauffer; puis, à l'aide d'un bâton de noisetier fendu, je saisis le reptile et le glissai, non sans peine, dans le bidon vide que je recouvris aussitôt de son couvercle. Le boulanger, les fagoteurs me regardaient faire en ricanant.

— Mon vieux, vous paierez à boire, dit en s'éloignant M. Raynaud, je vous ai fait gagner votre journée. Surtout, dites bien au pharmacien que vous venez de ma part.

Tout joyeux de l'aubaine, je quittai le chantier plus tôt qu'à l'ordinaire et passai chez nous pour mettre des effets propres. Ma femme, à qui je contai l'aventure, se mit à pousser les hauts cris.

— Sors-moi bien vite ça de la maison ! Une mauvaise bête... ; si elle allait soulever le couvercle, se glisser sous les meubles !...

Elle ajouta :

— On t'a fait croire des bêtises, imbécile ! Tu en seras pour la peine d'acheter un bidon neuf, encore vingt-cinq ou trente sous. Je ne veux plus revoir celui-ci, tu m'entends bien ? Jette-le dans un fossé, fais-en ce que tu voudras, mais ne le rapporte pas.

Mon nez s'allongeait : je commençais à craindre que la bourgeoise n'eût raison. J'affectais pourtant d'avoir l'absolue certitude de revenir avec ma pièce de cent sous. Et, délibérément, je me rendis chez le pharmacien.

— Bonsoir, monsieur Bardet.

— Bonsoir, mon ami, bonsoir. Qu'est-ce qu'il y a pour votre service ?

— Monsieur Bardet, on m'a dit que vous achetiez les vipères vivantes ; — c'est M. Raynaud, le boulanger, qui m'a dit çà : — j'en ai trouvé une au *déchiffre* et je vous l'apporte.

— Mais oui, je les achète : M. Raynaud ne vous a pas menti.

Il apporta un grand bocal bleu.

— Tenez, il y en a trois ici ; la vôtre, que je vais mettre avec, fera la quatrième. Et si vous en trouvez d'autres, apportez-les-moi ; je vous les prendrai toutes à cinq sous la pièce.

J'eus un mouvement involontaire et me sentis devenir blême.

— Combien, monsieur Bardet ?

— Cinq sous.

— M. Raynaud m'avait dit cent sous...

Le pharmacien sourit dans sa barbe grise :

— Raynaud est un peu farceur, vous ne le saviez donc pas ? C'est cent sous les vingt qu'il a voulu dire.

— Je me suis laissé jouer... Il va me falloir un autre bidon ; j'aurai de la perte. Ah ! bien, vous pouvez croire que je regrette de vous l'avoir apportée !...

M. Bardet parut ému de me voir si dépité.

— Qu'est-ce que vous voulez, ça vous apprendra qu'il ne faut pas tout croire. Mais ne vous faites pas d'illusions : votre bidon n'est pas sale. Tenez, je vais vous donner une solution pour le désinfecter, un peu de cette poudre blanche que vous ferez dissoudre dans un litre d'eau bouillante. Après l'avoir nettoyé avec ce liquide vous pourrez vous en servir en toute sécurité ; il sera aussi propre qu'avant.

La poudre valait trois sous ; j'eus dix centimes à empocher. Mais j'avais compté sans Victoire qui jura que le bidon ne servirait plus, menaça de le briser elle-même au lieu de le nettoyer. Il me fallut retourner en ville le soir chez le quincailler où j'en achetai un du plus bas prix : vingt-cinq sous. Il était loin de valoir l'ancien.

J'ai souvent fait rire le monde à mes dépens en racontant cette aventure que je me plus à agrémenter par la suite d'épisodes inexistants destinés à la rendre plus comique encore. Mais j'en voulus ferme au boulanger Raynaud, d'autant plus qu'il jugea bon de se payer de nouveau ma tête quand il me retrouva.

— Eh bien, Bertin, cette vipère ?

— Eh bien, monsieur Raynaud, je ne suis pas prèt de vous croire. Vous êtes un rude menteur !

— Quoi, le pharmacien n'en a pas voulu ?

— Si, seulement au lieu de cent sous, c'est cinq sous qu'il me l'a payée.

— Cinq sous... Eh bien, oui, c'est le prix que je vous avais indiqué ; vous aviez mal compris.

Et il s'éloigna en riant.

XXII

De temps à autre, je revoyais Fauconnet dont les cheveux blanchissaient et dont la figure glabre, à présent ridée et constamment grimaçante, avait une expression hideuse. Quand il traversait les Craux, allant à Meillers, il lui arrivait de s'arrêter pour me parler : et je faisais l'aimable en dépit du mépris qu'il m'inspirait.

Il arriva qu'une fois, son domestique étant tombé malade, il vint me chercher pour le remplacer. C'était après les moissons, en août ; je n'avais pas grand'chose à faire dans ma locature : j'acceptai. Quand on est pauvre il faut bien aller travailler où l'on trouve, même chez les employeurs que l'on considère comme des canailles.

Je vis de près, dans l'intimité quotidienne, ce fermier enrichi qui était à la veille de devenir gros propriétaire terrien. Chez lui, il était grossier, original, maussade et grognon. Il promenait son désœuvrement de la cuisine à l'étable et de l'étable au jardin, l'allure débraillée, fumant sa pipe, bâillant, ne se mêlant d'aucune besogne. J'ai pu apprécier, pendant mon séjour dans cette maison, les tristes côtés de l'oisiveté qui n'est vraiment pas enviable. Le travail est souvent pénible, douloureux, accablant, mais il est toujours passionnant et, à cause de cela, il est encore contre l'ennui le meilleur des dérivatifs. Fauconnet s'ennuyait d'une façon atroce. Il était toujours en bisbille avec sa femme et la bonne, auxquelles il faisait, d'un ton rogue, des observations ou des reproches injustifiés. Des fois, il se versait de grandes rasades d'eau-de-vie, cherchant dans l'excitation de l'alcool un remède à sa mauvaise humeur, à son désœuvrement. Avec moi, il se montrait d'assez bonne composition ; il lui arrivait de m'appeler le matin à la cuisine pour me faire boire la goutte. Par contre, aux repas, il ne me donnait jamais de vin, prétendant que les ouvriers ne doivent pas s'habituer à ça.

Il se transfigurait lorsqu'il allait en route. Il était fier de ses chevaux qui marchaient vite ; il exigeait qu'ils fussent soigneusement pansés, que les voitures soient toujours très propres et que les harnais brillent. Une fois en selle ou en voiture, il devenait l'homme public, Fauconnet le fermier riche, conscient de sa puissance. Il s'en allait aux foires où il se sentait regardé, envié, respecté des marchands, salué bas par les travailleurs. Ou bien il s'en allait dans ses domaines pour donner des ordres, combiner les ventes prochaines ou serrer de près quelques jeunes métayères point trop farouches qui, au maître, n'osaient rien refuser, quoi qu'il fût vieux et plus que laid. Jamais il ne passait, sans sortir, la journée entière.

Une seule fois, je le vis chez lui très gai : ce fut le dimanche de l'ouverture de la chasse. Il avait invité à déjeuner cinq ou six de ses amis avec lesquels il avait chassé le matin, sans compter son fils aîné, le docteur, qui venait de s'établir à Bourbon. Ce fut une ripaille à tout casser, une vraie débauche. J'étais chargé du service de la table que je fis assez maladroitement, car c'était pour moi une nouveauté ; mais ma maladresse même fut utile, puisqu'elle prêta aux convives l'occasion de rire. Or, ils ne cherchaient que cela : les occasions de rire. Après qu'ils eurent bu et mangé ferme, ils se racontèrent mutuellement des histoires scabreuses, des récits d'orgie et d'amour de fraude. Ils parlaie aussi de leurs métayers dont ils raillaient la bêtise et la soumission, et de leurs propriétaires à qui ils se flattaient de faire avaler d'invraisemblables bourdes. Je compris qu'ils se considéraient comme des gens très supérieurs, dominant le reste de l'humanité de toute la pesanteur de leurs gros ventres, de toute la largeur de leurs faces rubicondes. Seul, le jeune docteur ne paraissait guère s'amuser. Il avait en ville, à côté de l'établissement thermal, son logement particulier, et il fréquentait peu la maison paternelle. Ses deux frères n'y faisaient plus, de leur côté, que de rares et courtes apparitions.

— Ils n'ont pas les habitudes du père ; ce n'est plus le même genre, m'avait dit la servante.

J'en conclus qu'eux aussi, probablement, se jugeaient des hommes supérieurs, supérieurs à ce fermier campagnard qu'était leur père, et à ses amis, qu'ils méprisaient beaucoup sans nul doute. Il n'est pas d'hommes tellement supérieurs qu'ils ne soient à l'abri de la qualification « d'imbéciles » que leur appliquent d'autres hommes plus supérieurs encore. Il y a là de quoi consoler ceux qui ne sont pas supérieurs du tout.

. . . .

Quand le domestique fut en état de reprendre son service, comme il me restait la libre disposition de quelques jours, Fauconnet me garda pour battre à la machine dans ses domaines de Bourbon. C'était, dans la région, le début des machines à battre ; les fermiers, après une assez longue période d'hésitation, venaient enfin de se décider à les adopter. Ils continuaient à fournir un tiers du personnel, comme au temps du fléau. (Ils se sont libérés depuis de cette obligation trop coûteuse et laissent à présent aux métayers toute la charge de la main-d'œuvre.)

On commença de battre au domaine de la Chapelle, sur la route de Saint-Plaisir. Nous étions tous bien novices et un peu effrayés de travailler autour de ce monstre dont les roues tournaient si vite. Mais les rôles étaient bien moins durs qu'à présent, en raison de l'allure très modérée qu'observaient les mécaniciens: on ne fut pas long à se familiariser.

Les plus embarrassées furent les femmes qui jamais ne s'étaient vues tant de monde à nourrir. Maintenant elles en ont pris l'habitude; elles achètent des masses de viande, font, dans de grandes marmites, la soupe pour tout le monde, et, dans d'énormes terrines, des ratatouilles à proportion. Mais trop pauvres étaient les ménagères d'il y a cinquante ans pour songer à cela. Et pourtant la cuisine ordinaire leur semblait peu digne d'être servie à des étrangers; elles durent se concerter, — celles au moins des trois domaines dont Fauconnet était le maître, — et voilà ce qui advint:

A la Chapelle, au repas du matin, on nous servit de la galette et du tourton. J'ai toujours bien aimé nos pâtisseries de campagne; celles-ci étaient fraîches et meilleures qu'il n'est d'usage; je puis donc dire que je me régalai. Mais au repas du milieu du jour il n'y eut encore que de la galette et du tourton, et le soir il en fut de même. D'un repas à l'autre je trouvais ça moins bon ; mon appétit diminuait, et tous mes compagnons étaient dans le même cas. Je crus qu'il y aurait du nouveau le lendemain, qu'on nous ferait de la soupe, des haricots, quelque chose, quoi ! Mais il fallut déchanter. En arrivant le matin, je remarquai que le feu flambait au four et je vis un nouveau stok de galettes et de tourtons qu'on se préparait à cuire. Aux trois repas de ce jour-là, on ne nous servit encore rien autre chose. En raison de la chaleur et de la poussière, on était toujours assoiffé et il arriva que l'on prit en dégoût ces pâtisseries lourdes qui achevaient d'altérer. Les estomacs lassés se montraient rebelles. Je ne mangeai presque rien au goûter ; je partis le soir sans me mettre à table, et bien d'autres firent comme moi. Comme nous changions de ferme le jour d'après, je crus que l'obsession allait cesser : il n'en fut rien ! Les pâtisseries régnaient de plus belle ; il y eût pâté le matin et galette à midi. C'était trop : tout le monde réclama du lait, même vieux, même écrémé, du lait n'importe comment. La bourgeoise consentit à faire le tour de la table avec sa terrine, mais il était facile de voir qu'elle n'était pas à l'aise ; cela ne lui semblait pas honorable de nous servir ce lait qui était une nourriture commune. Il eut tellement de succès pourtant qu'il en fallut trois terrines pour contenter tout le monde. Mais la métayère ne voulut pas en tirer de leçon : au repas suivant, la table se trouva garnie comme de coutume des inévitables galettes et des inévitables tourtons. Je ne mangeais plus rien du tout ; je sentis que j'allais tomber malade tout à fait. Alors j'allai trouver Fauconnet et lui dis qu'il ne m'était pas possible de suivre plus longtemps la machine.

Les aliments de chez nous, la soupe à l'oignon, le pain de seigle et le fromage de vache, me semblèrent meilleurs après cette aventure...

XXIII

Les coqs à l'engrais chantèrent un soir de décembre qu'il y avait de la neige et qu'il gelait ferme. C'était à la fin de la veillée, vers neuf heures; je me disposais à me coucher.

— Qu'est-ce qu'ils veulent nous annoncer, ces sales bêtes, dit Victoire qui tremblait de tous ses membres.

— Pas quelque chose de bon, sans doute, répondis-je d'une voix brusque où perçait la crainte.

Nous avions l'un et l'autre cette conviction qu'il était signe de malheur d'entendre chanter les coqs à partir du coucher du soleil et jusqu'à minuit: cette période est celle du repos; ils doivent être silencieux.

A la réflexion, cette infraction à la règle aurait dû nous sembler naturelle de la part de ces pauvres poulets à l'engrais qui, ne sortant jamais d'une étable enténébrée, perdaient peu à peu le sentiment des heures. Mais nous n'en pensions pas tant, et nous étions troublés parce que nous avions vu, dans notre enfance, se troubler nos proches en pareille occurrence. D'ailleurs, dans le grand silence de la soirée d'hiver, ces cocoricos éclatants avaient un air lugubre, d'autant plus qu'ils se multiplièrent: le coq des Viradon répondit aux nôtres, puis d'autres des chaumières proches, et ce fut pendant une demi-heure un concert de modulations aiguës, comme aux heures qui précèdent l'aube matinale.

Après que les chants eurent pris fin, Victoire donna le sein à notre petit Charles, — car nous avions un troisième enfant depuis deux mois, — mais elle ne cessait pas de trembler; elle tremblait encore quand elle se mit au lit. Nous eûmes, cette nuit-là, un sommeil troublé et il fut décidé que les malencontreux poulets seraient vendus au plus tôt.

. . . .

Comme par hasard, les mois qui suivirent, toute sorte de malheurs vinrent nous frapper. En prenant de l'âge, je me suis libéré d'une bonne partie des croyances superstitieuses de ma jeunesse; mais à cause de cela, j'ai toujours conservé la crainte des coqs qui chantent après le coucher du soleil.

J'avais, dans un coin de mon étable, une réserve de pommes de terre. La meilleure de mes deux vaches s'étant détachée une nuit, avala goulûment un gros tubercule et s'étrangla. Je la découvris, le matin, étendue sur le dos, râlante; son ventre était ballonné; sa langue pendait; ses jambes s'agitaient en de brusques soubresauts d'agonie. La pomme de terre, restée dans l'œsophage, lui bouchait la respiration et mes tentatives pour la faire descendre furent vaines, comme étaient vains les mouvements désespérés de la pauvre bête qui ne voulait pas mourir. Je n'eus que la ressource d'aller prévenir un boucher, qui m'en donna trente francs : je comptais la vendre trois cents francs à la fin de l'hiver.

Il me souvient que ma femme voulait acheter des habits pour notre petit Jean et me faire faire un paletot neuf et une blouse. Mais on dut repousser à des temps meilleurs ces dépenses anormales, d'autant plus que ce ne fut pas le bout de nos peines. Peu après, il me creva un cochon qui pesait au moins cent cinquante livres. Puis, la vache que j'achetai pour remplacer ma pauvre étranglée me causa des ennuis.

A cause des enfants, Victoire avait cessé tout à fait de porter le lait en ville : elle s'était mise à faire du beurre. Or, il n'y avait pas moyen de transformer en beurre la crême qui provenait de cette nouvelle vache. Nous passions à la remuer dans la baratte des heures et des heures; nous avions les bras moulus de faire monter et descendre le *batillon* : rien. Il m'arriva un soir d'y mettre de la colère : sans interruption, de six heures à minuit, je manœuvrai le *batillon* dans le liquide aqueux; je parvins à m'exténuer, à mouiller ma chemise, à défoncer la baratte, mais non à faire du beurre. Je racontai ça le lendemain au père Viradon qui me dit que c'était un sort. Pareille mésaventure lui étant advenue dans sa jeunesse, il était allé trouver un *défaiseux de sorts* qui lui avait donné les conseils suivants :

« Se rendre un peu avant minuit au carrefour de la place de l'Eglise et poser là un petit pot neuf de six sous plein de cette mauvaise crème ; tourner douze fois autour de ce pot quand sonneraient les douze coups de minuit, en traînant, au bout d'une corde de six pieds de long, les chaînes d'attache des vaches ; au douzième tour, s'arrêter net, faire quatre fois le signe de la croix dans quatre directions opposées et partir au grand galop, abandonnant le pot et rapportant les chaînes.

« Couper à chaque bête un bouquet de poils de la tête, un du garrot, un de la queue, les tremper dans l'abreuvoir tous les jours de la semaine sainte avant le lever du soleil, les porter à la messe le jour de Pâques et les faire brûler dans la cheminée sans être vu... »

— J'ai fait cela et la réussite a été complète, conclut Viradon. Mais le *défaiseux* a dû agir de son côté.

En dépit de mes embêtements, j'étais secoué d'un fou rire en écoutant le bonhomme raconter, d'un air convaincu, les détails bizarres des cérémonies qu'on lui avait fait accomplir. Il me semblait le voir tourner autour de son pot, en traînant ses chaînes qui fretintaillaient !...

Le *défaiseux* était mort ; mais il avait laissé à son fils le secret de son talent, et le vieux voisin me conseillait fort d'avoir recours à lui. Je refusai néanmoins, n'ayant pas foi en ces stupidités.

Ce fut au curé que Victoire alla conter nos peines. Il vint le lendemain, aspergea l'étable avec de l'eau bénite et nous dit de n'avoir nulle crainte des sorciers.

— Ça tient tout simplement à ce que votre vache a du lait de mauvaise qualité, conclut-il, et à ce qu'elle est dans un état de gestation avancée ; améliorez sa nourriture, donnez-lui chaque jour un peu de sel dans une ration de farineux et vous vous en trouverez bien.

Nous suivîmes les avis du curé et il nous fut possible de faire du mauvais beurre qui s'améliora tout naturellement quand, à la belle saison, nos vaches allèrent pâturer sur les Craux et lorsqu'elles furent au lait nouveau. Si l'on se rendait bien compte de tout on n'aurait pas souvent, je pense, l'occasion de croire aux sorts.

. . . .

Vers la fin de l'hiver, pour clôturer cette série de malheurs, nous eûmes une alerte plus grave encore ; et cette fois-ci, il fallut bien, en désespoir de cause, aller trouver un rebouteux.

Notre petit Charles fut pris soudain d'un grand mal de gorge ; il refusait de prendre le sein ; sa respiration devint rauque, puis râlante. Victoire le porta d'abord à la sage-femme, puis au médecin, et ça n'avait pas l'air d'aller mieux, bien au contraire. Or, il y avait sur le chemin d'Agonges un homme qui barrait les maux de gorge d'enfants ; on venait le trouver de toutes les communes du canton et même d'ailleurs : il sauvait les bébés désespérés par les docteurs. Au cours d'une veillée, l'état du petit parut tellement s'aggraver que nous décidâmes de le lui porter séance tenante.

Ce fut un bien triste voyage. Je portais dans mes ras le petit malade, sur un oreiller recouvert d'un vieux châle ; Victoire suivait en pleurant ; nos pas résonnaient lugubres dans le silence nocturne, sur le sol des rues que séchait le grand gel. Sur les dix heures, nous eûmes la satisfaction de frapper à la porte du guérisseur qui vint nous ouvrir en caleçon et bonnet de coton : c'était un petit homme déjà vieux, la figure insignifiante. Il marmonna des prières en faisant des signes sur tout le corps de notre enfant, il oignit son cou d'une sorte de pommade grise et lui souffla dans la bouche par trois fois. Un mauvais quinquet fumeux éclairait cette scène étrange. J'étais impressionné Victoire pleurait toujours silencieusement. Après qu'il eut fini, l'homme déclara :

— Il ira mieux demain ; mais, par exemple, il était temps de l'amener, vous savez... Dès qu'il ira mieux vous irez faire brûler un cierge devant l'autel de la Vierge.

A notre demande de paiement, il dit :

— Je ne prends rien aux pauvres gens : néanmoins, j'ai là un tronc où chacun met ce qu'il veut.

Il prit sur la cheminée une petite boîte carrée, en bois fumé, dont le couvercle était percé d'un fente : j'y glissai vingt sous et nous repartîmes en hâte, inquiets des deux aînés que nous avions laissés dormant, dans la maison fermée.

Le guérisseur ne nous avait pas trompés. Vers le matin, le bébé vomit des matières aqueuses qui ressemblaient à des crachats durcis et, tout de suite soulagé, il prit le sein. Deux jours plus tard, il était tout à fait remis.

Je me suis souvent demandé, sans pouvoir répondre ni dans un sens, ni dans l'autre, si cette guérison fut d'effet naturel ou si les simagrées du vieux y furent pour quelque chose. Je sais que nombre de geus, très sceptiques, très fortes têtes, ne craignent pas, encore aujourd'hui, d'avoir recours à ces guérisons campagnardes pour se faire *barrer les dents*, ou se *faire faire la prière* à l'occasion d'une entorse ou d'une foulure. Et beaucoup constatent qu'ils en ont du soulagement.

Devant ces exemples, il est permis de rester perplexe, également éloignés de ceux qui affirment et de ceux qui se moquent. J'en suis encore là.

XXIV

Certain jour de foire de Bourbon, pour le carnaval de 1853, mon beau-père me tira à part sur la place de la Mairie, où je causais avec d'autres, pour me dire qu'il était à même de me faire entrer comme métayer dans un domaine de Franchesse, sa commune d'origine : il connaissait particulièrement le régisseur qui était son ami d'enfance.

J'y songeais un peu, à prendre un domaine, car je comprenais qu'en restant là il me faudrait louer mes enfants dès qu'ils seraient en âge de pouvoir garder les bêtes ; et cette éventualité m'était pénible. J'aurais pourtant préféré attendre encore quelques années, mais, après réflexion, je jugeai plus sage de ne pas rater cette occasion.

Le dimanche suivant, nous nous en fûmes donc, le père Giraud et moi, voir la ferme en question. Elle était située entre Bourbon et Franchesse, à deux cents mètres du chemin qui reliait les deux communes, et s'appelait « la Creuserie ». Elle dépendait de la propriété de M. Gorlier, dit « de la Buffère », du nom d'un château tout voisin qu'il habitait pendant l'été. La propriété comprenait cinq autres fermes : Baluftière, Praulière, le Plat-Mizot, la Jarry d'en haut et la Jarry d'en bas, — une locaterie qui s'appelait les Fouinats, et la maison du régisseur à proximité du château.

Le régisseur s'appelait M. Parent. C'était un homme de taille moyenne, avec une très grosse tête, qu'encadrait un collier de barbe grisonnante ; ses yeux saillaient hors de l'orbite, ce qui lui donnait constamment l'air étonné ; sa lèvre inférieure, grosse et lippue, tombait, découvrant ses dents avariées et laissant passer un continuel jet de salive. Tout de suite il me dit qu'en considération de mon beau-père il m'agréerait comme métayer, bien que je sois seul pour travailler, ce qui n'était guère avantageux. Il nous fit visiter les bâtiments du domaine qui étaient anciens et peu confortables ; il nous conduisit dans toutes les pièces de terre et dans tous les prés, et, quand nous fûmes rentrés chez lui, il dicta les conditions.

« Il fallait deux mille francs de remboursement sur le cheptel, mais on se contenterait de la moitié : on ajouterait aux quatre cents francs de l'impôt colonique annuel les intérêts à cinq pour cent du reste ; et, pour l'amortissement, on ferait une retenue sur les bénéfices. J'aurais à faire tous les charrois qui me seraient commandés pour le château ou la propriété ; et ma femme serait tenue de donner, comme redevances, six poulets, six chapons, vingt livres de beurre ; les dindes et les oies étaient à moitié. Le maître se réservait le droit de modifier les conditions ou de nous mettre à la porte chaque année, sous cette réserve que nous devions être prévenus au moins neuf mois d'avance.

M. Parent se mit ensuite à parler du propriétaire, qu'il appelait « M. de la Buffère », ou, plus communément, « M. Frédéric », et pour lequel il semblait avoir un culte exagéré.

— M. Frédéric ne veut pas que les métayers s'adressent directement à lui ; c'est toujours à moi que vous devrez dire ou demander ce que vous croirez nécessaire. M. Frédéric entend qu'on soit très respectueux, non seulement envers lui, mais aussi envers son personnel : c'est parce qu'ils ont mal répondu à Mlle Julie, la cuisinière, qu'il m'a fait donner congé aux colons actuels de la Creuserie. M. Frédéric ne veut pas qu'on touche au gibier : s'il prenait quelqu'un à tendre des lacets ou à tirer, ce serait le départ certain. Quand il chasse, il ne veut pas qu'on reste là où on pourrait le gêner : il faut suspendre le travail si c'est nécessaire. Il faudra tâcher aussi que le beurre de votre redevance soit de bonne qualité et les poulets bien gras, de façon à contenter Mlle Julie.

Sur l'interrogation de mon beau-père, il nous avoua tout bas que Mlle Julie n'était pas seulement la cuisinière, mais encore la maîtresse de M. Frédéric, qui était célibataire. C'est pourquoi il y avait urgence à la ménager, car son influence sur lui était considérable.

Je ne savais trop que penser de M. Frédéric. Dans la bouche de son régisseur qui, pourtant, le disait très bon, il prenait des airs d'impossible potentat dont les moindres désirs devaient être obéis... Cela m'effrayait un peu.

Je demandai à M. Parent huit jours de réflexion qu'il m'accorda. J'employai ce temps à essayer de connaître l'opinion de Victoire, ce qui n'était pas chose facile, car elle s'ingéniait à ne pas donner d'avis.

— Oh ! fais comme tu voudras, disait-elle de son air le plus froid, le plus indifférent, le plus lassé : moi, ça m'est bien égal.

Elle était très en colère d'être encore enceinte : ça la rendait inabordable. Un jour, que j'insistais plus que de coutume, elle eut pourtant un semblant d'assentiment.

— Dame, si ce domaine te plaît, prends-le, voilà tout...

— Mais toi, est-ce que ça te plaît que je le prenne?

— Oh! moi, que ce soit là ou ailleurs...

Je l'aurais battue... Je me décidai néanmoins à donner une réponse favorable et pour la Saint-Martin de 1853, nous nous installâmes à la Creuserie.

XXV

Notre maison avait deux pièces d'égales dimensions qu'une porte intérieure reliait : la cuisine et la chambre. Leur sol était plus bas que celui de la cour sur laquelle elles ouvraient l'une et l'autre par de grosses portes ogivales, noircies par les intempéries et fortement bardées de fer. Dans la cuisine, une sorte de béton avait été fait jadis; mais cela s'était dégradé et il n'y avait plus qu'une armée de cailloux pointus qui montraient leur nez d'un bout à l'autre de la pièce ; en balayant, on arrachait de plus en plus le gravier qui les liait ; mais eux restaient là, invincibles. Dans la chambre, régnait au naturel le sol primitif, affaissé au milieu, bossué sous les meubles, avec, un peu partout, des mamelons et des trous. Le plafond appareillait l'appartement : c'était un plancher bas et délabré que soutenaient de grosses solives très rapprochées, couvertes de moisissures blanches, et, dans chaque pièce, une énorme poutre mal taillée soutenue elle-même par un poteau vertical. Des grains de blé et d'avoine, s'échappant de la provision du grenier, passaient fréquemment entre les planches disjointes et les rats en faisaient des réserves sur les poutres. Le jour ne pénétrait que par d'étroites fenêtres à quatre petits carreaux ; en hiver, lorsqu'il faisait sombre et que la température ne permettait pas de tenir ouvertes les portes extérieures, on avait peine à y voir en plein midi. La cuisine était la salle commune et on y faisait toutes les grosses besognes. Il y avait, à gauche de l'entrée, la maie à pétrir et, au-dessus, le *tourtier* avec ses arceaux de bois pour séparer les grosses miches de la fournée qu'on y plaçait côte à côte ; il y avait, à droite, un bahut pour le linge sale, puis un autre bahut, puis une commode ; au milieu trônait la grande et massive table de chêne que nous avions achetée d'occasion, flanquée de ses deux bancs sur lesquels nous prenions place aux heures des repas ; il y avait enfin, dans le fond, une horloge entre deux lits : le nôtre dans le coin le plus rapproché du foyer, comme il est d'usage, et, de l'autre côté, celui de la servante. A gauche, dans le mur du pignon, la cheminée de pierre saillait large et haute ; au-dessus du foyer, la bouche du four mettait son trou noir. La chambre était moins enfumée et plus propre : ma femme y avait fait placer son armoire et les lits neufs qu'il nous avait fallu acheter pour coucher le personnel.

La maison faisait face *aux neuf heures*, mais le soleil n'en éclairait que bien plus tard le seuil, en raison du voisinage trop proche de la grange et des étables qui étaient placées parallèlement à elle, en avant, à une quinzaine de mètres tout au plus. Dans l'intervalle qui séparait les deux corps de bâtiment, les étables envoyaient leurs égouts qui formaient là une sorte de mare stagnante et noirâtre où baignaient les balles de froment depuis les battages jusqu'au milieu de l'hiver. On mettait à proximité le fumier des moutons qu'on utilisait pour les fumures de printemps. Il y avait en outre, dans cet espace, une auge de bois longue et peu profonde dans laquelle mangeaient les cochons, et une vieille roue placée horizontalement sur trois poteaux pour le jucher nocturne des dindons. Le tombereau et les charrettes au repos s'y voyaient souvent, et aussi, tout au long des murs, de menus outils, des bâtons et des aiguillons ; des débris de paille et de bois, des pierres, des tuiles cassées étaient dissiminés çà et là.

La ferme était située sur la partie montante du vallon, quasi au point le plus élevé, ce qui nous donnait, du sommet de l'escalier du grenier, au pignon droit de la maison, une vue magnifique. Il s'étendait, ce vallon, sur une bonne partie des communes de Bourbon, de Saint Aubin et d'Ygrande, avec un aspect d'amphithéâtre géant. Aux parties supérieures de ses ondulations légères apparaissaient distinctement, entre les haies vives qui les cerclaient, des champs verts, roux ou grisâtres ; d'autres se montraient à demi, juste assez pour laisser voir s'ils étaient en guéret, en chaume ou en pâture; et, dans les parties basses, il y avait des pièces entièrement dissimulées, des espaces importants dont on ne voyait que les arbres des clôtures, lesquels avaient l'air d'être très rapprochés, de se joindre presque. A l'extrémité d'un grand pré ; un taillis mettait son petit carré mystérieux. Des lignes de peupliers géants s'apercevaient en quelques endroits. Et, de loin en loin, dans ces cultures, entre ces haies, entre ces arbres, émergeaient les bâtiments écrasés d'une chaumière ou d'une ferme : c'étaient Baluftière, Praulière et le Plat-Mizot, disposés en triangle tout près, la Jary d'en haut et la Jary d'en bas, un peu plus loin, puis d'autres dont je savais les noms, puis d'autres, très éloignés, dont je ne savais rien, et enfin, à l'autre extrémité du vallon, un chétif pâté de maisons qui était le petit bourg de Saint-Aubin. Par delà, on distinguait encore le grand ruban sombre que formait la forêt de Gros-Bois ; et, par les temps clairs, au delà bien d'autres vallons, bien d'autres villages, bien au delà des distances connues, on apercevait, profilant leurs masses noires dans le bleu du ciel, une ligne de pics, qu'on disait appartenir aux montagnes d'Auvergne.

En arrière de notre maison, c'était une vallée étroite où de belles prairies se succédaient à perte de vue, puis un coteau qui nous dominait et sur lequel se voyait le bourg de Franchesse, avec son minuscule clocher carré.

Les premiers jours de notre installation, ces paysages m'apparurent ouatés de brouillards ; je les vis ensuite dans leur décor hivernal, alors que les cultures sont nues, lavées par les pluies ou pailletées de gel, alors que les haies sont comme des bordures de deuil autour des grands arbres qui sont des squelettes ; je les vis tout blancs sous la neige, déguisés comme pour une mascarade ; je les vis s'éveiller frissonnants aux brises attiédies d'avril, étaler peu à peu toutes leurs magnificences, toutes les blancheurs de leurs fleurs, toutes les verdures de leurs plantes ; je les vis au grand soleil de l'été, alors que les moissons mettent leur note blonde dans les verdures accentuées, paraître anéantis comme quelqu'un qui a bien sommeil ; je les vis à l'époque où les feuilles prennent ces tons roux qui sont pour elles le temps des cheveux blancs et qui précèdent de peu de jours leur mort paisible, leur contact avec la terre d'où tout vient et où tout retourne ; je les vis tout gais, tout pimpants aux heures des aubes douces ; je les vis se draper dans la pourpre royale des beaux couchants, puis s'enténébrer lentement et comme à regret ; je les vis enfin, comme dans un décor de rêve, baignant dans le vague mystérieux des clartés lunaires. Et combien de fois, les contemplant, ne me suis-je pas dit :

« Il y a des gens qui voyagent, qui s'en vont bien loin par ambition, nécessité ou plaisir, pour satisfaire leurs goûts ou parce qu'on les y force ; ils ont, ceux-là, la faculté de s'extasier devant des paysages variés. Mais combien d'autres ne voient jamais que les mêmes ! Pour combien la vie ne tient-elle pas toute dans un vallon comme celui-là, dans moins encore : dans une seule des ondulations, dans un seul des replis de ce vallon ! Combien de gens, au travers des âges, ont grandi, aimé, souffert, dans chacune des habitations qu'il m'est donné de voir d'ici, ou dans celles qui les ont précédées sur l'étendue de cette campagne fertile ! Combien ne sont même jamais allés jusqu'à l'un des points où le ciel s'abaisse ! »

Cette pensée me consolait de ne rien connaître moi-même hors des deux cantons de Souvigny et de Bourbon. J'en vins à trouver du charme aux décors variés de mes paysages familiers ; j'éprouvais même une certaine fierté d'avoir la jouissance de cet horizon vaste et je plaignais les habitants des parties basses.

XXVI

M. Parent, le régisseur, venait nous voir souvent et se montrait prodigue d'avis. Mais ses conseils culturaux, d'ailleurs assez peu intéressants, ne tenaient pas la première place : il en revenait toujours aux coutumes de M. Frédéric et à la façon de nous conduire envers lui quand il serait là.

Ce fut en juin que le propriétaire vint s'installer à la Buffère. Par un hasard sans doute calculé, il nous fit sa première visite le soir, alors que nous étions réunis à la cuisine pour le souper. M. Parent l'accompagnait. Je me levai et fis signe à tout le monde d'en faire autant, puis je sortis du banc et m'avançai au-devant des visiteurs. M. Gorlier me toisa.

— C'est lui, le métayer ? demanda-t-il à son régisseur.

— Oui, monsieur Frédéric, c'est lui.

— Il est bien jeune... La femme ?

— C'est moi, monsieur, dit Victoire en s'approchant.

— Ah !... Vous n'avez pas l'air très robuste ?

— C'est qu'elle a trois enfants, reprit M. Parent, d'une voix craintive. (Le quatrième, né avant terme, n'avait pas vécu.)

M. Frédéric nous demanda notre âge, à ma femme et à moi, et nous questionna sur nos origines. Nous étions très troublés l'un et l'autre de nous voir en face de cet homme puissant et redoutable dont on nous avait tant rabattu les oreilles. Il le vit, et s'en fâcha d'un ton amical.

— N'ayez pas peur, diable, je ne mange personne... Parent m'a dit que vous étiez animés d'excellentes intentions et que vous travailliez bien. Continuez comme cela et nous nous entendrons sans peine. Obéir et travailler, c'est votre rôle ; je ne vous demande pas autre chose. Par exemple, ne m'embêtez jamais pour les réparations : j'ai pour principe de n'en pas faire. Et maintenant, bonsoir ; allez dormir, mes braves.

Il parlait d'une voix lente en grasseyant un peu ; ses petits yeux gris clignotaient constamment ; il avait le teint coloré d'un gros rouge presque violet ; il portait toute sa barbe qui était courte et rare, mais qui restait très noire comme la chevelure, bien qu'il eût dépassé la soixantaine ; (j'ai su depuis que ce beau noir était factice : il se teignait). Sa physionomie, malgré les apparences de bonne santé qu'elle décelait, restait maussade et ennuyée. Ceux qui ont joui de tous les plaisirs ont rarement l'air heureux.

M. Gorlier revint souvent nous voir, soit à la maison, soit dans les champs. Il venait, jouant avec sa canne, causait un instant du temps et des travaux, puis disparaissait. Jamais plus, d'ailleurs, il ne fut poli comme le premier soir. Ainsi que Fauconnet, il tutoyait tout le monde et, comme il n'avait pas la mémoire des noms, ou à dessein peut-être, il appliquait invariablement à son interlocuteur le qualificatif de « Chose ».

— Eh bien, Chose, es-tu satisfait de ce temps-là ? Mère Chose, nous vous prendrons prochainement deux des poulets de la redevance...

Mlle Julie, la cuisinière maîtresse, une dondon déjà mûre à la peau blanche et aux formes appétissantes, vint chercher un soir ces deux poulets-là, que Victoire engraissait à dessein depuis plusieurs semaines. Elle les soupesa, les palpa et daigna se déclarer satisfaite.

— Il faudra toujours nous les donner comme ça, Victoire ; ils semblent parfaits ; voilà un coq magnifique.

— Oh ! oui, mademoiselle, fis-je, je voudrais bien que ce soit mon ventre qui lui serve de cimetière.

La grosse remarqua le mot.

— Comment avez-vous dit ? reprit-elle.

Je blémis, craignant que cela ne lui ait déplu.

— Allons, répétez, voyons !

— Mademoiselle, j'ai dit qu'à ce *jo*-là mon ventre servirait bien de cimetière. C'est une blague du pays que j'ai citée en manière de plaisanterie ; il ne faut pas vous en fâcher : je sais bien que les poulets ne sont pas faits pour moi...

Mlle Julie partit d'un franc éclat de rire.

— Je le retiendrai, ce mot-là, Tiennon, et je le servirai à d'autres qu'il amusera, soyez-en sûr. Jamais encore je ne l'avais entendu dire.

Elle le rapporta sans tarder à M. Frédéric, car il me dit, dès qu'il eut l'occasion de me voir :

— Chose, tu as des expressions délicieuses. Je vais recevoir prochainement mes amis Granval et Decaumont ; je te les amènerai et tu tâcheras de trouver des choses drôles comme celles que tu as dites à Mlle Julie, l'autre jour, à propos des coqs.

Il tint parole. Plusieurs fois, dans le courant du mois d'août, il vint le soir avec ces deux messieurs ; ils arrivaient en fumant leurs pipes à l'heure où nous soupions ; ils s'asseyaient et nous regardaient.

— Causez, mes braves, ne faites pas attention à nous, nous disaient-ils chaque fois.

Mais nous n'en faisions rien, bien entendu ; nous ne parlions que pour leur répondre quand ils nous interrogeaient directement. Les domestiques, qui couchaient dans la chambre, avaient la ressource de s'esquiver dès qu'ils avaient mangé ; mais moi, il me fallait leur servir de jouet jusqu'à dix et quelquefois onze heures. Peu leur importait, à eux, de se coucher tard : ils avaient la faculté de se lever de même. Peu leur importait de me faire perdre mon sommeil, car il me fallait être debout le lendemain à quatre heures, comme de coutume. Et c'était bien, comme je le dis, pour que je leur serve de jouet qu'ils venaient s'installer dans ma maison. Ils ne me faisaient parler que pour rire de mon langage incorrect, de mes réponses naïves et maladroites. Quand je disais quelque chose qui lui semblait particulièrement drôle, M. Decaumont tirait son carnet :

— Je note, je note, faisait-il. J'utiliserai ça pour des scènes champêtres dans mon prochain roman.

Mlle Julie étant venue un jour, je me hasardai à lui demander pourquoi M. Decaumont écrivait ainsi les choses baroques que je débitais bien malgré moi. Elle me dit que c'était un grand homme qui s'occupait à faire des livres, et qu'il était célèbre. Un grand homme ! un homme célèbre ! ce petit gros à figure de curé, avec des cheveux ridiculement longs qui lui tombaient sur les épaules.

— Ah ! c'est fait comme ça, un homme célèbre? dis-je.

Mlle Julie se mit à rire.

— Mon Dieu oui, Tiennon ; il est bien comme les autres, allez, malgré ses capacités. Avec ses grands cheveux, on le prendrait plutôt pour un fou que pour un savant ; et il s'amuse de tout comme un enfant.

Eh bien, je ne trouvais pas très loyale la façon d'agir de ce faiseur de livres. Je lui en voulais d'inscrire mes réponses pour les publier, pour que d'autres bourgeois comme lui en puissent rire à leur tour. Etait-ce donc ma faute si je parlais de façon peu correcte? Je parlais comme on m'avait appris, voilà tout. Lui, qui était resté sans doute jusqu'à vingt ans dans les écoles, avait pu apprendre à tourner les belles phrases. Mais moi j'avais fait autre chose pendant ce temps-là. Et, à l'heure actuelle, j'employais ailleurs et bien aussi utilement que lui mes facultés : car, de faire venir le pain, c'est bien aussi nécessaire que d'écrire des livres, je suppose. Ah ! si je l'avais vu à l'œuvre avec moi, l'homme célèbre, à labourer, à faucher ou à battre, je crois bien qu'à mon tour j'aurais eu la place de rire. J'ai fait souvent ce souhait d'avoir sous ma direction, pendant quelques jours, au travail des champs, tous les malins qui se fichent des paysans.

XXVII

Je n'étais pas le seul, d'ailleurs, à servir de cible aux risées du maître et de ses amis : mon voisin Primaud, de Baluftière, y contribuait pour une bonne part. Il faut dire que la physionomie de ce brave Primaud incitait de prime-abord à la moquerie ; il avait le nez camus, une grande bouche édentée qui s'ouvrait à tout propos pour un gros rire bêtement bruyant ; et il avait une drôle de façon de regarder le ciel d'un œil quand on lui parlait. Avec cela, naïf comme pas un, coupant dans tous les ponts qu'on se donnait la peine de lui tendre. Enfin, il avait encore cette particularité d'aimer le lard à la folie. Or, cette particularité, M. Frédéric la connaissait. Chaque dimanche presque, sous un prétexte ou sous un autre, il mandait au château son métayer et lui faisait servir une énorme tranche de lard. On le laissait seul à la cuisine et il se régalait, comme bien on pense. Après un bon quart d'heure, le bourgeois venait le rejoindre.

— As-tu bien mangé, Primaud ?

— Oh ! oui, monsieur Frédéric !

— Mais un gros morceau de lard reste encore sur le plat ; il ne faut pas le laisser, voyons... Tiens, je sais que tu es de force à l'engloutir.

Et il le lui mettait sur son assiette.

— C'est trop, monsieur Frédéric, j'ai le ventre plein, je ne peux plus...

— Allons, allons, Chose, tu plaisantes ; c'est sans doute que tu as soif ; Julie, donne-lui donc un verre de vin.

Pour s'en retourner, Primaud passait dans notre cour. Souvent il entrait à la maison ou venait me voir aux étables.

— Tiennon, me disait-il, je viens encore de faire un bon repas.

— Ah ! tant mieux, répondais-je, c'est toujours ça d'attrapé ; je parie que vous avez mangé du lard à volonté ?

— Plus que j'ai voulu, mon vieux ! Figurez-vous que M. Frédéric est venu et qu'il m'en a servi lui-même un gros morceau ; de sa main, vous comprenez, je ne pouvais pas refuser, surtout qu'il m'a fait donner du vin.

Il s'honorait beaucoup de ce témoignage flatteur. Jamais il ne lui venait à l'idée qu'il pût y avoir là quelque chose de blessant pour sa dignité d'homme. Peut-être même considérait-il comme preuves d'évidence et marques de gloire les traces cireuses que laissait, de chaque côté de sa bouche, le ruissellement graisseux du lard. Il rentrait chez lui enchanté.

Seulement, cette débauche hebdomadaire de mon collègue favorisé cachait un but malpropre. A son insu, sans doute, Primaud jouait le triste rôle de mouchard. M. Gorlier obtenait par lui tous les renseignements qu'il désirait avoir sur les gens de ses domaines et sur les habitants de la commune. Trois ans auparavant, quand Napoléon, — qu'on appelait à présent Badinguet, — avait fait une espèce de contre-révolution afin de se faire nommer empereur, deux hommes de Franchesse avaient été expédiés à Cayenne de par la faute, disait-on, des bavardages inconscients du mangeur de lard. Le bourgeois lui avait fait entendre que ce serait un grand bien que de débarrasser le pays de ceux qui affichaient leurs préférences pour la République, et le malheureux s'était empressé de lui signaler tout ceux qu'il connaissait pour être des *ch'tits* républicains. On pouvait excuser Primaud parce que c'était de sa part bêtise et non méchanceté : mais je ne trouvais pas que M. Frédéric fût excusable d'employer de tels moyens pour se renseigner, non plus que d'user de son influence ensuite pour faire du mal aux gens de son pays.

Dès que je fus averti, je me défiai du voisin et ne lui dis plus que ce qu'il n'y avait nulle raison de tenir caché.

A cette époque déjà, on appelait Primaud « le *mangeux* de lard ». Il est mort depuis longtemps ; mais le sobriquet lui a survécu et une sorte de légende s'est attachée à son nom. A Franchesse, on dit encore à présent de quelqu'un qui aime bien le lard : « C'est un vrai Primaud ! »

XXVIII

Ma vie était fatigante et laborieuse, mais j'y trouvais du charme. Etant chef de ferme, je me sentais un peu roi. Mes responsabilités m'inquiétaient, mais j'étais fier de m'asseoir au haut bout de la table, à côté de la miche dans laquelle je coupais de larges tranches au commencement de chaque repas ; j'étais fier surtout d'avoir, au cercle de la veillée, la place du coin, la place d'honneur.

J'étais bouvier en chef et je participais au pansage de tous les animaux, En été, je ne manquais pas d'être dès le petit jour au binage ou à la fauchaison : et cependant j'avais toujours, auparavant, donné un peu de son aux moutons, préparé le déjeuner des cochons et passé voir les bœufs au pâturage. J'étais souvent debout une heure avant les domestiques et ça ne m'empêchait pas, au chantier, de payer de ma personne, d'aller aussi vite que possible. J'avais, bien entendu, la direction du travail ; les autres, échelonnés derrière moi, étaient forcés de régler leur allure sur la mienne, et je puis dire sans me vanter qu'ils n'avaient pas à s'amuser pour me suivre.

J'avais eu la chance pourtant de tomber sur un bon valet, un garçon de vingt ans passés, nommé Auguste : nous disions Guste ; il était robuste, courageux et besognait aussi dur que moi. Le second était un gamin d'une quinzaine d'années, mi-pâtre, mi-travailleur. J'engageais en plus un journalier pour l'été : ce fut, les premières années, un certain père Faure, un bonhomme déjà vieux qui avait de l'expérience et dont l'ouvrage était bon, mais qui était très bavard et un peu *tason* (1). Il avait toujours des histoires à raconter et je crus m'apercevoir qu'en cherchant à nous intéresser ainsi, il poursuivait ce but de faire ralentir l'allure de la besogne, pour prendre un peu de bon temps. Un jour, d'accord avec le Guste, je résolus d'aller plus vite encore que de coutume, de façon à ce qu'il n'ait pas le loisir de parler. Quand nous eûmes ainsi fauché trois andains, le père Faure dut se dire qu'il était temps d'obtenir une trêve.

— Si nous allions de ce train-là jusqu'à midi, fit-il, nous en abatterions un sacré morceau.

— Si le maître veut, nous allons essayer, dit le Guste.

Le père Faure reprit :

— Une fois, à Buchepot, chez les Nicolas, nous avons

(1) Un peu mou, un peu lent.

fauché comme ça trois jours de suite. C'était le grand Pierre qui allait en tête ; il aiguise bien, l'animal, et dame, il filait... ; son beau-frère n'arrivait plus à le suivre. Le grand s'étant permis de le plaisanter, ils se fâchèrent ; je crus même qu'ils allaient se battre. Il faut dire qu'ils s'en voulaient déjà d'avance ; moi j'étais bien au courant de la chose : voilà ce qui s'était passé...

Il croyait que j'allais m'appuyer un peu sur le manche de ma faux, comme j'avais coutume de le faire, pour apprendre ce qui s'était passé entre le grand Pierre et son beau-frère ; mais, au lieu de cela, je continuai de faucher du même train anormal ; et quand nous fûmes au bout, le Guste et moi, il se trouva un peu en retard.

— Sacrée misère ! fit-il, j'ai attrapé une fourmilière qui a abîmé mon taillant. J'ai fauché une fois dans un pré où il y en avait tellement qu'on était obligé de battre les faux au premier déjeuner...

Il se retourna, parut étonné de voir que nous ne l'écoutions plus, que nous étions déjà loin. Après, d'andain en andain, son retard s'accentua. Il y avait une zone où, l'herbe étant très dure, il fallait aiguiser souvent, ce qui forçait à ralentir. A ces moments-là, Faure croyait rejoindre ; mais il arrivait juste à la portion défavorable quand nous retrouvions, nous, l'herbe tendre ; nous filions vite pendant qu'il s'escrimait, impuissant à conserver son gain de distance.

La servante ayant apporté la soupe, il ne voulut pas venir manger sans avoir rattrapé son retard. Lorsqu'il arriva haletant, le visage ruisselant, la chemise détrempée, notre repas était terminé : nous nous levions pour repartir. Alors, furieux, il fit mine de ne pas vouloir manger, de revenir prendre son andain en même temps que nous. Pour le faire consentir à déjeuner, je fus obligé de lui dire que nous allions l'attendre, ce que nous fîmes en effet, bien que le Guste eût ardemment souhaité le contraire. Le pauvre père Faure bouda pendant huit jours au moins, mais il ne fut pas guéri de sa manie de rappeler des souvenirs: vingt fois même il répéta, faisant allusion à l'incident dont il avait été victime :

— Ma faux n'est pas de ces meilleures : si j'avais eu celle que j'ai cassée il y a deux ans, vous ne m'auriez pas laissé, bien sûr.

. . . .

Ce n'était pas toujours que j'avais pour moi le domestique. Il y avait des moments pénibles où je les sentais tous alliés : le Guste, le père Faure, le gamin, la servante ; leurs visages durs exprimaient le mécontentement, l'hostilité ; leurs regards se faisaient haineux : je me sentais l'ennemi. Cela se produisait surtout les jours de grande chaleur. Après le repas de midi, la fatigue, la fainéantise les gagnaient ; il auraient voulu faire la sieste. Moi aussi, j'aurais aimé me reposer : j'étais exténué, accablé autant qu'eux. Mais je réagissais violemment et cherchais des mots pour les entraîner :

— Hardi ! les gas ! dépêchons-nous d'aller charger ; le temps est à l'orage : notre foin pourrait bien mouiller.

Des fois, je les prenais par l'amour-propre.

— Nous allons pourtant finir les derniers : ceux de Baluftière et ceux de Praulière sont plus avancés que nous ; et si nous voulons arriver en même temps que ceux du Plat-Mizot, il faut nous remuer.

Ils se levaient, proféraient pour se soulager de gros blasphèmes :

— Bon Dieu de bon Dieu, ce n'est quand même pas faisable de travailler par des chaleurs pareilles ; il n'y a pas d'animaux qui résisteraient.

Faure disait :

— Je veux faire un mauvais coup pour aller voir au bagne si c'est pire que là.

Au chantier, je m'efforçais de les remonter en leur racontant quelques bêtises, des histoires salées dont rougissait la servante. Ils riaient, ils en disaient de plus fortes ; le temps passait et le travail se faisait. Etre gai, ne pas se ménager soi-même, c'est encore le meilleur moyen d'obtenir beaucoup des autres.

Il nous arrivait, au cours de ces rudes séances de fenaison ou de moisson, par les soirées brûlantes, d'apercevoir M. Frédéric et ses amis installés à boire la bière autour d'une petite table placée exprès dans le parc, au milieu d'un bosquet de grands arbres.

— Ce qu'ils sont heureux, tout de même, ces cochons-là ! faisait le Guste qui, en dehors de leur présence immédiate, n'avait nul respect.

Les autres formulaient aussi des phrases irrévérencieuses ; mais moi je gardais le silence,ou bien je m'efforçais de les calmer quand ils allaient trop loin. Il vaut toujours mieux ne rien dire de ceux sous la domination desquels on est placé. Le pauvre doit savoir s'en tenir à la seule pensée.

Finir un travail pour en recommencer bien vite un autre qui est en retard, faire des journées de dix-huit heures, dormir cinq ou six heures seulement d'un sommeil léger coupé d'inquiétudes, c'est un régime qui n'engraisse pas, mais d'où l'ennui est banni. Ce régime-là, six mois chaque année je le suivais à la lettre. Car, après la rentrée de récoltes, c'étaient les fumures, les labours, les semailles et, jusqu'aux environs de la Saint-Martin, je continuais de me lever dès quatre heures du matin.

Les labours étaient particulièrement durs en raison de la situation du domaine sur la partie montante du vallon ; presque tous les champs étaient en côte ; l'argile y dominait mêlé de pierres. Tout cela rendait le travail pénible et pour le laboureur et pour les bœufs. Les pauvres bœufs se levaient bien à regret quand nous allions les chercher avant le jour dans le grand pré qui était leur pâture habituelle en septembre. Ils étaient presque toujours couchés sous le même chêne, masses blanches dans la brume de l'aurore commençante, et il fallait leur donner de grands coups d'aiguillon pour les faire se mettre en mouvement.

— Allez, les rosses ! Allez, mes gros !

Ça les peinait beaucoup de partir et, vrai, ça me faisait aussi quelque chose pour eux : le pâturage était bon ; il possédait une grande mare qu'alimentait une source d'eau très claire ; l'ombre des haies était épaisse et fraîche. Il m'en coûtait de les priver de cet Eden pour leur faire passer de longues heures pénibles à tirer la charrue dans les guérets montueux. J'éprouvais parfois le besoin de m'en excuser auprès d'eux :

— C'est embêtant bien sûr, mais puisqu'il le faut... Moi aussi, mes vieux; je préfèrerais me reposer et pourtant je travaille. Allez-y donc de bon cœur.

Ils avaient du bon temps pendant les mois d'hiver, et ma tâche était moins rude aussi : je ne me levais qu'à cinq heures ; je me couchais à huit. Mais les inquiétudes, pour un chef de ferme, sont de toutes les saisons. A cette époque, c'était la question du fourrage qui m'occupait surtout. Il n'en fallait pas trop faire manger, et, pourtant, il était indispensable de ne pas le ménager aux bêtes à l'engrais, d'en donner une ration suffisante aux vaches fraîches vélières, aux génisses à vendre au printemps et aussi aux bœufs de travail que je n'aimais pas voir maigrir. Je toisais souvent mon fenil, prenant des points de repère, sacrifiant telle partie pour jusqu'à telle époque,et j'arrivais ainsi à n'être jamais pris au dépourvu. Mais, les mauvaises années, il me fallait mêler à la ration quotidienne une bonne dose de paille et encore j'avais grand'peine à m'en tirer; je tremblais tout l'hiver, voyant comme ça diminuait vite, de la crainte d'être à la misère en fin de saison. C'est que, quand il faut acheter, pendant un mois seulement, du fourrage pour nourrir un cheptel de vingt-cinq bêtes, le bénéfice de l'année est bien compromis! Je me chargeais seul de la distribution à tout le cheptel et, les jours de sortie, je manquais rarement l'heure du pansage. Je m'abstenais le plus possible d'aller à l'auberge, sachant bien que le temps passe sans qu'on s'en aperçoive, et qu'on court grand risque de se mettre en retard lorsqu'on est pris à causer avec les autres. Et puis, le souvenir des faiblesses de mon père et le souvenir de la bataille de Saint-Menoux, qui m'avait valu un procès, me hantaient souvent, et me donnaient de la débauche une crainte salutaire.

Ma seule passion était la prise. J'avais augmenté la dose primitive. Il me fallait déjà, lors de mon installation à la Creuserie, pour cinq sous de tabac par semaine et j'en vins progressivement à monter jusqu'à dix sous: j'en suis encore là. En labourant, quand j'arrivais au bout d'un sillon, je m'arrêtais un instant pour examiner le sillon nouveau où j'allais m'engager, afin d'en voir les courbes, pour les atténuer ou les supprimer si possible, et, alors, machinalement, je tirais ma tabatière; en fauchant, après chaque andain, crac, une prise; en sarclant, quand je m'arrêtais un instant pour me redresser, souffler, ma main glissait dans ma poche à la recherche de la queue-de-rat, sans même que ma volonté y soit pour quelque chose. Les plus mauvais jours étaient ceux où ma provision s'épuisait. Cela arrivait souvent le samedi. Je n'osais pas, à cause de Victoire surtout, envoyer qnelqu'un exprès au bourg de Franchesse pour m'acheter du tabac ; mais le temps me semblait long ; j'étais mal à l'aise ; il me prenait des envies de chercher chicane à tout le monde ; je ne trouvais pas de bonne place.

C'était, en somme, une faiblesse excusable, mais la satisfaction intime que j'éprouvais de mon œuvre était à coup sûr le meilleur de mes plaisirs, et le plus sain. Contempler mes prés reverdissants ; suivre passionnément dans toutes ses phases la croissance de mes céréales et de mes pommes de terre ; voir que mes cochons profitaient, que mes moutons prenaient de l'embonpoint, que mes vaches avaient de bons veaux ; voir mes génisses se développer normalement, devenir belles ; conserver mes bœufs en bon état en dépit de leurs fatigues, les tenir bien propres, bien tondus, la queue peignée, de façon à être fier d'eux quand j'allais, en compagnie des autres métayers, faire des charrois pour le château ; engraisser convenablement ceux que je voulais vendre : ma part de bonheur était là. Il ne faut pas croire que je visais uniquement le résultat pécuniaire, le bénéfice légitime qui devait me revenir de ma part de récolte ou de la vente des animaux : non ! Une portion de mes efforts tendait à cette ambition désintéressée de me pouvoir dire :

— Mes blés, mes avoines vont être remarqués. Quand je sortirai mes bêtes à la foire, on va les admirer parce qu'elles sont belles. Ceux de Baluftière, ceux de Praulière, ceux du Plat-Mizot vont être jaloux de constater que mes bœuf sont plus gras que les leurs, et mes génisses meilleures.

Quand nous nous rencontrions avec les voisins, à l'aller ou au retour des champs, ou bien quand nous réparions, l'hiver, les haies mitoyennes, nous parlions toujours de nos bêtes, et j'avais coutume de faire le modeste.

— Oh! pas fameux, mes veaux, cette année... Mes moutons n'engraissent pas comme j'aurais cru... Mes bœufs ont travaillé trop tard : je n'en ferai rien...

Quelquefois, les mêmes voisins venaient veiller peu de temps après et je les invitais, comme il est d'usage, à faire un tour aux étables. Alors je jouissais de leur surprise, et les compliments qu'ils m'adressaient m'étaient sensibles. Quand nous menions peser ensemble, quelques jours avant la foire, les bœufs des six domaines, si des étrangers admiraient les miens parmi les autres, ma joie augmentait encore. Elle devenait intense s'il en était de même au champ de foire. Et, pour me faire valoir davantage, je répondais aux complimenteurs :

— Ce n'est pas qu'ils ont eu trop de repos, les pauvres bougres : jusqu'à la fin des semailles ils ont travaillé. Tant qu'aux dépenses, il est difficile d'en faire moins : ils n'ont mangé que deux sacs de farine d'orge et trois cents livres de tourteaux.

— Allons, allons, vous ne les avez pas amenés ainsi avec rien, faisaient les autres, incrédules.

De fait, souvent, je mentais un peu...

Je me fis ainsi dans la contrée une réputation de bon bouvier. On m'avait rapporté ce propos tenu par M. Parent dans une auberge de Franchesse, en présence de deux ou trois gros bonnets :

— Le meilleur de mes *laboureux*, c'est Tiennon de la Creuserie ; il fait bien valoir et, pour les bêtes, c'est un soigneur comme il y en a peu...

Cette phrase, qui me revenait souvent en mémoire, me grisait. Au cours des pansages, surtout, il m'arrivait de sentir sous ma blouse graisseuse le tic-tac ému de mon cœur. C'est une impression de ce genre que doivent ressentir les généraux lorsqu'ils ont gagné des batailles. Et, ma foi, il me semble que ma satisfaction était aussi légitime que la leur, et moins propre à inspirer des remords ensuite : car mon succès, à moi, n'exigeait nul sacrifice de vies humaines.

D'autres fois, c'était dans les champs, au cours des séances de travail, que je ressentais cette passagère plénitude de bonheur. C'était surtout aux saisons intermédiaires, quand il faisait bon dehors, quand la brise, caressante comme une femme amoureuse, apportait avec elle des senteurs de lointain, des aromes d'infini, des souffles sains dispensateurs de robustesse. D'être cultivateur, de vivre en contact avec le sol, avec l'air et le vent, un orgueilleux contentement me venait ; et je plaignais les boutiquiers, les artisans qui passent leur vie entre les quatre murs d'une même pièce, et les ouvriers d'industrie emprisonnés dans des ateliers où il fait chaud, où l'air est vicié, et les mineurs qui travaillent sous terre. J'oubliais M. Gorlier, M. Parent ; je me sentais le vrai roi de mon royaume et je trouvais la vie belle.

XXIX

La mise au monde de notre quatrième enfant, — ce petit né avant terme et mort aussitôt,— avait beaucoup fatigué Victoire. Et puis, elle souffrait souvent ; aussi était-elle changée, vieillie. Sa figure avait minci ; ses joues s'étaient creusées ; sa pâleur bistrée s'était accentuée et ses grands yeux noirs s'étaient nimbés d'une large cernure bleue. Elle était prise fréquemment, et parfois simultanément, de coliques d'estomac et de névralgies douloureuses qui l'obligeaient à garder plusieurs jours de suite un mouchoir autour de la figure. Cela n'était pas pour améliorer son caractère froid et plutôt difficile. Elle vivait dans un état d'agacement perpétuel, broyait du noir de plus en plus, s'exagérait le mauvais côté des choses. Et toujours elle développait avec un rire amer et un grand luxe de détails tous les ennuis qu'elle prévoyait...

— Il va falloir du pain samedi ; le même jour, nous aurons à battre le beurre et à plumer les oies ; jamais nous n'en pourrons voir le bout.

Ou bien :

— Il devient indispensable de faire la lessive ; nous n'avons plus de linge. Et le mauvais temps continue toujours. Mon Dieu, que c'est ennuyeux !

Elle se lamentait de même si l'un des enfant souffrait, si les récoltes s'annonçaient mal, si les couvées ne réussissaient pas, si le jardin manquait de légumes et si les vaches diminuaient de lait. Tout lui était sujet de plaintes. Aux repas, elle ne se mettait jamais à table ; elle s'occupait de préparer les victuailles et de les servir, ou bien de surveiller les petits.

— Mais prends donc le temps de manger, voyons, bourgeoise, disais-je parfois.

— Oh ! pour ce qu'il me faut ! répondait-elle.

En effet, elle ne prenait qu'un peu de soupe claire qu'elle avalait en circulant. J'avais honte, moi qui jouissais d'un appétit robuste, de mes deux assiettées de soupe épaisse. Les jours où elle souffrait de l'estomac, elle *levait les gognes* (1) tout à fait, disant que rien ne lui faisait envie. Je l'engageais à se préparer un peu de soupe meilleure, ou bien à se faire cuire

(1) Expression bourbonnaise s'appliquant aux personnes tristes, dégoûtées, malades.

un œuf. Mais elle ne voulait rien savoir et prenait seulement pour se soutenir une tasse de bouillon dans la soupière commune.

Bien que la servante fût chargée de toutes les grosses besognes, Victoire n'en avait pas moins beaucoup à faire ; les enfants, la basse-cour, les repas, une bonne part du ménage, sans compter, quand le lait donnait, la préparation du beurre et du fromage, il y avait là de quoi occuper une plus robuste qu'elle. Elle savait très bien tirer parti de toutes ses denrées qu'elle portait en deux grands paniers au marché de Bourbon chaque samedi. Elle était aussi très économe et s'entendait à rabrouer la servante quand celle-ci était trop prodigue en savon, en lumière, en bois pour le feu. Certes, la pauvre fille n'avait pas toutes ses aises.

Il arriva même que notre maison fut un peu décriée: on disait que j'étais trop rapide au travail et que la bourgeoise était méchante et intéressée. Pour ces motifs, les domestiques et les servantes y regardaient à deux fois pour se louer chez nous. Nous étions obligés de les payer au dessus du cours normal.

Heureusement, Victoire restait une excellente mère ; les petits avaient rarement à souffrir de sa mauvaise humeur. Elle se plaignait d'eux, les déclarait insupportables, disait, en ses jours de souffrance, qu'ils achevaient de lui casser la tête, mais elle ne les battait jamais. Pour mon compte, je n'avais que bien rarement le loisir de m'occuper des enfants : c'est à peine si je trouvais quelques instants le dimanche pour les faire sauter sur mes genoux ; mais je puis dire en toute sincérité que je ne fus pas non plus un père brutal. S'ils ne furent pas, en raison de notre vie laborieuse, mangés de caresses, cajolés, mignotés, au moins ne furent-ils jamais talochés. Et nous eûmes, ma femme et moi, la satisfaction de nous sentir aimés d'eux.

. . . .

Quand quelques-uns de nos parents venaient nous voir, Victoire s'efforçait de faire l'aimable. En dehors de la fête patronale. le fait se produisait assez rarement, car on ne considérait pas comme étranger le père Giraud qui, ayant pris sa retraite, était revenu habiter Franchesse et nous faisait de fréquentes visites. Le pauvre vieux eut la douleur de nous apprendre un jour la mort de son fils, le soldat d'Afrique, qu'une mauvaise fièvre avait tué quelques mois avant l'expiration de son deuxième congé, époque à laquelle il comptait rentrer en France avec une place.

Les enfants de mon parrain et ceux de mon frère vinrent à tour de rôle nous inviter à leurs noces. On était généralement prévenu de leur arrivée et on faisait quelques préparatifs pour les recevoir : l'usage veut que l'on fasse faire bombance aux inviteurs. Quand je n'étais pas trop pressé, je me rendais à Saint-Menoux pour le mariage. Une fois entraîné, je buvais ferme ; et le bon picolo se déteignant sur mon cerveau où il mettait un nuage rose, j'oubliais momentanément mes soucis coutumiers ; j'étais gai, je chantais, je dansais comme les jeunes ; d'autant plus que Victoire, aimant peu sortir, ne m'accompagnait jamais.

Une visite inattendue fut celle de Grassin et de sa femme, revenus faire un tour au pays après dix ans d'absence. Ils se présentèrent chez nous, avec leur petit garçon, un soir, à la nuit tombante, et rirent beaucoup de notre extrême surprise. J'eus de la peine à reconnaître la Catherine dans cette dame à chapeau qui parlait si bien ; et son mari, avec sa figure rasée de larbin et ses beaux habits de drap, ne rappelait guère le Grassin d'autrefois. Leur petit Georges était poli, vif, enjoué et gentil comme tout ; il n'eût demandé qu'à s'amuser avec le Jean, le Charles et la Clémentine ; mais eux, trop peu habitués à voir des étrangers, restèrent taciturnes et l'évitèrent, en dépit de nos efforts. Je passai une bonne soirée à deviser avec ma sœur et mon beau-frère. Ils repartirent dans la journée du lendemain, car ils n'avaient qu'un congé de quinze jours et, comme ils tenaient à voir tous les membres de leurs deux familles, ils ne pouvaient rester longtemps dans chaque maison.

Deux ou trois fois vint aussi, avec sa famille, le verrier de Souvigny qui avait épousé la sœur aînée de Victoire. C'était un homme entre deux âges, gros et grand, au visage joufflu quoique blême, avec une abondante moustache rousse. Il toussait : sa poitrine était usée doublement par son travail de souffleur et par l'alcool. Il n'avait guère que des pensées de révolte et de mort. L'idée de la mort le hantait souvent.

— Dans notre métier, disait-il de sa voix rauque et désagréable, on est usé à quarante ans ; rares sont ceux qui vivent jusqu'à cinquante. Pour mon compte, je ne tarderai pas d'aller tirer le pissenlit par la racine.

Cette perspective était cause qu'il voulait jouir de son reste. Il exigeait une bonne cuisine, de la viande et du vin tous les jours. Ce qui ne l'empêchait pas de dépenser beaucoup hors de chez lui ; deux ou trois gouttes lui étaient nécessaires le matin, l'apéritif le soir, de grandes débauches les jours de paie, les jours de fête. Aussi, bien qu'il se fît des mois de quatre-vingt-dix francs, les ressources n'abondaient-elles jamais. Il y avait des fois où le boulanger, le boucher, l'épicier, ne voulaient plus rien donner à crédit ; ces jours-là, il entrait dans des colères épouvantables et cognait furieusement la femme et les gosses. La femme, bien plus vieillie encore que Victoire, les cheveux blanchis avant l'âge, avait une pitoyable expression de terreur résignée. Les enfants étaient de petits maigriots, rusés et sournois, précocement vicieux.

Ma bourgeoise, à qui sa sœur avait fait souvent des confidences, n'ignorait rien des dessous du ménage ; elle craignait son beau-frère et, lorsqu'il venait, elle mettait les petits plats dans les grands, se donnait tout plein de mal pour le satisfaire. Les visites du verrier m'ennuyaient aussi. Je ne comprenais rien aux questions politiques dont il m'entretenait, non plus qu'aux choses de son métier, et ses blagues sarcastiques ne m'amusaient pas. Lui ne s'intéressait aucunement à la culture, qu'il affectait de mépriser. Cela mettait de la gêne entre nous ; j'éprouvais un vrai soulagement de le voir s'en aller.

Les jours qui suivaient ces réceptions, Victoire se montrait plus grincheuse encore que de coutume, comme pour racheter ses efforts antérieurs d'amabilité. A ce point de vue, il était heureux que les visites soient rares.

XXX

La troisième année de mon séjour à la Creuserie, je trouvai moyen d'être infidèle à ma femme.

— Oh ! par exemple, va-t-on s'écrier, avec une vie si bien remplie, comment pouviez-vous trouver le temps de songer aux intrigues amoureuses ? C'est bon pour les riches qui, ne sachant comment tuer leurs loisirs, courent de ci de là, au gré de leurs caprices, avec l'espoir de trouver de l'imprévu.

Eh bien, la chose arriva tout de même, tout à fait

par hasard, il est vrai... Et je crois que, sous tous les rapports, je méritais de sérieuses circonstances atténuantes.

Victoire. en raison de son état maladif, était détachée des plaisirs sexuels autant qu'une créature peut l'être. Moi, robuste, plein de vigueur et de santé, j'éprouvais parfois, en dépit de mes fatigues, le besoin de faire acte de mâle. Mais je n'osais m'approcher d'elle, sachant que je serais mal reçu, que ma tentative la rendrait plus encore plaintive et grincheuse, accentuerait son état d'agacement. Or donc je me tenais coi, refoulant mon désir; mais cela n'en contribuait pas moins à refroidir nos relations. Néanmoins, je ne me donnais pas la peine de chercher ailleurs.

A la maison même, j'aurais bien pu trouver l'occasion avec nos servantes, dont quelques-unes n'eussent pas été, je pense, aussi farouches que la petite Suzanne, de Fontbonnet. Mais j'avais trop le respect de mon intérieur pour en arriver là : je savais que, dans ces conditions, la chose finit toujours par être découverte, qu'il en résulte des brouilles difficiles à raccommoder et que c'est d'un exemple déplorable pour les enfants.

Ainsi qu'il arrive souvent, ma première faute se produisit un jour où je n'y pensais pas du tout. C'était un peu après la mi-juillet ; on venait de terminer la rentrée des foins et celle des seigles, et les blés n'étaient pas encore mûrs. Un orage ayant donné de l'eau la veille, je profitai de cette période d'accalmie pour aller herser un de mes champs de guéret. Ce champ se trouvait assez loin de chez nous, à droite de la rue qui reliait Bourbon et Franchesse et à proximité de la petite locaterie des Fouinats.

J'étais venu au hersage de grand matin, et, comme j'avais dit vouloir faire une longue attelée, Victoire m'envoya à déjeuner par la servante. Je mangeai la soupe à l'ombre d'un vieux poirier, non loin de la chaumière dont j'apercevais les murs en pisé et le toit de paille, au sommet duquel croissaient des plantes vertes. Le journalier qui habitait là, un petit rougeaud qui bégayait, travaillait constamment dans les fermes ; la femme, une blonde assez appétissante qui se nommait Marianne, allait aussi en journée à l'occasion : ils n'avaient pas d'enfants. Or, ce matin de juillet était chaud et la soupe se trouva trop salée ; quand j'eus mangé, la soif me prit, et je n'avais pas d'eau. Tout naturellement, l'idée me vint d'aller demander à boire à la Marianne, que je savais chez elle pour l'avoir entendu appeler ses poules. Mes bœufs au repos soufflaient et ruminaient tout à leur aise ; je décrochai, par mesure de prudence, la chaîne qui les attelait à la herse, et je me hâtai vers la chaumière.

La Marianne, vêtue seulement d'un jupon court et d'une chemise, procédait à sa toilette. Elle avait ramené en avant pour les peigner ses cheveux défaits, dans lesquels se jouait malignement un rayon du soleil matinal ; ils me semblèrent soyeux et attirants ; ils la nimbaient d'une auréole d'or. Sa figure, quoique brunie par le hâle, avait des tons roses ; ses épaules nues étaient rondes et pleines ; sa nuque saillait, blanche et veloutée, et ses seins libres apparaissaient, rotondités tentatrices, au dessus de l'échancrure de la chemise. Bref, elle me sembla belle, et je sentis dès l'abord courir une petite fièvre dans mon organisme.

— Bonjour, Marianne ; je vous dérange ? fis-je en entrant.

Elle tourna à demi la tête :

— Ah, c'est vous, Tiennon... Vous me trouvez dans une drôle de tenue.

— Vous êtes chez vous : c'est bien le moins que vous

ayez la liberté de vous mettre à l'aise... Je venais vous demander à boire.

— C'est bien facile.

Sans même prendre le temps de renouer ses cheveux, elle alla prendre sur le dressoir un grand pichet de terre jaune qu'elle remplit au seau, derrière la porte, et me le tendit. Elle voulut aller chercher un verre, mais je refusai et bus à la coquelette (1) presque toute l'eau du pichet.

— Vous aviez donc bien soif, dit la Marianne en souriant dans sa toison défaite, à moins que vous ne la trouviez meilleure que celle de chez vous.

— C'est peut-être les deux, répondis-je. Vous savez bien que le changement augmente le désir.

(La phrase que j'employai n'était pas aussi correcte que celle-ci, mais le sens était celui-là.)

Elle comprit bien mon allusion : ses joues se colorèrent, ses yeux s'animèrent et son sourire se fit moqueur.

— Ça dépend... Il y a des choses qui ont toujours le même goût, fit-elle.

— Vous le savez par expérience ? demandai-je malicieusement.

Et comme elle ne s'éloignait pas, je plongeai l'une de mes mains dans le flot d'or de ses cheveux dénoués, alors que l'autre allait se perdre dans la bâillure de la chemise, entre les mamelons tentateurs !

La Marianne n'eut aucune révolte ; il me sembla même qu'elle provoquait mes caresses. Et, avant de sortir de la chaumière, je goûtai dans ses bras cet oubli éphémère de tout, cet instant de bonheur surhumain que l'on trouve dans l'accomplissement de l'amour.

(1) En faisant couler de haut, dans la bouche, l'eau du vase.

J'étais troublé beaucoup quand je sortis : il me semblait que tout, au dehors, allait clamer ma faute. Je fus quasi étonné de retrouver mes bœufs bien tranquilles à la même place, de constater que le soleil brillait comme auparavant, que les lignes vertes des haies et les carrés de culture conservaient le même aspect, que mon champ de guéret avait la même teinte rougeâtre d'argile lavé, que les cailles chantaient de même dans les blés jaunissants, que les hirondelles et les bergeronnettes voletaient autour de moi comme si rien d'anormal n'avait eu lieu. Et, en rentrant à la maison, mon attelée faite, j'éprouvai une grande satisfaction de ne constater nul changement dans les façons d'être à mon égard de ma femme, des enfants, des domestiques, non plus que de M. Parent, le régisseur, qui vint dans l'après-midi. Cela me tranquillisa et me fit ramener l'acte à de plus justes proportions.

Mes relations avec la Marianne se continuèrent pendant dix-huit mois, plus ou moins suivies, selon les circonstances. Nous avions tous deux le souci de ne pas nous faire remarquer, de sauver les apparences. Il fallait donc que j'aie des motifs plausibles d'aller seul du côté des Fouinats, soit pour un travail quelconque, soit pour aller voir mes bêtes au pâturage. Il y avait des moments où les bons prétextes étaient difficiles à trouver et où je restais plusieurs semaines sans la voir. Hélas ! on a beau être prudent : à la campagne tout est remarqué, tout se découvre. Ma maîtresse ne me demandait jamais d'argent et je ne lui en offrais pas, bien entendu. Mais je lui permettais de conduire ses chèvres dans mes champs d'alentour, d'y prendre de l'herbe pour ses lapins, et je fermais les yeux volontairement quand ses volailles causaient quelques dégâts aux emblavures. Les domestiques, les voisins s'intriguèrent de cette tolérance ; on me guetta ; on vit que je faisais des haltes à la maison et cela fit jaser. La chose ayant été rapportée à M. Parent, il donna congé à la Marianne qui s'en fut habiter au delà du bourg de Franchesse, sur la route de Limoise : nos amours frauduleuses en restèrent là.

Le père Giraud, à qui ces bruits étaient parvenus me prit à part un jour et me tança d'importance. Mais Victoire, fort heureusement, ne sut jamais rien de l'affaire.

XXXI

De diverses façons, les progrès du siècle arrivaient jusqu'à nous. Ils avaient pourtant des ennemis outranciers : chacun dans leur sphère d'action, M. Gorlier, le propriétaire, M. Parent, le régisseur, et ma femme, faisaient leur possible pour retarder l'essor général.

Les écoles commençaient à se peupler. Les commerçants du bourg et les plus huppés des campagnards y envoyaient leurs enfants ; il y avait aussi quelques places gratuites pour les pauvres, dont bénéficiaient surtout les petits des métayers du maire.

J'aurais bien voulu que mon Jean sût lire et écrire pour qu'il soit capable de tenir nos comptes. M. Frédéric était conseiller municipal et ami du maire ; je me dis qu'il serait peut-être sage de lui en parler. Donc, un jour qu'étant venu chez nous, il félicitait le petit Jean sur sa bonne mine, je risquai timidement :

— Monsieur Frédéric, il lui faudrait à présent quelques années d'école.

Il tira coup sur coup trois bouffées de sa grande pipe en écume de mer qu'il retira ensuite de sa bouche :

— L'école, l'école... Et pourquoi faire, sacrebleu ? Tu n'y es pas allé, toi, à l'école : ça ne t'empêche pas de travailler et de manger du pain. Mets donc ton gamin de bonne heure au travail ; il s'en portera mieux et toi aussi.

— Pourtant, monsieur Frédéric, il y a des fois que ça rendrait bien service de savoir un peu lire, écrire et compter. Pour qu'il apprenne cela, pour qu'il soit moins bête que moi, je tâcherais de me priver de lui encore quelques années, au moins pendant l'hiver.

— Dis-moi un peu ce que tu aurais de plus si tu savais lire, écrire et compter ? L'instruction, c'est bon pour ceux qui ont du temps à perdre. Mais toi tu passes bien tes journées sans lire, n'est-ce pas ? Eh bien, tes enfants feront de même, voilà tout... D'ailleurs, tu dois savoir qu'une année d'école coûte au moins vingt-cinq francs. Si tu envoies ton aîné en classe, tu ne pourras guère te dispenser de faire la même chose pour les autres : il t'en faudra de l'argent !

— Monsieur Frédéric, j'avais pensé que vous pourriez peut-être m'obtenir pour lui une place gratuite.

— Une place gratuite ! Le nombre en est très limité des places gratuites : il y a toujours dix demandes pour chacune. N'y compte pas, Chose, n'y compte pas... Et je te dis encore de mettre ton gas à garder les cochons, ça vaudra mieux que de l'envoyer à l'école.

M. Frédéric bourrait sa pipe avec rage ; sa voix, ses gestes accusaient de l'impatience. Je compris qu'il tenait à laisser se perpétuer l'ignorance chez les descendants de ses métayers. Je m'en tins là, craignant de le mécontenter en insistant. Et mes enfants n'allèrent pas en classe.

. . . .

Pour les choses de la culture, je n'étais certes pas de ceux qui aiment se lancer dans les nouveautés, dans les frais, sans savoir ce que seront les résultats. Mais quand j'avais été à même de me pouvoir convaincre de la supériorité d'un outil, je l'adoptais sans retard. (Dès mon entrée à la Creuserie, je m'étais muni de deux bonnes charrues qui faisaient plus vite que l'araire du bien meilleur travail.) J'aurais voulu que le régisseur fît, à l'égard des engrais, ce que je faisais pour l'outillage ; je tenais surtout à lui faire adopter la chaux, sachant que tous ceux qui en avaient fait l'expérience s'en déclaraient enchantés. Mais M. Parent devenait de plus en plus craintif et il faisait la grimace, disant que ça entraînerait des frais trop considérables. Il n'avait qu'un but : arriver à donner au propriétaire une somme au moins équivalente à celle qu'il lui avait donnée l'année d'avant. C'est que, si, pour une raison ou pour une autre, ses revenus venaient à baisser, M. Frédéric faisait la moue avec des plaintes.

— Bientôt les revenus de mes propriétés ne suffiront plus à payer l'impôt !...

Cependant nous nous entendions, les métayers des six domaines, pour revenir fréquemment sur cette question de la chaux ; nous insistâmes si fort que M. Parent finit par en parler au maître qui lui répondit de son air le plus bourru :

— Si j'avais voulu m'occuper moi-même de la gérance de mes biens, il est clair que je ne vous aurais pas pris comme régisseur. Arrangez-vous à tirer des domaines tout ce qu'ils peuvent donner, de façon à ce que les bénéfices aillent en augmentant. Ce n'est pas à moi de vous indiquer les moyens d'arriver à ce résultat.

M. Parent restait donc perplexe, hésitant entre la

crainte des débours à faire de suite et le désir d'augmenter les bénéfices futurs. Mais la crainte l'emportait et il ne faisait rien.

Or, le propriétaire vint un jour nous voir à la moisson et, comme il était *bien luné*, il me demanda si la récolte s'annonçait bonne.

— Ni bonne, ni mauvaise, monsieur Frédéric, répondis-je ; elle serait certainement bien meilleure si nous avions mis de la chaux.

— Ça donne de bons résultats, cette chaux ? me demanda-t-il d'un air indifférent, tout en faisant des moulinets avec sa canne autour de la tête d'un gros chardon.

— Oh ! oui, monsieur Frédéric. On rentre souvent dans ses frais dès la première récolte ; il y a ensuite plus-value considérable sur les récoltes d'avoine et de trèfle qui suivent le blé, et cela est bénéfice clair ; de plus, on dit que les terres s'en ressentent pendant quinze ou vingt ans.

Le propriétaire partit sans ajouter un mot ; il s'en alla chez Primaud, de Baluftière, chez Moulin, du Plat-Mizot et, successivement, dans tous les domaines ; il posa partout la même question et, s'étant convaincu de l'unanimité des avis, il donna immédiatement au régisseur l'ordre de nous satisfaire.

Trois jours après, M. Parent vint nous annoncer qu'il allait s'occuper de trouver des charretiers pour faire amener de la chaux dans nos guérets.

. . . .

C'était aussi par raison d'économie que Victoire était opposée à toute réforme dans les choses de son ressort. En raison du perfectionnement des petits moulins du pays, il était devenu possible de faire séparer le son d'avec la farine. Beaucoup commençaient d'user de cette amélioration, et il y en avait même qui remplaçaient le seigle par le froment, qui mangeaient du vrai pain de bourgeois. De ces derniers, par exemple, on parlait avec un peu d'ironie ; on disait qu'ils en faisaient trop, que ça ne tiendrait pas, qu'ils couraient aux abîmes.

Sans aller aussi loin d'un seul coup, tout en continuant de mettre dans chaque sac deux mesures de froment et trois de seigle, j'étais bien décidé à faire sortir le son. Chaque fois que j'envoyais du grain moudre, je faisais la même proposition que Victoire désapprouvait.

— Il faut déjà payer les domestiques assez cher, disait-elle, ce n'est pas la peine de les nourrir au pain blanc.

Désespérant de vaincre la résistance de la bourgeoise, je m'avisai d'un stratagème qui réussit très bien : j'ordonnai au meunier de retirer le son tout en le prévenant d'avoir à dire, en nous ramenant la provision, que la chose avait été faite par mégarde. Victoire elle-même n'osa pas proposer de revenir en arrière. Et, à partir de ce moment, nous eûmes toujours du bon pain, d'autant plus que je baissai progressivement la proportion de seigle, jusqu'à arriver à la supprimer tout à fait quand la moyenne de nos récoltes de blé eût augmenté, du fait de l'adoption de la chaux.

Ce fut un beau jour pour moi que le jour où je vis trôner sur la table la miche réservée de mon enfance et que je taillai dans cette miche appétissante le pain de tout le monde. Les jeunes d'aujourd'hui trouvent médiocre notre pain de bon froment pour peu qu'il soit un peu dur. Ah ! s'ils en étaient privés, remis pour quelque temps au pain noir et graveleux d'autrefois, ils apprendraient alors à l'apprécier comme il le mérite !

. . . .

Je cite comme caractéristiques ces trois faits d'entrave aux idées nouvelles, mais il s'en produisit bien d'autres, de la part de M. Gorlier au point de vue de l'amélioration intellectuelle, de la part de M. Parent pour les choses de la culture, et de la part de ma femme pour celles de la cuisine.

XXXII

Il est des années de grand désastre que les cultivateurs ne sauraient oublier, qui sont comme de tristes jalons au long de leur monotone existence. Dans la contrée, pour ceux de ma génération, 1861 est de celles-là. Et, pour moi, cette année fut deux fois maudite, car j'eus à subir, en plus de ma part de la calamité collective, une catastrophe particulière.

Au printemps, dans les derniers jours d'avril, en dressant des jeunes taureaux, je fus, dans une minute de malheur, renversé par eux et piétiné. Résultat : une jambe cassée, deux côtes défoncées, sans compter des lésions et des meurtrissures.

Le docteur Fauconnet vint me raccommoder : il me martyrisa pendant deux heures, me banda la jambe avec des *copes* de bois et des bandes de toile et m'ordonna de ne pas bouger du lit pendant quarante jours.

Je souffris de façon atroce ; des fourmillements douloureux passaient dans ma jambe malade ; j'avais le corps moulu, brisé ; la fièvre s'en mêla les deux premières semaines au point qu'on pût craindre que des complications graves, provenant des lésions internes, ne soient survenues.

Les voisines qui venaient me voir me questionnaient et jacassaient à l'envi autour de mon lit ; elles m'énervaient, et m'énervaient aussi tous les bruits du ménage : le balayage et le frottage, le tintamarre des marmites et, à l'heure des repas, le remuement des assiettes et des cuillers, même l'action des bouches happant la soupe. Je voyais souvent Victoire pleurer ; le médecin, qu'elle envoyait chercher, promettait de venir de suite et ne venait souvent que le lendemain : pendant ces longues heures d'attente, augmentait son chagrin.

C'est un des mauvais côtés de la vie des terriens que d'être ainsi éloignés de tout secours. La souffrance étreint, terrasse un être cher, et le médecin n'arrive pas, et l'on se désole dans l'impuissance où l'on est de le soulager : une terrible angoisse règne sur la maisonnée.

Le docteur Fauconnet était d'autant moins exact qu'il s'occupait de politique et passait journellement plusieurs heures au café. Il était républicain et faisait une opposition acharnée aux gros bourgeois du pays et au gouvernement de Badinguet. C'est par lui que juraient tous les avancés de Bourbon ; les soirs de beuverie, il s'en trouvait toujours quelques-uns pour aller crier devant sa porte : « Vive le docteur ! Vive la République ! » Cela l'enchantait, et cela consternait son vieux père retiré dans son château d'Agonges. Dès que je fus en état de le comprendre, après la grande crise du début, M. Fauconnet m'entretint des sujets qui lui étaient chers. Il voulait l'impôt sur le capital, la suppression des armées permanentes et des prestations, l'instruction gratuite. Il me parlait aussi de Victor Hugo, le grand exilé, et plaignait les victimes du coup d'Etat. Puis il en arrivait à prendre à partie la municipalité de Bourbon, à larder d'épigrammes le maire et les adjoints. Toutes les municipalités, assurément, font des bêtises ; tous les maires usent plus ou moins de favoritisme et il n'est pas difficile à quelqu'un d'un peu calé de leur faire de l'opposition. Mais au fond, et bien que le docteur eut l'air de parler raisonnablement, je ne savais trop s'il devait être pris au sérieux. Car ce grand tombeur de bourgeois vivait lui-même en bourgeois : certes, il aurait plus fait pour le peuple en allant voir ses malades régulièrement et en leur comptant ses visites moins cher qu'en pérorant chaque jour au café, tout en buvant force bocks.

En tout cas, j'avais pour mon compte, outre mes souffrances, d'autres sujets d'intérêt que les discours du docteur. Me voit-on cloué au lit juste au moment où commençaient les grands travaux, obligé de laisser tout diriger par les domestiques ! (Mon Jean, qui n'avait que quatorze ans, ne pouvait encore faire acte de maître.) J'étais toujours à me demander comment les bêtes étaient soignées, si l'on faisait du bon travail et si on ne lambinait pas trop. A mesure que s'atténuait le mal, croissait mon inquiétude. Mais j'eus beau rager, m'énerver, il me fallut bien attendre.

J'éprouvai une véritable joie d'enfant le jour où, mon pansement défait, je pus me lever, circuler. Ma jambe restait faible, mais je n'étais pas du tout boiteux. De jour en jour, m'aidant d'une béquille, je pus m'éloigner davantage de la maison. J'allai voir tous mes champs et fus heureux de constater que les récoltes semblaient belles.

— L'année sera bonne, pensais-je ; ça nous permettra de nous rattraper sans trop de peine des grandes dépenses causées par mon accident.

. . . .

Hélas ! je comptais sans la grêle ! Le 21 juin, elle vint nous ravager de façon atroce. On eut, au beau milieu du plein jour d'été, une soudaine impression de nuit, tellement le ciel devint noir. A chaque instant, l'illumination sinistre des éclairs trouait ces ténèbres ; et, après chaque zig-zag de feu, tonnait la foudre en crescendo. Et ils se mirent à tomber, les grêlons, gros comme des œufs de perdrix, puis comme des œufs de poule, défonçant les toitures et cassant les vitres. La mitraille ensuite dégénéra en averse et notre maison fut inondée. Par ce que le sol était plus bas que celui de la cour, par toutes les grandes pluies il entrait de l'eau par dessous la porte. Mais cette fois il en pleuvait aussi du grenier par tous les interstices des planches ; il en tombait sur les ciels de lit, sur la table et sur l'armoire ; il en ruisselait entre les cailloux pointus de la cuisine, et, dans la chambre, tous les trous du sol en étaient emplis. Les femmes, qui se lamentaient, mirent des draps sur les meubles, — trop tard.

Quand la pluie eut cessé, il y eut à faire dehors une bien triste constatation. Autour des bâtiments, les débris des vieilles tuiles moussues s'amoncelaient au long des murs. Du côté de l'Ouest surtout, il y avait de grands trous dans la toiture qui laissaient voir les lattes grises du faîtage dont beaucoup même étaient brisées. La campagne apparaissait meurtrie sous l'effeuillement prématuré des haies et des arbres. Toutes les brindilles sèches s'étaient détachées et aussi de menues branches vertes, des pétales d'églantine, des grappes d'acacia. Et parmi tous ces débris pitoyables, on trouvait en grand nombre des petits cadavres d'oiseaux aux plumes hérissées. Les céréales n'avaient plus d'épis ; leurs tiges étaient couchées au ras du sol, ou bien à demi penchées, en des attitudes de souffrance. Les foins, aplatis comme avec des maillets, formaient au long des prés une seule nappe salie. Les trèfles montraient à l'envers leurs feuilles criblées. Les pommes de terre avaient leurs fanes brisées. Les légumes du jardin n'existaient plus qu'à l'état de souvenir.

Le vallon entier avait souffert autant : à Bourbon, à Saint-Aubin, à Ygrande, la ruine était partout complète.

Il n'y eut guère que les couvreurs et les tuiliers pour se réjouir de cette catastrophe. Demandés partout en même temps, maçons et couvreurs, pendant de longs mois, ne surent où donner de la tête. Aux tuileries, ce fut dès le lendemain une continuité de chars venant à la provision, épuisant d'un coup les réserves. Et la fabrication courante n'étant pas en mesure de répondre à ces besoins anormaux, plus d'un propriétaire fut obligé d'avoir recours à l'ardoise pour faire recouvrir ses bâtiments éventrés : c'est ainsi que l'on voit encore par ci par là des toitures dont un côté est de tuiles et l'autre côté d'ardoises ; les vieux comme moi savent tous que ce sont là des souvenirs de la grande grêle de 61.

Pour ramasser les débris informes qui tenaient lieu de récoltes, il fallut bien plus de temps qu'à l'ordinaire. Et pourtant, c'était sans valeur presque. Le foin, souillé et poussiéreux, rendit les bêtes malades. Le peu de grain qu'on put tirer des céréales fut inutilisable autrement que pour faire de la mauvaise farine à cochons. La paille même, trop hachée, ne se put ramasser convenablement. On fut obligé de réduire les litières. Il fallut acheter du grain pour semer et du grain pour vivre. Mes quatre sous d'économie sautèrent cette année-là ; je fus même obligé de me faire avancer de l'argent par le régisseur pour pouvoir payer mes domestiques.

XXXIII

En raison de la grande diminution de ressources et des frais d'indispensables réparations que lui causa la grêle, M. Gorlier passa tout l'automne et une partie de l'hiver à la Buffère. Il était d'une humeur impossible, sacrait et jurait sans relâche, et ne prenait même plus la peine de teindre sa barbe, dont les poils clairsemés étalaient leur blanc sale sur le cramoisi du visage.

Il partit néanmoins vers la fin de janvier, en compagnie de Mlle Julie; ils allèrent à Nice, un pays où il fait du soleil tout l'hiver et où de grandes fêtes ont lieu au temps du Carnaval. Ni l'un ni l'autre ne devaient revoir la Buffère : M. Gorlier mourut subitement, d'une attaque d'apoplexie, une dizaine de jours après son arrivée là-bas, et sa maîtresse, — craignant sans doute de se rencontrer avec les héritiers, — ne revint jamais. A tort ou à raison, on prétendit qu'elle s'était appropriée la bourse de voyage du défunt.

La propriété passa à un certain M. Lavallée, officier d'infanterie en garnison dans une ville du Nord, dont la femme était la nièce du maître défunt. A la suite de cette aubaine, M. Lavallée donna sa démission et vint, dans le courant de l'été, s'installer à la Buffère avec sa famille.

Le dimanche qui suivit son arrivée, il nous convoqua au château, le régisseur et tous les métayers. Du château, je ne connaissais encore que la cuisine. Mais on nous fit entrer, ce jour-là, dans une belle pièce si bien cirée qu'on avait peine à se tenir debout. Le père Moulin, du Plat-Mizot, fut près de s'étaler par terre, et cela nous fit bien rire. Seulement nous n'osions éclater, de peur d'être inconvenants. Nous nous tenions au contraire non loin de la porte, debout et silencieux, et nous avions de longs regards étonnés pour toutes les jolies choses que nous étions à même de contempler. Il y avait des fauteuils et des canapés garnis d'une étoffe à fleurs bleues, avec des franges, et qui semblaient étonnamment moelleux. Une petite table devant la cheminée était recouverte d'un tapis qui s'appareillait aux fauteuils et je vis, au bout d'un moment, que le papier des murs portait aussi des fleurs bleues semblables. Sur la cheminée, en marbre rose veiné de rouge, trônaient une belle pendule jaune sous globe et des flambeaux à six branches dont chacune était garnie d'une bougie rose. Ces objets se répétaient dans une grande glace à l'encadrement voilé de gaze qui appuyait sur la cheminée. De chaque côté, dans des jardinières à fleurs peintes supportées par de délicats guéridons, se trouvaient des plantes aux larges feuilles vertes, semblables à celles qui croissaient dans la fosse de mon grand pré. L'un des angles était occupé par une étagère en joli bois découpé sur laquelle se voyaient des bibelots de toutes sortes : statuettes, petits vases et photographies. L'unique meuble, en plus de la table, était un gros objet en bois d'un rouge tirant sur le noir dont je ne devinais pas l'usage : je questionnai tout bas M. Parent qui me dit que c'était un piano. Cette belle pièce ne contenait, en somme, que de belles choses inutiles ; je ne vis pas le moindre objet qui réponde à un besoin réel. Je songeai à notre cuisine noire au béton dégradé, à notre chambre avec ses trous, et me demandai s'il était juste que les uns soient si bien et les autres si mal.

Il y avait dix minutes à peu près que nous étions là quand M. Lavallée parut. C'était un homme d'une quarantaine d'années, plutôt petit, blond, mince et très remuant. En dépit de nos protestations, il nous fit asseoir sur les beaux fauteuils à fleurs bleues qu'il prit la peine de mettre en rang lui-même, face à la porte-fenêtre qui ouvrait sur le parc. M. Parent, et Primaud, le *mangeux de lard*, se partagèrent un canapé. Le propriétaire s'assit en face de nous, observa beaucoup nos physionomies, puis nous interrogea successivement en commençant par M. Parent. Il dit ensuite qu'il entendait faire de la bonne culture et qu'il comptait sur nous tous pour entrer dans ses vues.

— Il faut que, d'ici quelques années, nous puissions briller dans les concours, conclut-il.

M. Parent, très ému, approuvait en bredouillant, agitant sa grosse tête et roulant ses gros yeux; sa lèvre inférieure pendait plus qu'à l'ordinaire et laissait passer un jet exagéré de salive. Le maître dut juger, dès cette première entrevue, qu'il n'était pas homme à révolutionner la culture et à perfectionner les cheptels : aussi lui donna-t-il congé peu de temps après.

. . . .

Il le remplaça par un grand jeune homme à figure sombre qui s'appelait M. Sébert et qui avait fait ses études dans une école d'agriculture, à Rennes, en Bretagne. M. Sébert entra en fonctions à la Saint-Martin, à l'époque même où le propriétaire quittait la Buffère pour aller passer l'hiver à Paris. Etant venu examiner mon cheptel, il déclara du premier coup qu'il faudrait tout changer.

— Soignez vos bœufs, nous les vendrons ; nous vendrons aussi les vaches dès qu'elles auront leurs veaux ; nous vendrons de même toutes les génisses, et les moutons et les cochons; et nous achèterons d'autres bœufs, d'autres vaches, d'autres moutons, d'autres cochons.

Dans les six domaines il dit la même chose ; nous trouvâmes cela d'autant plus bizarre qu'il ne sacrifiait pas seulement les bêtes inférieures : il les voulait toutes faire vendre, bonnes et mauvaises.

Il ne se passa pas de semaine, cet hiver-là, qu'il ne nous faille circuler la moitié d'une nuit sur les routes et nous geler pendant des heures sur un foirail. On allait régulièrement aux foires de Bourbon, d'Ygrande, de Cérilly, de Lurcy, et bien souvent à celles de Souvigny, de Cosnes, de Cressanges et du Montet. C'était très fatigant, très ennuyeux et, à force de se répéter, cela occasionnait des dépenses considérables : car on ne pouvait revenir sans manger, et les aubergistes font payer cher leurs mauvaises ratatouilles. Et le travail des champs ne se faisait pas, pendant qu'on voyageait ainsi !

Quand le propriétaire revint en avril, tous les cheptels étaient changés et n'en valaient pas mieux. Seulement, nous étions endettés de plusieurs milliers de francs, car M. Sébert, quand il s'agissait d'acheter, ne taquinait guère :

— Voilà une bête convenable, disait-il, je veux l'avoir; les bonnes bêtes ne sont jamais trop chères.

— Il est commode de se passer des fantaisies quand on roule sur l'argent des autres, disions-nous entre métayers.

Nous étions tous furieux après cet original qui nous ruinait...

A sa première visite, M. Lavallée me demanda :

— Eh bien, êtes-vous content de votre nouveau régisseur, Bertin ?

— Monsieur, il aime trop faire des affaires; il ne fait que vendre et acheter : ça ne peut pas gagner.

— Si, vous verrez. Il renouvelle vos cheptels en bêtes de choix. D'ici deux ou trois ans, vous irez aux concours et vous obtiendrez des prix.

Tout le temps que le propriétaire resta à la Buffère, M. Sébert nous laissa à peu près tranquilles; il se borna à nous faire vendre celles des bêtes nouvelles qui présentaient quelques défectuosités. Mais après que M. Lavallée fut reparti, l'histoire de l'année précédente recommença. Sans même donner de motifs, par caprice pur, nous semblait-il, il fit de nouveau tout rechanger.

Au printemps suivant, devant l'unanimité de nos plaintes, le bourgeois comprit enfin que son régisseur l'avait roulé. Dans le sous-seing qu'ils avaient passé, il était stipulé que ce dernier toucherait, en plus de son traitement fixe, cinq pour cent sur les ventes et autant sur les achats. Cette clause expliquait tout : l'amélioration des cheptels avait été le dernier des soucis de Sébert ; c'était uniquement pour faire sa poche qu'il avait vendu et acheté sans relâche. M. Lavallée voulut lui donner congé tout aussitôt ; mais le sous-seing portant engagement pour six années, il demanda pour consentir à s'en aller une indemnité de trente mille francs, puis transigea et daigna accepter les vingt mille francs que lui offrit le propriétaire. Le malin avait certainement économisé, au cours de ses deux années de gérance, une somme au moins égale, sinon supérieure. Il s'en alla se fixer en Algérie, où il devint gros propriétaire vigneron et où il fut très respecté sans nul doute : ne convient-il pas qu'on respecte le possesseur d'une fortune honnêtement acquise ?

. . . .

Cette expérience coûteuse eut l'avantage de dégoûter le maître de ses projets de culture savante. Ça ne lui disait plus rien de devenir le Monsieur qui a des prix dans les concours. D'ailleurs, nous lui certifiâmes tous que les récompenses étaient données à la faveur plus qu'au mérite et que les lauréats même avaient toujours de la perte. D'autre part, il commençait de moins se plaire à la Buffère, et sa femme s'y ennuyait ferme. Pour ces divers motifs, M. Lavallée n'eut plus d'autre ambition que celle de tirer de ses biens le plus d'argent possible. Il nous déclara qu'il en gardait personnellement la direction et il prit tout simplement pour le représenter un jeune homme de Franchesse, nommé Roubaud, le fils d'un petit propriétaire voisin du bourg. Roubaud savait lire et écrire ; il cumula les fonctions de garde particulier et de régisseur ; il fut, d'ailleurs, moins un gérant qu'un simple teneur de comptes, Nous eûmes, nous, les métayers, une liberté plus grande, et les choses n'en allèrent que mieux.

XXXIV

M. Lavallée avait deux enfants, un garçon et une fille : Ludovic et Mathilde. Ils venaient souvent chez nous avec leur père, ou bien avec quelqu'un des domestiques. Ludovic était de l'âge de mon Charles ; la petite avait trois ans de moins. Or, je fus bien étonné d'entendre un jour la cuisinière, et un autre jour le cocher, employer vis-à-vis ces gamins les termes « monsieur » et « mademoiselle ». Je pris à part le cocher et lui demandai s'il était indispensable de leur appliquer ces qualificatifs qui me semblaient ridicules. Il m'expliqua qu'il était d'usage de les décerner dès le berceau à tous les petits riches, et qu'il fallait bien se soumettre à la règle pour faire plaisir aux parents. Je dis cela chez nous et ordonnai qu'on s'en souvînt le cas échéant. Tout le monde se mit à rire :

— A ces deux crapauds-là « monsieur » et « mademoiselle », c'est trop fort! fit la servante.

Ils étaient en effet rudement insupportables, le « Monsieur » et la « Demoiselle ». En compagnie de leur père, ils se tenaient à peu près tranquilles ; mais avec les domestiques ils faisaient déjà le diable à quatre, et ce fut bien autre chose lorsqu'ils eurent pris l'habitude de venir seuls. A la maison ils furetaient partout, dérangeaient tout, faisaient tomber avec des bâtons les paniers accrochés à la poutre, montaient avec leurs souliers boueux sur les bancs et même sur la table cirée. Dehors, ils effarouchaient les volailles, séparaient les poussins de leur mère, poursuivaient les canards jusqu'à les faire tomber haletants, si bien que deux en crevèrent, certain jour. Ils ouvrirent une fois les cabanes de planches qui servaient de clapier, et les lapins prirent la clef des champs ; plusieurs furent perdus. Une autre fois, ils firent s'éparpiller les moutons qu'on eut mille peines à rassembler. Au jardin, ils couraient au travers des carrés, sur les semis frais et les légumes binés ; ils secouaient des prunes encore vertes, détachaient des poires inutilisables. Bref, comme personne n'osait rien leur dire, ils devenaient de vrais petits tyrans. La fillette surtout paraissait d'autant plus heureuse qu'elle nous voyait plus consternés de ses frasques. J'osais parfois une timide observation :

— Mais voyons, mam'selle Mathilde, vous faites du mal ; ce n'est pas gentil...

Elle souriait malicieusement et continuait de plus belle.

— Ça m'amuse, moi, là...

Contre cette raison, toute réplique était vaine.

Mais ce fut surtout notre petit Charles qui eût à se plaindre des enfants du maître. Tout de suite ils voulurent le prendre pour camarade de jeux ; et comme lui ne s'en souciait guère, nous le forçâmes d'accepter, sa mère et moi :

— Allons, Charles, veux-tu bien aller t'amuser avec monsieur Ludovic et mam'selle Mathilde, puisqu'ils sont assez aimables pour vouloir de toi.

Mais le pauvre gamin faisait peu de cas de cet honneur. Jouer avec des camarades auxquels il fallait dire « monsieur » et « mademoiselle » lui semblait une corvée bien plus qu'un plaisir.

D'ailleurs, l'expérience prouva bientôt qu'ils avaient souhaité sa compagnie non pour en faire un commensal sans conditions, mais bien pour le traiter en esclave, le martyriser.

Ils l'emmenèrent un jour dans le parc du château où M. Lavallée venait de faire édifier une balançoire à leur intention. Il dut les pousser l'un après l'autre, plus ou moins vite, selon leurs indications, et aussi longtemps qu'ils en eurent la fantaisie. Puis les deux tyranneaux le firent s'asseoir à son tour sur la planchette et le poussèrent tout de travers et violemment, riant bien fort parce qu'il avait peur. Cela l'effrayait, en effet, de voir qu'il s'en fallait de peu qu'il n'aille heurter les poteaux ; et la tête lui tournait ; il croyait voir en dessous le sol s'ouvrir. Mais plus il leur criait de cesser, d'une voix suppliante, plus Ludovic et Mathilde poussaient vite et mal. Quand Charles put descendre, il était pâle comme un linge, il chancelait, tremblait, et il fut obligé de s'asseoir sur le gazon pour ne pas tomber.

— Ah ! ce qu'il est poltron tout de même, firent les petits bourgeois, enchantés.

Ils croquaient des bonbons. Ludovic, qui avait bon cœur parfois, en offrit à Charles.

— Prends donc, ça te remettra...

Mais sa sœur intervint :

— Maman a défendu qu'on lui en donne parce que ça lui fausserait le goût... Tu sais bien qu'il n'est pas un petit garçon comme toi ; lui et ses parents sont les instruments dont nous nous servons.

J'éprouvai un grand malaise, un sentiment de colère et de révolte, quand mon pauvre gas me rapporta ces paroles. Ce ne fut pas assurément à la vicieuse fillette que j'en voulus, mais bien à sa mère, qui lui inculquait ainsi le mépris des travailleurs. Je me pris à haïr cette grande molle aux allures langoureuses et au regard hautain qui passait ses journées, — disaient les domestiques, — à demi couchée sur un canapé, en longues flâneries coupées de petites séances de piano.

— Les *instruments* te valent bien, poupée, pensais-je ; sans eux tu crèverais de misère avec toute ta fortune : car de quelle besogne utile es-tu capable ?

Une autre fois, les enfants jouèrent à l'équipage. Charles, bien entendu, faisait le cheval ; il était attaché dans le haut des bras avec de longues ficelles dénommées guides ; Ludovic en tenait les bouts par derrière, et Mathilde, avec conviction, faisait claquer un petit fouet qui était mieux qu'un jouet.

— Hue ! Hue donc !

Le cheval faisait le rond comme dans un manège autour du conducteur qui ne bougeait guère. Vint un moment où, fatigué, il ne voulut qu'aller au pas. Mais cela ne faisait pas l'affaire de Mathilde.

— Hue ! Hue donc ! Veux-tu courir !...

Et comme il n'avait pas l'air de vouloir obéir, elle le cingla en pleine figure d'un coup de fouet qui fit un sillage rouge. Charles se mit à pleurer : il pleura silencieusement, ne voulant pas faire d'éclat à cause de la proximité du château. Ludovic s'approcha, remué de ses larmes.

— Elle t'a fait mal ?

— Oui, monsieur Ludovic.

— Ce n'est rien : il faut tamponner ça avec de l'eau fraîche.

Il l'entraîna jusqu'à la cuisine du château où la bonne, avec une serviette mouillée, mit de la fraîcheur sur le sillage rouge qui lui brûlait la face.

Mathilde regardait, sans pitié :

— C'est bien fait : il ne voulait pas courir, le cheval.

Par hasard, Mme Lavallée vint à ce moment donner des ordres pour le dîner ; elle se fit mettre au courant, puis déclara :

— Mathilde, c'est très mal. Ludovic, il ne faut pas permettre à ta sœur d'agir ainsi.

Elle s'adressa ensuite à Charles :

— Vois-tu, mon garçon, Mathilde est vive ; quand tu joues avec elle, il ne faut pas la contrarier.

Elle lui fit donner par la cuisinière un biscuit avec un peu de vin, puis les renvoya tous trois de compagnie.

— Allons, retournez jouer ; et tâchez de ne plus vous battre.

A la suite de cette aventure, Charles fit des difficultés pour retourner avec ses deux tyrans. Il s'en venait avec moi dans les champs ; il se cachait pour leur échapper. Un jour, ils allèrent le relancer dans un pré de bas-fond très humide où il gardait les vaches. Avant leur arrivée il s'était amusé à faire une grelottière. (C'est une sorte de petit panier ovale qu'on tresse avec des joncs et dans lequel on met deux ou trois cailloux menus avant de le boucher tout-à-fait : les cailloux font ensuite, lorsqu'on agite l'objet, un vague bruit de grelots.) Mathilde voulut absolument posséder ce jouet rustique que mon gamin refusa de lui donner, car il lui en voulait toujours du coup de fouet. Et comme elle insistait, se suspendant à ses vêtements, il la repoussa en disant :

— Tu m'embêtes, à la fin, tu ne l'auras pas... ; et je ne veux plus te dire « mademoiselle ». Tu n'es qu'une *ch'tite méchante gatte.*

Alors elle se mit à geindre :

— Je le dirai à maman, oui, oui, oui... Je lui dirai que tu m'as frappée, que tu m'as insultée, vilain paysan... Et vous partirez de la ferme, tes parents et toi.

Elle s'en alla en bougonnant, furieuse de l'offense.

Ludovic, au bord de la mare voisine, s'occupait à lancer des pierres sur les grenouilles qu'il apercevait hors de l'eau. Après que sa sœur se fut éloignée, il se rapprocha de Charles.

— Tu sais qu'elle est capable, en effet, de le dire à maman ; tu as eu tort.

— Ça m'est égal qu'elle le dise. Je ne peux plus supporter qu'elle soit toujours à me taquiner. Je ne veux plus que vous veniez me trouver ni l'un ni l'autre : vous me prenez pour votre chien.

Et il rassembla les vaches et les ramena, le laissant à ses grenouilles.

M. Lavallée vint le soir même nous rapporter cet incident, car Mathilde avait mis sa menace à exécution.

— Décidément, nos enfants ne s'entendent pas, dit-il. J'ai interdit aux miens de venir trouver Charles et je veillerai à ce qu'ils tiennent compte de mes ordres.

Il se passa peut-être une semaine sans qu'on les vit, puis ils revinrent comme auparavant. Fort heureusement, le départ pour Paris ne tarda pas à survenir.

Je sus plus tard par le jardinier, qui le tenait de la

cuisinière, que Mme Lavallée avait été très mécontente de l'affront fait à sa fille par mon gamin. Pour un peu, elle eût exigé notre départ que la bonne petite demandait à hauts cris. Mais le mari avait refusé de prendre au tragique cette querelle d'enfants.

L'année d'après, Charles, touchant à ses treize ans, commençait à s'occuper régulièrement : ce me fut un prétexte pour dire aux petits bourgeois qu'il n'avait plus le temps de jouer avec eux, et je pus éviter le recommencement de la camaraderie tyrannique dont ils auraient continué à l'honorer sans nul doute.

XXXV

Ma mère se faisait très vieille et n'était pas heureuse. Elle habitait toujours au bourg de Saint-Menoux la même chaumière et, bien qu'elle fût toute courbée par l'âge, elle continuait d'aller en journée quand son état de santé le lui permettait. Mais, depuis plusieurs années, elle souffrait les hivers d'un rhumatisme qui la tenaillait tantôt à la tête, tantôt à l'estomac, et, dans ces moments-là, elle ne pouvait guère quitter son foyer.

J'allais la voir tous les ans aux environs de Noël, quand nous avions tué le cochon, et je lui portais pour ses étrennes un panier de lard frais avec un peu de boudin. En 1865, quand je lui fis ma visite habituelle, je la trouvai couchée et cela me fit froid au cœur en arrivant de voir l'expression navrée de sa figure vieillie. Le rhumatisme, devenu aigu, la tenait clouée au lit depuis six semaines, et personne ne s'occupait de la soigner, sinon une autre vieille journalière du voisinage qui lui apportait son eau et son pain, et l'aidait à faire son lit.

— Je vais pourtant mourir seule là... On me trouvera un beau matin morte de chagrin, de souffrance, de froid et de misère !

Après qu'elle m'eut dit cela en me regardant d'un air sombre, ma mère se mit à déblatérer contre mes frères et leurs femmes, puis contre moi-même. Toute la rancune amoncelée en ce vieux cœur aigri s'épancha en paroles amères. Il ne lui restait plus rien des petites ressources qu'elle avait apportées en quittant la communauté et elle prétendait que mes frères, à ce moment, ne lui avaient pas donné assez, qu'ils l'avaient grugée. Cette idée, née sans doute d'une suggestion de commère malveillante, avait grandi en elle au cours de ses longues réflexions solitaires ; le soupçon s'était changé en certitude : elle considérait mes frères comme des garnements et ma belle-sœur Claudine comme une saleté. Elle répétait à satiété ces mots-là :

— Les garnements ! la saleté !

De ses longues mains sèches sorties des couvertures, elle faisait des gestes de menace, et parfois elle se soulevait toute en une furieuse exaltation : sa physionomie parcheminée, aux os saillants, était plus dure que jamais et les mèches grises qui s'échappaient de son serre-tête noir lui donnaient un air de sorcière lançant l'anathème.

Je m'efforçai de la calmer, de lui prouver qu'elle exagérait, puis je m'occupai d'allumer du feu, car il faisait très froid.

— Ne fais pas tant brûler de bois ; tu vois qu'il ne m'en reste plus guère, dit ma mère.

Sa provision était maigre, en effet : il n'y avait que quelques morceaux épars au coin de la cheminée et deux ou trois brouettées de grosses bûches non fendues entre l'armoire et le lit. Elle reprit :

— Je l'ai tellement ménagé que j'ai laissé geler mes pommes de terre. D'ailleurs, la maison est glaciale ; il vient du vent par la trappe du grenier.

Les pommes de terre étaient sous la maie et débordaient au travers de la pièce. Celles de dessus étaient dures comme des cailloux, mais celles de l'intérieur n'étaient pas gelées, et je le dis à ma mère.

Quand il y eut du feu, je l'aidai à se lever et à mettre la soupe en train, puis je fendis le reste des grosses bûches et m'en allai dans un domaine voisin acheter deux bottes de paille que je montai au grenier pour empêcher le froid de venir par la trappe.

En mangeant, ma mère se montra d'un peu meilleure humeur ; elle me parla de la Catherine, sa préférée. Chaque année, à l'époque de la Saint-Martin, la Catherine lui envoyait l'argent de son loyer ; de plus, lorsqu'elle était venue, elle lui avait apporté toute une provision de bonnes choses : du sucre, du café, du chocolat, même une bouteille de liqueur.

— Si je pouvais lui faire savoir comme je suis, gémit la pauvre femme, bien sûr elle m'enverrait un colis de friandises.

Prenant note de ce désir, je me rendis chez l'instituteur et lui fis faire une lettre pour la Catherine. J'allai ensuite chez un marchand de bois auquel je commandai pour ma mère une voiture de bois que je payai d'avance. J'entrai enfin, au retour, chez la vieille journalière qui la secourait, et, sous promesse de dédommagement, je la chargeai de veiller sur elle de façon suivie.

C'était beaucoup : la réflexion me fit comprendre que ce n'était pas encore assez. Avant de m'en retourner, je voulus parler à mes frères. Ils n'habitaient plus ensemble depuis déjà longtemps. Mon parrain était à Autry : il avait eu des malheurs sur ses bêtes et deux de ses enfants avaient été longtemps malades. Le Louis, qui était à Montilly, faisait bien ses affaires : la Claudine s'en montrait fière et un peu arrogante.

J'allai donc le lendemain les voir l'un après l'autre ; je leur exposai qu'il était de notre devoir de coopérer de compagnie au soutien de la mère et leur dis ce que j'avais fait pour elle. Le Louis prit l'engagement de payer son pain. Mon parrain promit de l'entretenir de légumes et d'envoyer sa plus jeune fille pour avoir soin d'elle quand son rhumatisme la tiendrait alitée.

Je rentrai à la Creuserie le troisième jour, bien content de moi. En effet, grâce à mon initiative, ma mère fut assurée du nécessaire jusqu'à sa mort, qui survint trois ans plus tard.

XXXVI

Nos enfants devenaient forts. J'étais très satisfait de mon aîné qui était courageux et montrait du goût au travail. Il labourait bien et commençait à me suppléer pour les pansages. Par exemple, il avait le défaut de dépenser beaucoup d'argent. Tous les dimanches, il se rendait, soit à Bourbon, soit à Franchesse, et ne rentrait que dans la nuit après avoir fait un bon repas d'auberge. Ah ! les rares pièces de quarante sous que me donnait mon père dans ma jeunesse ne l'auraient pas mené loin, lui, et je crois qu'il aurait fait joli s'il lui avait fallu s'en contenter. Il est vrai que les temps n'étaient plus les mêmes ; les affaires allaient mieux ; les salaires des domestiques avaient doublé et redoublé; l'argent circulait davantage. Cela était cause qu'on s'habillait moins grossièrement et qu'on trouvait ridicules les amusements qui ne coûtaient rien : vijons, veillées, jeux avec des gages. L'auberge commençait d'être le cadre obligé de tous les plaisirs.

Le Jean était passionné pour le billard ; il dansait peu et restait timide avec les filles. Nous avions à ce moment une servante qui s'appelait Amélie, nous disions « la Mélie » ; elle avait une figure d'homme, une large bouche et les dents cariées ; elle était laide et avait, depuis plusieurs années, coiffé sainte Catherine. C'est même parce qu'elle était laide et vieille que nous la gardions, car elle avait de bien vilaines manières. Mais des servantes jeunes dans une maison où il y a des jeunes gens, c'est trop scabreux : ils ont toujours tendance à avoir des relations trop intimes, à moins qu'ils ne soient brouillés ; le premier cas entraîne fatalement des amours aux suites souvent fâcheuses ; le second provoque une guerre perpétuelle, un besoin de se faire réciproquement un tas de petites misères, et cela nuit à la bonne exécution des besognes journalières. J'avais cru m'apercevoir à différentes reprises que la Mélie, en dépit de son âge et de son physique désagréable, faisait au Jean des yeux en coulisse, des yeux d'amoureuse. Lui était grand et brun, avec une figure régulière qu'ornait une moustache déjà forte : beau garçon, en somme, et je ne croyais pas qu'il fût assez bête pour répondre à ces avances.

Un soir d'hiver, au cours de la veillée, ils allèrent ensemble broyer les pommes de terre et préparer la pâtée des cochons. Les pommes de terre cuisaient dans une méchante cabane faite de branches sèches, et couverte de genêts, qui était adossée au mur de la grange ; il y avait, à proximité du fourneau, une grande auge de pierre pour les écraser. Après un moment, l'idée me vint de savoir s'ils ne profitaient pas de ce tête à tête pour faire quelque bêtise. Ayant ouvert la porte avec précaution, je traversai la cour et m'avançai tout doucement au long de la grange jusqu'auprès du mur de branchage qui clôturait la cabane. La lanterne éclairait faiblement l'intérieur, tout plein de la buée chaude qui se dégageait des pommes de terre. Quand elles furent broyées, je pus voir néanmoins mon imbécile de gas s'approcher de la servante, l'enlacer et frotter son museau contre le sien. Ça ne dura qu'un instant : ils se lâchèrent pour continuer la séance. Il alla avec des seaux quérir de l'eau à la mare pendant qu'elle versait sur l'amas pâteux des pommes de terre une grande *paillasse* (1) de son et de farine ; elle se mit ensuite à démêler le tout avec l'eau qu'il apporta. Quand cette dernière besogne fut terminée, ils s'étreignirent de nouveau, se suçotèrent les lèvres encore un peu. Enfin, ils décrochèrent la lanterne, se disposant à rentrer ; alors je m'esquivai en hâte et regagnai la maison avant eux.

Je ne dis rien à Victoire que cela eut rendue furieuse. Mais le lendemain, au lever, j'attrapai le Jean dans la grange et lui passai une morale en règle.

— Une vieille comme ça, et laide comme elle est : tu devrais avoir honte !... Ailleurs, fais ce que tu voudras, mais à la maison, tiens-toi tranquille, tu m'entends bien !

Un peu plus tard, en pansant les cochons, je menaçai la Mélie de la ficher à la porte sans explication si jamais je m'apercevais d'autre chose. Je crois que la leçon porta ses fruits, car je ne les vis plus recommencer leurs mics-macs.

. . . .

Charles était tout l'opposé de son frère ; au physique il me ressemblait, mais il tenait plutôt de sa

(1) Vanette faite de paille de seigle tressée avec des ronces.

mère comme caractère. Il était un peu sournois ; il avait toujours l'air d'avoir à se plaindre de quelque injustice, de nous vouloir du mal à tous. A l'aller et au retour du travail, il restait en arrière sous un prétexte quelconque pour ne pas se mêler au groupe commun. Quand il allait le dimanche à la messe, jamais non plus il ne partait avec tout le monde. Et quand il nous arrivait, l'hiver, d'aller veiller à Baluftière, à Praulière ou au Plat-Mizot, lui ne nous accompagnait pas : il restait à la maison ce soir-là et partait tout seul le lendemain. Il semblait heureux d'agir en toutes choses au rebours des autres. Et pas obligeant pour deux sous ! N'étant pas bouvier, il ne voulait en aucune circonstance s'occuper du pansage. Le dimanche, il lui arrivait de rester à la maison tout le jour et de disparaître juste à l'heure du soin des bêtes. Comme le Jean rentrait toujours tard, c'est sur moi seul que tombait toute la besogne des jours de repos, car le domestique était souvent absent, lui aussi. Chose bizarre et qui me faisait lui en vouloir davantage, Charles, si mal plaisant chez nous, se montrait volontiers causeur aimable avec les voisins.

Il ne me semblait pas pourtant que nous fassions de différence entre son frère et lui, et qu'il fut autorisé à nous taxer d'injustice. Dès qu'il eut seize ans, je lui donnai autant d'argent qu'à l'aîné pour ses menus plaisirs. Victoire leur achetait toujours en même temps des effets pareils. Je ne pouvais comprendre quels motifs le rendaient si grincheux. Il n'y avait peut-être pas, à vrai dire, de motifs particuliers : c'était sa naturelle tournure d'esprit qui lui faisait voir les choses du mauvais côté, rien de plus. Je crois que les embêtements qu'il avait eus avec les petits bourgeois avaient contribué à lui aigrir le caractère de cette façon. Et, plus tard, j'ai supposé qu'il était un peu jaloux de la petite suprématie qu'assurait au Jean son rôle de bouvier.

. . . .

Clémentine, la cadette, tenait aussi comme caractère le milieu entre nos trois enfants. Il y avait des jours où elle était affectueuse et courageuse plus encore que le Jean, et d'autres, par contre, où elle était épineuse autant que le Charles, sinon plus. Elle était d'autant meilleure que l'on se montrait plus disposé à satisfaire ses caprices. Comme toutes les jeunes filles, elle avait la manie de vouloir aller belle. Certes, on n'avait pas encore idée à cette époque du luxe d'à présent, mais on s'éloignait déjà beaucoup de la simplicité de ma jeunesse. C'était le règne des bonnets à dentelle qui coûtaient cher d'achat et qu'il fallait à tout moment faire repasser. Et les robes commençaient à se compliquer : voilà-t-il pas que les couturières de Bourbon, qui se tenaient au courant des modes, imaginèrent de faire adopter à leurs clientes les robes à crinoline qui vous les faisaient grosses comme des tonneaux !

Les filles de la ville en furent bientôt toutes munies et celles de la campagne ne tardèrent pas à en vouloir aussi. Clémentine insista pour en avoir une; mais je soutins sa mère pour opposer un refus énergique.

— Ah, non par exemple ! Je ne veux pas te voir habillée comme une comédienne ! (1). En voilà une idée de se rentrer dans un cercle ?

Mais c'est en vain que j'essayais de ridiculiser cette crinoline qui lui tenait au cœur : cent fois elle revint à la rescousse, et, devant la persistance de notre refus, elle bouda pendant plusieurs semaines.

Nous lui permettions de fréquenter quelque peu les bals de la journée, mais nous lui refusions généralement l'autorisation d'aller danser la nuit aux fêtes ou

(1) Se dit communément dans le sens de bohémienne.

aux veillées — même en compagnie de ses frères ou de la servante. Néanmoins, Victoire consentait parfois à l'y conduire elle-même, lorsqu'elle n'était pas souffrante. Aussi, lorsqu'il y avait un bal nocturne en perspective, Clémentine, quinze jours d'avance, la taquinait-elle :

— Dis, maman, nous irons... — Et câline : — Je t'en prie, ma petite mère !

— Tu m'embêtes, va ! Nous verrons quand ce sera le jour.

Quand c'était le jour, neuf fois sur dix la maman n'était pas disposée ; et la petite allait se coucher furieuse, refoulant ses larmes à grand'peine. Les jours suivants, elle était d'une humeur impossible, ne disait pas un mot, faisait sa besogne en rechignant. J'ai souvenance d'une fournée de pain qu'elle gâcha au lendemain d'une veillée dansante au Plat-Mizot, où sa mère n'avait pu la conduire en raison d'une crise de névralgie. Clémentine se défendit d'avoir fait exprès de mal travailler sa pâte, mais j'ai la certitude que sa mauvaise humeur y fut pour quelque chose.

Pourtant, quand rien ne la contrariait, elle travaillait fort bien, et elle se montrait très aimante et très douce. Sa mère l'avait envoyée quelque temps en apprentissage chez une couturière de Franchesse ; aussi était-ce toujours elle qui s'occupait de confectionner nos chemises et nos blouses et de les repasser. De plus, elle s'empressait à boucler nos cravates quand nous allions en route, à nous panser, à nous envelopper les doigts quand nous nous faisions des écorchures ou des coupures, et, quand nous prenions des épines, à nous les enlever. Enfin, quand quelqu'un toussait, elle était toujours la première à faire de la tisane, une infusion de tilleul, de guimauves, de violettes ou de feuilles de ronce. A cause de tous les petits services qu'elle rendait ainsi, elle était bien aimée. Charles même devenait plus expansif en compagnie de sa sœur : je le voyais parfois lui parler en confidence et ils riaient tous les deux.

Par malheur, la pauvre petite n'était pas d'un bien fort tempérament. Quand il nous fallait l'amener dans les champs, l'été, bien qu'on s'efforcât de lui éviter les postes trop durs, elle devenait maigre que c'en était pitié.

XXXVII

Vint 70, la grande guerre, encore une de ces années qu'on n'oublie pas...

La moisson s'était faite de bonne heure; nous étions en train d'édifier la deuxième et dernière meule quand, le 20 juillet, vers dix heures du matin, M. Lavallée vint nous annoncer que le gouvernement de Badinguet avait déclaré la guerre à la Prusse. Et il me prit à part pour me dire que le Jean serait appelé sans doute avant peu.

On peut croire que cette confidence me fit plaisir ! Le Jean venait de finir ses vingt-trois ans ; je l'avais racheté lors du tirage et il était en promesse avec la fille de Mathonat de Praulière ; les demandes étaient fixées au premier dimanche d'août ; fin septembre devait se conclure le mariage. Je me demandais si on aurait le toupet de l'emmener malgré l'argent que j'avais déboursé pour le sauver du service. Hélas ! je ne fus pas longtemps à être fixé : cinq ou six jours plus tard il reçut sa convocation, et, le 30 juillet, il dut partir.

J'ai toujours présents à la mémoire les épisodes de cette matinée dont le souvenir compte au nombre des plus douloureux de ma vie. Je nous revois silencieux autour de la table pour le dernier repas, alors que le Jean était vêtu de ses habits de départ. De Praulière, où il était allé faire ses adieux à sa promise, il était revenu les yeux rouges; pourtant il s'efforçait de ne pas pleurer : il essayait même de manger ; mais les bouchées qu'il avalait paraissaient lui déchirer la gorge. Je ne pouvais quasi rien manger moi non plus ; et Charles, et le domestique, étaient dans le même cas. Sur la maie, Victoire et Clémentine préparaient le petit ballot du conscrit, quelques effets, quelques victuailles. On les entendait à chaque instant pousser de grands soupirs qui étaient des sanglots étouffés.

— Je te mets trois paires de bas, dit ma femme d'une voix étranglée, si changée que tout le monde tressaillit. Je ne sais pas si tu pourras les entrer dans tes souliers de soldat, continua-t-elle.

— Oh ! ils sont grands, les souliers qu'on donne ; répondit-il avec effort.

Je regardais machinalement la salière de bois couleur jus de tabac accrochée au mur à proximité de la cheminée ; des mouches circulaient sur le couvercle. Le Jean tapotait du manche de son couteau le bord d'un plat de grès qui contenait une omelette aux pommes de terre. Des rats s'agitaient sur la poutre ; ils firent dégringoler du grain à demi moulu : l'omelette en fut saupoudrée. Un chat miaula, auquel le domestique donna à même le sol une cuillerée de soupe. De la cour, le coq vola sur l'entrousse (1) fermée : c'était un beau sultan couleur feu à large crête vermeille ; il caqueta, gloussa, fit mine de vouloir descendre à l'intérieur, comme il faisait souvent, pour ramasser les miettes.

(1) Petite barrière à claires-voies qui bouche jusqu'à mi-hauteur l'embrasure des portes.

Mais Clémentine le chassa brutalement. Victoire reprit :

— Je te mets un morceau de jambon, deux œufs durs, quatre fromages de chèvre...

Les sons sortaient rauques de sa gorge oppressée, à peine distincts ; elle continua pourtant :

— Pas de pain, tu en achèteras en route.

De la tête, il fit signe que oui, et le grand silence pénible recommença.

Quand le paquet fut noué définitivement, Clémentine et sa mère s'assirent à côté de la maie sur laquelle elles s'accoudèrent, la tête dans les mains, et se mirent à sangloter très fort. Nous restions, nous, les quatre hommes, autour de la table, tristes et embarrassés, en face des aliments presque intacts que personne ne touchait plus. Cela devint si lugubre que je pris le parti de brusquer les choses. Le Jean devait se trouver à Bourbon avec cinq ou six autres partants qu'il connaissait. Le rendez-vous était pour midi, et neuf heures venaient seulement de sonner. Je dis néanmoins :

— Allons, va, mon garçon, il faut t'en aller ; tu ferais attendre tes compagnons...

— En effet, l'heure approche, répondit-il.

Il se leva et tout le monde en fit autant. La servante rentrait de garder les moutons : c'était une petite de quinze ans que nous avions prise au lieu et place de la Mélie ; il l'embrassa.

— Au revoir, Francine.

Il embrassa de même en disant au revoir le domestique et son frère Charles : de grosses larmes roulaient au bord de son nez.

Il passa à la Clémentine :

— Au revoir, petite sœur.

— Je vais t'accompagner un bout de chemin, fit-elle.

Elle prit le paquet sous son bras gauche et enlaça du droit l'un des bras de son frère ; Victoire se suspendit à l'autre ; je marchai à côté d'elle. Ce fut dans cet ordre que l'on traversa la cour, que l'on gagna le chemin de Bourbon qui était depuis plusieurs années transformé en route. Pas un mot ne fut échangé.

Le soleil brillait, pâlot comme un soleil d'hiver ; un vent d'ouest assez fort soufflait, faisant se replier la feuillée des chênes et se tordre dans le haut les grands peupliers : il avait plu les jours précédents et ce n'était pas encore le vrai beau temps. A Baluftière et plus loin, aux abords de deux ou trois autres fermes, des lessives séchaient, tachant de blanc les haies vertes que l'éloignement rendait sombres. On voyait dans nombre de champs des bovins en train de paître ; un merle siffla ; une caille fit entendre son cri quatre fois de suite.

Après que nous eûmes fait une centaine de mètres sur la route, et comme nous arrivions à un tournant :

— Allons, laissons-le ! dis-je brusquement, comme pour un ordre appelant l'obéissance immédiate.

On s'arrêta, et les deux femmes laissèrent éclater tout leur chagrin. L'une après l'autre, comme des amantes passionnées, elles étreignirent le partant.

— Oh ! mon garçon, mon pauvre garçon, ils vont donc t'amener, les scélérats ! Je ne te reverrai plus, plus jamais...

— Jean, mon Jean, dis, mon frère, tu nous donneras de tes nouvelles. Ah ! pourquoi faut-il que nous ne sachions pas écrire ! Surtout ne te fais pas tuer, dis, mon Jean !...

Lui, amolli tout à fait, pleurait à chaudes larmes aussi ; et je sentais venir la minute où j'allais en faire autant. Je repoussai ma femme et ma fille ; j'embrassai le Jean à mon tour.

— Allons, mon garçon, il te faut nous quitter : espérons que ça ne sera pas pour bien longtemps.

Je pris le ballot que Clémentine avait déposé sur un tas de pierres et le lui remis. Alors, brusquement, il se dégagea des chères étreintes qui l'accaparaient et partit à grands pas sans retourner la tête. Il me fallut entraîner Victoire et Clémentine qui, sans moi, l'auraient suivi, je crois bien...

— Pauvre petit, je ne le verrai plus ! je ne le verrai plus ! répétait Victoire obstinée.

Elle fut trois jours sans presque rien manger : je craignis qu'elle ne tombât tout à fait malade. Pourtant, peu à peu, dans le train ordinaire des choses, son grand chagrin s'atténua pour faire place à une tristesse latente. Et Clémentine bientôt se reprit à sourire.

On se remit donc au travail comme si de rien n'était : on fit la moisson dés avoines ; les machines à battre sifflèrent et grincèrent ; on commença les fumures, les labours.

Il y eut néanmoins une nouvelle crise de chagrin au sujet du Jean, lorsqu'il nous apprit, par une courte lettre, qu'on l'envoyait en Algérie, de l'autre côté du *grand ruisseau*. Plus que jamais sa mère le crut perdu. Mais une autre lettre nous parvint, dans laquelle il annonçait que la traversée avait été bonne, qu'il se portait bien, n'était pas malheureux, et que ses compagnons étaient tous des gens de par ici : cela nous rassura quelque peu.

M. Lavallée était reparti pour Paris avec sa famille ; il avait, disait-on, repris son costume d'officier pour aller se battre. Des événements de la guerre on ne savait pas grand'chose, sinon que c'était loin d'aller bien pour la France. Roubaud, le garde régisseur, recevait un journal, et nous allions souvent le trouver pour avoir des nouvelles. Sa maison, le soir, était toujours pleine : des six domaines de la propriété il lui venait des auditeurs, et il en venait d'ailleurs aussi, tellement l'inquiétude était vive. Dans les premiers jours de septembre, le journal annonça que Napoléon était prisonnier à la suite d'une grande bataille perdue, et que son gouvernement était à bas, qu'on avait proclamé la République à Paris. Le dimanche suivant, j'appris au bourg de Franchesse que le maire avait été remercié et qu'on l'avait remplacé par Clostre, le marchand de nouveautés, un rouge. A Bourbon, le docteur Fauconnet était maire. Ces changements m'eussent laissé assez indifférent si on ne m'eut appris quelques jours plus tard que le gouvernement nouveau voulait tenter l'impossible pour repousser les Prussiens qui s'avançaient sur Paris. Pour commencer, il se proposait de faire une levée parmi les jeunes gens de dix-huit à vingt ans. Cela me touchait beaucoup, puisque Charles et le domestique se trouvaient en passe d'être appelés. Ils furent, en effet, convoqués peu après pour tirer au sort et passer la révision du même coup, et ils partirent dans les premiers jours d'octobre. Cet événement donna lieu à une répétition lamentable de la scène qui avait marqué le départ de l'aîné ; une profonde désolation en fut la suite.

Je n'étais plus que seul d'homme ! seul d'homme dans un grand domaine, et c'était l'époque des multiples travaux d'automne, de l'arrachage des pommes de terre, des labours, des semailles ! J'eus pourtant la chance de pouvoir raccrocher le père Faure que j'engageai de semaine en semaine jusqu'à la fin. Avec l'aide de Clémentine et de Francine qui vinrent toucher les bœufs constamment, je pus tout de même faire mes emblavures.

Les métayers des autres fermes étaient tous dans le même cas ou à peu près. Partout on voyait les femmes dans les champs s'employer à des travaux d'hommes.

A la guerre, les choses allaient de mal en pis. On disait que les grands chefs étaient tous vendus aux Prussiens et que l'un d'eux, nommé Bazaine, avait été assez crapule pour leur livrer une armée entière. Et ils s'avançaient toujours, les Prussiens ; ils assiégeaient Paris ; il se répandaient dans les départements. Le journal de Roubaud les annonça successivement en Bourgogne, en Nivernais, en Berri : partout ils semaient la désolation sur leur passage, pillaient les maisons, violentaient les femmes, mettaient le feu à tout propos. On commençait d'être très effrayé, d'autant plus que des bruits alarmants couraient, faisant croire à leur présence toute proche : ils étaient à Moulins, à Souvigny, au Veurdre. Pour fausses qu'elles fussent, ces nouvelles n'en contribuaient pas moins à redoubler l'anxiété dans laquelle on vivait. Les idées les plus folles germaient dans les cervelles ; des gens portaient dans les fossés ravineux, les chênes creux, tout ce qu'ils avaient de précieux ; un vieillard maniaque dissimula son argent sous des tas de fumier, dans un de ses champs ; un autre proposait de conduire en Auvergne, pour les cacher sous un pont, toutes les jeunes filles du pays.

Dans certaines communes, on organisait des gardes nationales pour tenter d'opposer une résistance aux Prussiens au cas où ils se présenteraient. A Franchesse, on ne connut pas ça. Mais à Bourbon le docteur Fauconnet forma une garde des plus sérieuses. Il réunit un stok de vieux fusils et convoqua deux fois chaque semaine, pour faire l'exercice, tous les hommes valides de dix-huit à soixante ans. Un vieux rat-de-cave, qui avait été sergent pendant son congé, eut le commandement de la milice avec le titre de capitaine ; on lui adjoignit comme lieutenants deux ex-caporaux ; les anciens soldats furent chefs de sections ou chefs d'escouades.

Aux deux premières séances, il y eut bien une centaine de présents auxquels on apprit à marcher au pas et en ligne, à porter le fusil et à s'en servir. A l'issue du deuxième exercice, la petite troupe traversa la ville en bon ordre, entraînée par le garde-champêtre tambourineur et le clairon des pompiers, et encadrée par une bande de gamins enthousiasmés. Le docteur exultait ; il offrit du vin, — un litre pour trois, — et du pain blanc. Mais il eut la malencontreuse idée de faire installer à la mairie, pour parer aux éventualités possibles, une garde permanente de dix hommes. Installée le lendemain, la garde permanente ne dura que trois heures. Le sergent Colardon, menuisier, chef de poste, déserta le premier parce qu'on vint le chercher pour faire un cercueil.

— Travail urgent ! expliqua-t-il avec raison.

Les autres ne tardèrent pas de s'esquiver à leur tour, sous différents prétextes, et la mairie fut abandonnée. Furieux, le docteur alla trouver le vieux rat-de-cave capitaine et lui demanda de punir sévèrement les coupables ; mais le bonhomme lui rit au nez et le poste permanent ne fut pas renouvelé. A l'exercice, les répondants se firent d'ailleurs de plus en plus rares. Dès la troisième séance, il n'y en eut plus que cinquante, à la quatrième, vingt, à la cinquième, huit, et à la sixième, il ne vint que M. Fauconnet et le capitaine. Telle fut l'histoire de la garde nationale de Bourbon.

. . . .

A la terreur que causait la perspective de l'arrivée des Prussiens, vinrent s'ajouter des fléaux malheureusement très réels. Ce fut d'abord le froid qui commença de bonne heure et devint de plus en plus rude. Puis survint une épidémie de petite vérole qui fit de nombreuses victimes. Chez nos voisins de Praulière, le mal sévit violemment, si violemment qu'il causa, aux environs de Noël, la mort de Louise, la fiancée de mon Jean ; sa jeune sœur fut défigurée et pleura amèrement sa beauté perdue, regrettant de n'être pas morte aussi.

Dans le moment que les Mathonat étaient tous atteints, au point qu'il n'y en avait quasi aucun qui soit en état de soulager les autres, Victoire et Clémentine manifestèrent l'intention d'aller les voir et de les soigner si besoin était. Or, cette mauvaise maladie passait pour être contagieuse et je ne tenais pas du tout à les laisser partir, craignant qu'elles ne reviennent prises. Je dis que nous avions bien assez de malheur pour notre compte, qu'après tout les Mathonat ne nous étaient rien, et qu'ils avaient des parents peu éloignés dont c'était l'affaire de leur rendre service. Comme elles voulaient persister malgré mes avis, j'imaginai de dire que j'étais malade et me mis à faire le *quetou* (1), ne mangeant pas, simulant la fièvre. Je pus ainsi, en les apitoyant sur moi, faire ajourner leur visite. Elles n'allèrent à Praulière qu'après la mort de Louise, quand la maladie fut en décroissance. Et nous eûmes la chance de rester indemnes.

. . . .

Comme pour donner un sens de punition divine à tous ces maux, le ciel souvent se tavelait de marbrures rouges, devenait même parfois, sur un côté de l'horizon, d'une uniforme teinte pourpre, au point qu'on l'eut dit voilé d'un suaire de sang. Il ne s'agissait que de phénomènes atmosphériques sans importance auxquels on n'aurait nullement pris garde en temps ordinaire ; mais en ces jours de deuil, de désastre et de misère, cela achevait de donner des idées lugubres. Le ciel rouge annonçait de meurtrières batailles ; c'était

(1) Faire le quetou : être maussade et triste.

le sang des morts et des blessés qui le teignait ainsi. La terreur allait croissant; on parlait de la fin du monde comme d'une chose très probable. D'ailleurs, chaque dimanche, le curé avivait ces idées de vengeance divine et d'horribles calamités ; il avait l'air content du malheur universel, cet homme; il écrasait ses auditeurs en leur montrant l'énormité de leurs vices qui causaient d'aussi épouvantables fléaux; il se félicitait de ce que les femmes avaient le visage angoissé et de ce qu'elles avaient abandonné leurs trop belles toilettes des dernières années.

— Votre orgueil a baissé, disait-il, mais il baissera encore plus; votre humiliation deviendra pire !...

Les femmes pleuraient et les hommes baissaient la tête, tristement.

. . . .

De loin en loin nous arrivait quelque lettre de Jean ou de Charles. L'aîné, sous le soleil d'Afrique, continuait de n'être pas malheureux. Mais Charles, qui était à l'armée de la Loire avec Bourbaki, souffrait beaucoup du froid et souvent de la faim. Il se disait mal vêtu et, pour faire des étapes bien longues dans la neige, chaussé de souliers à semelles de carton. Dans la Côte-d'Or, il assista à un combat, vit de près les Prussiens. Puis il s'en alla dans les montagnes du Jura où l'hiver était encore plus rigoureux que chez nous.

Quand le facteur apportait une lettre, Victoire et Clémentine couraient vite chez Roubaud pour la faire lire. Mais le régisseur avait souvent bien de la peine à la déchiffrer, car il était peu expert, — surtout pour la lecture des manuscrits, — et c'était la plupart du temps sur une feuille de papier froissée et maculée qu'un camarade obligeant avait griffonné pour le Charles quelques lignes au crayon qui marquaient à peine. Chacune de ces lettres portait la marque des circonstances où elle avait été faite, comme celle du degré d'instruction de celui qui l'avait écrite. Il y en eut une longue certain jour qui donnait des détails si navrants que tout le monde pleura. Plusieurs, œuvres de mauvais fumistes, contenaient des plaisanteries grossières, jusqu'à des insultes.

Roubaud ne tenait pas à se charger des réponses, prétextant qu'il avait trop d'occupations, mais plutôt en raison de son manque d'habileté. Clémentine s'en allait trouver, au bourg de Franchesse, la fille de l'épicière qui savait écrire ; elle était obligée d'y aller exprès la semaine, car, le dimanche, les clients de l'épicerie venaient en grand nombre pour le même motif relancer cette jeune fille.

L'ignorance sembla dure pendant ces mois-là, parce qu'on en eut conscience plus qu'à l'ordinaire.

. . . .

A ce triste hiver succéda un printemps troublé. La guerre avec l'Allemagne avait pris fin, mais c'était la guerre encore : Paris en révolte luttait contre l'armée. Pendant que la nature, magnifiquement, s'épanouissait dans sa jeunesse annuelle, du sang français coulait toujours !

Paris fut vaincu, les révoltés massacrés par centaines, par milliers, et nos guerriers revinrent. Ils revinrent tous, moins ceux des dernières classes qu'on gardait pour leur temps de service, — et Charles fut du nombre, — moins aussi, hélas ! ceux qui étaient morts, et les disparus dont on ne savait rien. Le mari d'une petite jeune femme de Saint-Plaisir était dans ce cas. Nulle nouvelle de sa mort n'était parvenue, mais, depuis novembre, il avait cessé d'écrire et il ne reparut pas. Trois ou quatre ans plus tard, la petite femme se remaria. Mais voilà qu'après, on lui dit que des soldats de 70 arrivaient toujours ; c'étaient de ceux qui, emmenés en captivité, avaient été condamnés à plusieurs années de forteresse pour avoir voulu s'évader ; on les renvoyait seulement à l'expiration de leur détention. Alors cette pauvre femme vécut dans la terreur constante de voir revenir son premier époux. Il ne revint jamais. Néanmoins, des bruits coururent à son sujet qui, avec le temps, se transformèrent en légende. Des gens prétendirent l'avoir vu à Bourbon, et assurèrent qu'il s'était déterminé à disparaître sans se montrer pour ne pas créer de difficultés à son ancienne femme, nantie d'un nouveau mari.

XXXVIII

Mon Jean rentra dans les premiers jours de juin, à temps pour les foins. Les épisodes de son séjour en Algérie l'avaient rendu un peu sans-souci. Dans la crainte qu'il en eût trop de peine, on s'était abstenu de lui annoncer la mort de sa fiancée. Il accueillit cette triste nouvelle, en arrivant, aussi doucement que possible.

— Pauvre petite Louise, je ne m'attendais pas à ça ! dit-il simplement.

Mais il n'en perdit ni un repas ni une sortie. Et, moins d'un an après son retour, pour le carnaval de 1872, il épousa une fille de Couzon qui s'appelait Rosalie.

Deux mois après, à Pâques, ce fut le tour de Clémentine qui s'unit à François Moulin, du Plat-Mizot, le sixième d'une famille de neuf.

La bru et le gendre vinrent tous deux s'installer à la Creuserie, ce qui nous permit de supprimer la servante et le domestique que nous prenions d'habitude. Seulement, cela faisait trois ménages réunis, et quand il y a trois ménages dans la même maison ça ne marche jamais longtemps sans anicroche.

Rosalie n'était pas belle : ses cheveux, d'un blond vif, confinaient au roux ; elle avait le cou dans les épaules et des taches de rousseur tout plein la figure. Mais c'était une intrépide, énergique et courageuse, parlant beaucoup, travaillant de même. Clémentine était bien moins robuste, d'autant plus qu'elle devint tout de suite enceinte et fut prise d'une espèce de langueur qui lui rendait toute besogne très pénible ; elle se faisait de la tisane, du lait sucré, quelques petites douceurs, et s'abstenait de laver. Aussi, Rosalie ne tarda-t-elle guère de parler ironiquement des dames à qui ça fait mal de se mettre les mains dans l'eau fraîche, et qui sont obligées de soigner avec des chatteries leur petite santé.

Quand c'était jour de fournée, alternativement, l'une pétrissait et l'autre s'occupait du four. Mais voilà que le pain fut mal réussi un jour que Rosalie avait pétri, et elle dit que c'était la faute de Clémentine qui avait allumé le four trop tard. La fois d'après, ma fille, à son tour, déclara que si le pain avait la croûte brunie, c'était à sa belle-sœur qu'en incombait toute la responsabilité, attendu qu'elle avait chauffé sans mesure. D'un commun accord, elles en arrivèrent à décider que la même ferait tout, de façon à ce qu'elle n'ait plus la faculté de mettre l'autre en cause, au sujet des défectuosités du travail. Avec cette combinaison, Rosalie s'en tirait très bien, mieux assurément que Clémentine qui, pourtant, se faisait violence pour pétrir de façon convenable.

Nous venions de nous monter, avec l'assentiment du maître, d'une bourrique et d'une petite voiture. Au mois d'août, cela fut cause que l'inimitié s'accrut entre les deux jeunes ménages. Clémentine avait parlé la première de prendre l'attelage pour aller en compagnie de son mari à la fête patronale d'Ygrande, car Moulin avait un oncle dans cette commune. Mais voilà que le Jean et sa femme manifestèrent l'intention de se rendre à Augy, où c'était le même jour la fête, et où habitait un frère de Rosalie ; ils voulurent aussi la bourrique et la voiture. Les deux femmes se disputèrent un peu ; ma bru dit à ma fille qu'une malade, une bonne à rien, n'avait pas besoin de se promener ; Moulin, survenant, accusa Rosalie d'être une sale bête. La discussion s'envenimait et menaçait de durer longtemps. Victoire était désolée. Mais je mis le holà en déclarant que Clémentine aurait l'équipage, puisqu'elle l'avait demandé la première. La femme de Jean fut absolument furieuse de ma décision : elle m'en tourna les yeux pendant plusieurs semaines. Et, à dater de ce jour, les deux belles-sœurs ne se parlèrent plus que pour se moquer l'une de l'autre, se dénigrer malignement.

D'un autre côté, Moulin n'avait pas le don de se faire aimer. Il avait la manie d'émettre des avis sur toutes choses ; il se mêlait même de me donner des conseils pour le pansage des bestiaux, à moi qui passais pour un des bons soigneurs du pays. On peut croire que cela ne m'allait guère, et le Jean ne tarda pas de lui laisser entendre qu'il nous ennuyait. Il en résulta, entre lui et nous, une de ces tensions qui rendent pénible l'intimité quotidienne.

XXXIX

Victoire n'avait jamais pu s'habituer tout à fait à l'absence de Charles. Il suffisait pour la chagriner d'un retard de quelques jours sur la date prévue pour la réception d'une lettre, d'une phrase de cette lettre faisant allusion aux gardes nocturnes par les nuits froides, ou aux marches pénibles sous le soleil d'été, ou bien d'un rien : seulement la lancinante pensée de le savoir si loin, — il était en Bretagne, — l'envahissement d'une vision sombre dans laquelle il lui apparaissait souffreteux et malade, mourant peut-être au fond d'un hôpital, sans tendresse et sans soin. La libération approchait pourtant ; mais il y eut une déception dernière : des grandes manœuvres tardives la firent reporter de la fin septembre à la fin octobre. La nervosité de Victoire et ses craintes croissaient à mesure que diminuait le nombre des jours d'attente. Elle avait mis à l'engrais ses meilleurs poulets ; elle voulait en sacrifier un pour fêter le retour de l'enfant. Devant la grange, une treille, que j'avais plantée au début de notre installation à la Creuserie, était en plein rapport à cette époque ; bien exposée, elle avait, cette année-là, des raisins dorés superbes. Un jour, en les contemplant, la bourgeoise songea :

— Tiens, lui qui les aimait tant... Si j'essayais de les conserver jusqu'à son retour !...

Au repas qui suivit, elle nous dit :

— Vous savez, je défends qu'on touche aux raisins de la treille qui est devant la grange ; ils sont sacrés, ceux-là : je les conserve pour mon Charles.

Tout le monde promit de les respecter ; seulement, Moulin fit observer qu'avant l'arrivée du soldat les insectes les auraient sans doute détruits tout entiers. Victoire veilla et put constater par elle-même que le gendre avait dit vrai. Parce qu'ils étaient plus sucrés que les autres, tant que le soleil brillait à l'horizon, frelons et guêpes bourdonnaient alentour, pompant à l'envi le jus des plus belles graines. Des tiges restaient presque nues, ne portant plus que les enveloppes flasques et desséchées, et les seuls grains durs dédaignés. Il devenait urgent de remédier à cet état de choses, faute de quoi le pauvre militaire risquait fort de ne pas goûter aux beaux raisins de la treille réservée. L'amour maternel rend les femmes ingénieuses : la mienne chercha dans le tiroir aux chiffons, et, avec les morceaux d'une vieille toile assez usée pour ne pas empêcher la pénétration de l'air, assez résistante pour arrêter les insectes rapaces, elle confectionna des sachets garnis d'une coulisse vers le haut. Clémentine et Rosalie, qui n'étaient pas dans la confidence, la regardaient faire, très intriguées. Quand une trentaine furent bâtis, elle adossa elle-même une échelle au mur de la grange, grimpa jusqu'à la hauteur des raisins et enferma les trente plus beaux dans les sachets protecteurs.

. . . .

Vers le milieu d'octobre, la petite Marthe Sivat, une couturière du bourg, vint chercher des poulets pour la noce de sa sœur.

— Tiens, c'est des raisins que vous avez là-dedans ? s'exclama-t-elle en levant les yeux vers la treille. Vous avez joliment bien su les conserver... Mais j'y songe : on m'a justement chargé d'en acheter pour les desserts du soir ; voulez-vous me les vendre, madame Bertin ?

La bourgeoise ne voulut rien savoir.

— Non, ma fille, non ! Si j'ai pris tant de peine pour les garder jusqu'à présent, c'est que j'en ai besoin ; et quand même on m'en offrirait bien plus qu'ils ne valent je ne les vendrais pas : je les conserve pour mon Charles.

— Ah ! il revient cette année, votre fils ? Alors vous avez raison, il faut les lui garder, nous trouverons bien autre chose comme dessert de noce.

Et, toute rieuse, sautillante et légère, la petite Marthe s'en alla.

. . . .

Quelques jours après, vint une pauvre femme dont le mari était malade. Il se plaignait constamment du ventre ; il avait la fièvre et point d'appétit.

— Ces jours-ci, expliqua-t-elle, je lui faisais cuire des œufs, mais à présent il ne veut plus en entendre parler. Je lui ai apporté hier un petit morceau de viande, il ne l'a pas mangé. Les raisins seuls lui font envie : je viens vous en acheter quelques-uns.

Victoire, attendrie, lui en remit trois, disant qu'elle les lui donnait pour son malade; mais elle ne se fit pas faute de répéter encore :

— Ils ne sont pas à vendre, voyez-vous : c'est pour mon Charles qui va rentrer du régiment que je les conserve.

. . . .

De toute l'année, les Lavallée n'avaient pas paru. Ils avaient marié Mathilde au printemps, à Paris, bien entendu, et jusqu'en août ils étaient restés dans la capitale parce que M. Ludovic passait des examens. A ce moment, ils s'étaient rendus en Savoie, au pays des ramoneurs, dans une station thermale dont les eaux devaient avoir cette vertu singulière de maigrir la femme et d'engraisser le mari. Ils avaient ensuite séjourné chez des amis, et c'est seulement dans la dernière dizaine d'octobre qu'ils vinrent à la Buffère pour y passer l'arrière-saison.

Ce fut la veille du jour où Charles devait rentrer qu'ils nous firent leur première visite. Contre son habitude, Mme Lavallée accompagnait son mari; elle était tout aussi orgueilleuse qu'autrefois; mais, ayant épaissi en vieillissant, elle était devenue plus nonchalante encore; elle marchait à tout petits pas, avec un continuel balancement de sa grosse personne : on eût dit l'une des vieilles tours de Bourbon en balade. Lui était toujours vif et fluet; il avait le ventre collé aux reins et sa redingote dansait sur son dos ; son visage aux expressions variées était devenu anguleux d'être trop sec.

Après les salamalecs obséquieux des premières minutes, j'emmenai M. Lavallée visiter les étables où il était indispensable d'effectuer de menues réparations. Pendant ce temps, la dame, qui n'avait pas voulu s'asseoir à la maison, sillonnait lentement la cour en compagnie de Victoire. Le hasard voulut qu'elle aperçût la treille et les petits sacs blancs, au travers desquels transparaissaient les raisins.

— Quoi, Victoire, toujours des raisins ! Savez-vous bien qu'ils deviennent rares : au château, nous n'en avons plus un seul, et pourtant ce sont les fruits que je préfère. Mais dites-moi donc pourquoi vous avez pris tant de précautions pour les garder jusqu'à présent ?

Victoire eut un instant d'hésitation, puis elle dit :

— Madame, c'était pour avoir le plaisir de vous les offrir.

— Oh ! merci bien ! Quelle délicate attention ! Il faudra me les apporter dès ce soir.

Victoire cria :

— Rosalie, prenez vite le petit panier, puis vous sortirez l'échelle de la grange, vous cueillerez ces raisins et vous les porterez chez madame.

La bru obéit, mais au souper, elle dit ironiquement :

— Ce n'était pas la peine de si bien les conserver, les raisins; mon beau-frère n'en profitera guère...

Pour une fois, Moulin fit chorus :

— C'est malheureux, on est encore aussi esclave que dans l'ancien temps.

Je restais silencieux, comprenant combien ces observations étaient méritées. Il me semblait entendre encore les réponses catégoriques de Victoire à la petite Marthe Sivat et à la pauvre femme dont le mari était malade :

— Non, non, je ne veux pas les vendre ! Je les conserve pour mon Charles.

Et il avait suffi d'un cri d'admiration de la dame pour qu'elle les lui offrît, très humblement...

— C'est bien vrai, pensais-je, que nous sommes encore esclaves.

Victoire avait sûrement un peu de remords de cette action qui semblait démentir toutes ses manifestations passées d'amour maternel; mais elle éprouvait, d'autre part, un certain orgueil d'avoir pu faire sa cour à la propriétaire, de l'avoir bien disposée en notre faveur en lui offrant un cadeau qui lui plût; et, sous le coup de ses pensées multiples, elle répondit d'un ton conciliant :

— Ne parlez donc plus de ça : ce n'est pas ma faute; il fallait bien que je fasse plaisir à notre dame !

XL

Après vingt ans de séjour à la Creuserie, je n'étais guère plus riche qu'au moment de mon installation; c'est tout juste si j'avais pu me liquider des mille francs que je redevais sur ma part de cheptel. Ç'avait été pourtant une période pendant laquelle certains, plus chanceux, avaient gagné beaucoup. Mais les hésitations de M. Parent ne m'avaient pas permis de faire de bénéfices pendant les cinq ou six premières années ;

puis j'avais été mis à bas tout à fait par la grêle de 61 et les canailleries de Sébert ; et, au moment où, remis à flot, je me croyais en passe de faire quelque chose, — et cela en dépit des conditions draconiennes de M. Lavallée qui avait augmenté de deux cents francs mes redevances annuelles, — était survenu ce nouveau désastre : la guerre.

Depuis, grâce à une suite de bonnes récoltes, j'avais pu réaliser enfin quelques avances ; et, après la mort de mes beaux-parents, — survenue à un mois d'intervalle dans l'hiver de 1874, — je me trouvai en possession de quatre mille francs environ.

Or, ça m'eut vite ennuyé de garder cet argent dans l'armoire : d'abord, il n'y faisait pas les petits, et puis je craignais les voleurs, car souvent, l'été, la maison restait seule. Le notaire de Bourbon, auquel je m'adressai, ne connaissant pour l'instant nul placement avantageux, j'en vins à songer à M. Cerbony.

M. Cerbony était un des grands brasseurs d'affaires de la région : fermier de trois domaines, il était avec cela marchand de grains et marchand de vins, et vendait aussi des engrais, des graines ; il cumulait tous les commerces ruraux. Jeune encore et de mine souriante, c'était un homme très sympathique. Au contraire de la plupart des fermiers généraux qui sont arrogants et vaniteux, il était simple et jovial, donnait à tout le monde de vigoureuses poignées de mains et parlait patois avec nous autres, les paysans. Aux foires, il payait de nombreuses tournées, et son entrée dans un café était considérée à juste titre par le tenancier comme une véritable aubaine. Il avait fait construire de vastes magasins et une maison à un étage, avec balcons et arabesques, qui faisait de l'effet. Il menait grand train, voyageait beaucoup ; il allait chaque semaine à Moulins où, bien qu'il fut marié, il entretenait une maîtresse, disait-on ; fréquemment aussi, il se rendait à Nevers, à Paris ou dans le Midi. On ne connaissait pas ses origines, mais on le disait très riche, et en prétendait qu'il faisait tout ce commerce par goût plus que par nécessité.

J'avais entendu dire que M. Cerbony prenait de l'argent un peu comme un banquier, en donnant comme garantie un simple billet avec sa signature. Comme j'avais confiance en lui, je m'en fus le trouver un dimanche matin, après la première messe, sous prétexte de lui vendre mon petit lot d'avoine. L'ayant trouvé seul, je lui déclarai timidement :

— Monsieur Cerbony, je dispose d'un peu d'argent que je voudrais placer : voulez-vous le prendre.

— Combien avez-vous ? me demanda-t-il de sa voix bien timbrée.

— Je puis vous remettre quatre mille francs, monsieur.

— C'est trop peu... Je pourrais occuper dix mille francs à la fin du mois. Voyez vos voisins, vos amis ; faites-moi dix mille francs entre plusieurs.

— Monsieur Cerbony, je ne connais personne qui... Si, pourtant : j'ai un voisin qui doit avoir dans les deux mille francs.

(C'était Dumont, de la Jary d'en bas ; il m'avait dit ça un jour que nous taillions ensemble une haie mitoyenne.)

— Eh bien, c'est entendu, vous m'apporterez ces six mille francs à la fin du mois ; je serai obligé de demander le reste ailleurs, mais tant pis... Il faut bien vous faire plaisir : vous êtes un client. Ah ! j'oubliais de vous dire que je paie cinq comme tout le monde. Au revoir.

J'allai trouver le soir même Dumont, de la Jary, pour lui faire part de la combinaison ; à mon grand étonnement, il ne se montra pas enthousiaste.

— Cerbony, Cerbony, dit-il, oui, c'est un homme qui fait beaucoup d'affaires, mais en fin de compte on ne sait pas s'il est riche : si ça tournait mal?

— Mais, malheureux, il gagne de l'argent gros comme lui... Si j'avais son gain d'une année, je serais sûr de vivre tranquille le reste de mes jours.

— Taratata... S'il gagne beaucoup, il dépense de même, vous le savez comme moi. Tenez, Tiennon, je veux bien vous prêter mes deux mille francs, mais à condition de n'avoir affaire qu'à vous ; nous irons chez le notaire qui fera un billet... ; je ne vous demande que quatre francs cinquante d'intérêts ; Cerbony vous paiera cinq : vous aurez dix sous pour cent pour vos peines.

J'étais tellement aveuglé que je fus sur le point de prendre l'argent de Dumont dans ces conditions. Mais Victoire et le Jean m'en dissuadèrent.

A l'époque convenue, je portai donc, tout penaud, mes quatre mille francs au brasseur d'affaires, en lui expliquant que le voisin venait juste de prêter son argent ailleurs quand j'étais allé le voir ; j'ajoutai hypocritement qu'il regrettait beaucoup cette occasion manquée. Cerbony eut un mouvement de mauvaise humeur :

— Vous mériteriez que je vous envoie promener... Enfin, donnez tout de même ce que vous avez : mais c'est bien pour vous faire plaisir.

Il appuya sur ces mots, et son visage s'éclaira du cordial sourire habituel pendant qu'il étalait mes pièces d'or et palpait mes billets de banque. J'étais enchanté qu'il se montrât d'aussi bonne composition. Hélas ! mon enchantement dura peu...

. . . .

C'est fin novembre que cela se passait : le 1er mars de l'année suivante, c'est-à-dire trois mois après, comme nous étions à charger du bois dans un de nos champs en bordure de la route, le facteur de Franchesse, qui arrivait de Bourbon où il allait chaque matin chercher son courrier, s'arrêta pour nous causer.

— Vous ne savez pas la nouvelle?

— Et quoi donc?

— Cerbony, le fameux Cerbony, *a pris le pays par pointe* il y a trois jours. Sa femme était partie au commencement de février avec beaucoup de colis. Depuis, lui n'avait cessé de faire des expéditions; les domestiques n'y comprenaient rien; la maison restait à peu près vide et le magasin aussi. Mardi, il a prétexté un voyage à Moulins; il devait rentrer le soir; il n'a pas reparu. Mais hier est arrivée de Suisse une lettre de lui pour le maire annonçant qu'il ne reviendrait plus. On dit que ça va être un galimatias impossible; il devait à tout le monde!

Sur le char où j'empilais toutes longues les branches des arbres élagués, j'eus un éblouissement passager, puis une sorte de vertige qui me fit chanceler. Le Jean s'en aperçut et me lança un regard inquiet, cependant qu'il s'efforçait de dissimuler son trouble pour répondre au facteur.

A Bourbon, où je me rendis le soir même, tout le monde me confirma le désastre. Je ne voulus pas aller chez le notaire qui, narquois, eut probablement ri de mon malheur, étant donné surtout qu'il s'agissait d'argent placé en dehors de ses offices. Mais je m'en fus trouver le greffier du juge de paix qui était un homme de bon conseil, auquel tous les gens de la campagne avaient recours dans les cas difficiles, et je lui exposai mon affaire en pleurant presque. Il parut remué de me voir si navré; il essaya de me réconforter, mais déclara qu'il ne pouvait nullement m'être utile :

— D'ailleurs, ajouta-t-il, il n'y a rien à faire pour le

moment ; vous serez appelé comme les autres créanciers ; vous n'aurez qu'à donner vos pièces au syndic.

Chez nous, ce furent des lamentations sans fin de Victoire :

— Tant se donner de peine pour réserver quelques sous et tout perdre à la fois, mon Dieu, que c'est malheureux ! Et ce pauvre argent qui venait de mes parents ! Mon Dieu ! Mon Dieu !

Tout le monde était triste et bien ennuyé. Il n'y eut que Charles pour se montrer philosophe et nous remonter.

— Que voulez-vous, il n'y faut plus penser : c'est perdu, c'est perdu, quoi ! D'ailleurs, ça ne changera rien à votre façon de vivre ; vous auriez travaillé tout autant si cela n'était pas survenu...

Dans mon malheur, j'avais pourtant la consolation de me dire que je n'étais pas seul à m'être laissé prendre : les badauds de mon espèce étaient nombreux ! Je me félicitais surtout d'avoir suivi les conseils de Victoire quant à l'argent de Dumont. Car l'honnête Cerbony avait cette coutume de tirer de ses victimes le plus qu'il lui était possible. Un pauvre vieux jardinier avait ainsi emprunté à une tierce personne plusieurs milliers de francs pour arriver à fournir au monsieur une somme qu'il exigeait. Dépouillé de ses économies et incapable de rembourser son prêteur, le vieillard monta une nuit sur le rocher où se dressent les tours du vieux château, d'où il se précipita dans l'étang qui le baigne. Les lavandières, au petit matin, aperçurent un paquet suspect flottant à la surface de l'eau : c'était son cadavre.

Il me fallut faire des démarches embêtantes, aller plusieurs fois à Moulins, m'associer avec d'autres victimes pour consulter un avoué. Après deux ans, quand tout fut réglé, on nous donna cinq pour cent ; je touchai donc deux cents francs. J'avais bien dépensé en frais divers l'équivalent de cette somme.

XLI

Charles avait perdu au service ses façons sournoises; il était à présent gentil envers tout le monde et suffisamment expressif, et il s'exprimait bien mieux que nous. Les premiers temps, il riait même de ce que nous causions trop mal.

— Je trouve ça bête, disait-il, de parler ainsi. Dès qu'on est en présence de gens au langage correct, on se trouve gêné ; on ne peut rien dire, ou bien l'on dit fort mal des bourdes qui les font se ficher de nous. Je ne vois pas que ce soit une raison, parce qu'on est paysan, de s'exprimer en dépit du bon sens.

— Ça serait drôle, dit Rosalie, si nous nous mettions à causer comme la dame du château.... On se ferait vite remarquer ; tout le monde dirait : « Entendez ceux-là, comme ils cherchent à faire des embarras ! »

— Ce sont des imbéciles qui diraient cela, reprenait Charles, et, quand on se sent un peu intelligent, on doit mépriser les appréciations des imbéciles. Au fait, je ne demande pas qu'on adopte le genre de Mme Lavallée ; je voudrais seulement qu'on écorche moins les mots, qu'on ne dise plus, par exemple, *ol*, pour il, *nout'*, pour notre, *soué*, pour lui, *voué*, pour c'est, *bounne*, pour bonne, *souère*, pour soif, *adret*, pour adroit, *ch'tit*, pour chétif, et ainsi de suite.

Sans doute, les paroles de Charles étaient fort raisonnables; mais il ne put, bien entendu, nous habituer à changer de langage ; ce fut lui, au contraire, qui en arriva peu à peu à reprendre quasi entièrement son parler d'autrefois.

XLII

Mon gendre et mes deux garçons étaient dans la force de l'âge ; moi, je tenais encore ma place ; à nous quatre, nous pouvions aisément faire valoir le domaine. Mais ça ne dura que deux ans ainsi, car la guerre subsistait entre les jeunes ménages, et Moulin fut obligé de partir. Grâce à l'intermédiaire de ses parents et au mien, il put louer la petite locaterie des Fouinats, et Roubaud, le régisseur, promit de l'employer le plus souvent possible au château, comme aide-jardinier et homme de peine.

Malgré cela, il nous fut bien pénible, à Victoire et à moi, de nous séparer de notre fille. Nous avions la crainte qu'elle ne soit malheureuse. Elle n'était qu'à sa cinquième année de mariage et se trouvait déjà enceinte pour la troisième fois. Et sa santé continuait de nous donner de l'inquiétude ; elle devenait de plus en plus maigriote et pâlotte, et conservait toujours un air découragé.

Les premiers temps, Clémentine, qui s'ennuyait beaucoup toute seule avec ses mioches dans sa petite maison, venait régulièrement tous les deux jours nous voir. Chaque fois, sa mère lui donnait un bidon de lait ; et, de temps à autre, elle lui garnissait un panier avec des fromages, du beurre, quelques fruits, ou bien de la galette les jours de fournée. Cependant la pauvre enfant ne tarda guère, ayant trop de travail, d'espacer ses visites: et même, en raison de son état, elle finit par les supprimer tout à fait. Alors ce fut ma femme qui alla la voir et qui lui porta à domicile quelques provisions. Mais un beau jour, Rosalie intervint. C'était l'époque où les vaches approchaient d'être à terme, et le lait abondait si peu que nous étions obligés de nous en priver. La bourgeoise voulant quand même en porter un bidon à sa fille, la bru saisit ce prétexte pour dire qu'elle en avait assez de travailler et de se tuer pour les autres, qu'elle allait partir à son tour si ça continuait de marcher de cette façon. Victoire ayant répondu doucement que ça n'allait pas loin, quelques demi-livres de beurre, quelques fromages, un peu de lait, elle répartit d'un ton aigre que c'était suffisant pour entretenir le ménage en épicerie et mercerie, et que c'était bien malheureux de voir la Clémentine jouir à volonté de ces denrées dont se privaient ceux qui avaient la peine de les préparer.

— Nous aurons beau travailler, ajouta-t-elle, si tout ce que nous entrons par la porte sort par la fenêtre, nous ne parviendrons pas même à nous suffire.

Cette opposition méchante de Rosalie, qui se reproduisit à toute occasion, attrista beaucoup ma femme; elle en gémissait quand nous étions seuls; nous nous en entretenions longuement la nuit. Pourtant nous donnions à nos enfants un gage annuel; ils n'étaient pas en communauté et n'avaient nulle part de maîtrise. Mais nous leur reconnaissions néanmoins un certain droit de contrôle et de critique. Ils concouraient à la prospérité de la maisonnée familiale; ils collaboraient à une œuvre qu'ils devaient continuer pour leur compte plus tard; et, en dépit de la rétribution annuelle qu'ils tiraient de leur travail, nous admettions un peu qu'ils se puissent considérer comme grugés en voyant partir sans profit les produits de l'exploitation.

Il est juste de dire que Charles ne se fâchait pas ; il approuvait même les libéralités faites à sa sœur. Mais l'aîné, stimulé par sa femme, appuyait ses observations.

Il fallut donc en arriver à ne plus faire de présents à Clémentine, ouvertement du moins. Nous rusions. Je me chargeais souvent de lui porter, dissimulés sous ma blouse, de petits paquets de denrées ou de victuailles. Mais les yeux inquisiteurs de Rosalie furetaient partout. Il était bien difficile à Victoire de faire disparaître les moindres choses en dehors d'elle : et c'étaient des scènes de plus en plus violentes quand elle découvrait quelque don fait à son insu.

Mais un événement plus important vint reléguer au second plan ces misères de notre intérieur.

XLIII

Je puis dire sans orgueil que le domaine avait pris de la valeur, et beaucoup, depuis que je le cultivais. Je n'y avais pas plus ménagé mes peines que s'il m'eût appartenu, ou que si l'on m'eut donné la certitude d'y passer toute ma vie. J'avais épierré des pièces entières, défriché des coins broussailleux, divisé des haies trop larges et creusé des mares dans les champs qui en étaient dépourvus. Le jardinier du château ayant consenti à me donner quelques leçons de greffage, tous les arbres sauvageons des haies étaient devenus, par mes soins, producteurs de bons fruits. J'étais aussi parvenu à rendre très praticable le chemin qui nous reliait à la route et que M. Lavallée, pas plus que son oncle, n'avait voulu faire réparer. Je n'avais jamais reculé devant les frais : tous les champs venaient d'être chaulés pour la seconde fois et donnaient de belles récoltes ; les prés produisaient le double grâce aux composts et aux engrais ; et mon cheptel était quasi toujours le meilleur des six domaines. Les affaires continuant de n'aller pas trop mal, j'espérais me voir avant qu'il soit longtemps en possession d'une somme équivalente à celle que j'avais perdue.

Mais voilà que Roubaud, certain jour, vint tout penaud me dire :

— Le maître veut trois cents francs d'augmentation à dater de la Saint Martin prochaine.

Je fus abasourdi. Dix ans auparavant, j'avais accepté l'augmentation de deux cents francs qu'il lui avait plu de m'imposer et que justifiait un peu la hausse du bétail. Mais je ne voyais, cette fois-ci, nul motif plausible à cette augmentation nouvelle qui eut porté à neuf cents francs le chiffre de mon impôt colonique annuel, et cela indépendamment des redevances en nature. Les cours des bestiaux n'étaient pas supérieurs à ceux qu'on pratiquait dix ans plus tôt. Si les produits de la ferme augmentaient, c'était uniquement en raison des frais faits en commun et parce que je l'avais, moi cultivant, améliorée de mes sueurs.

Je jurai mes grands dieux que j'aimais mieux que le diable m'emporte que de consentir à un sou d'augmentation. Roubaud me dit :

— Réfléchissez ; vous n'êtes pas forcé de donner aujourd'hui une réponse définitive.

Je repartis que c'était tout réfléchi, et renouvelai mes serments : cette injustice me faisait trop mal au cœur.

Pourtant, après en avoir délibéré longuement avec Victoire et les garçons, j'offris cent francs, puis cent cinquante francs. Comme s'il eut craint d'affronter de près notre mécontentement, le propriétaire restait à Paris. Au bout d'un mois, il ordonna à Roubaud, qui lui transmettait nos réponses, d'annoncer à ceux des métayers qui n'avaient pas encore adhéré entièrement aux conditions nouvelles qu'ils aient à se pourvoir ailleurs d'un logement. C'était le congé définitif pour ceux du Plat-Mizot, pour ceux de Praulière et pour nous.

Je n'aurais jamais cru que le maigre et remuant Lavallée cachât sous des dehors affables une telle dose de perfidie. Roubaud, plus tard, me rapporta de lui cette phrase :

— Les métayers sont comme les domestiques : avec le temps ils prennent trop de hardiesse ; il est nécessaire de les changer de loin en loin.

XLIV

Une grande lassitude physique et morale m'envahit alors. A tous les âges, il est, pour chacun, des périodes de dépit où les misères journalières semblent plus cuisantes, où tout concourt à vous attrister, où l'on est las de la vie qu'on mène. Mais ces impressions, vers l'âge du déclin, se font plus amères et plus douloureuses. Je touchais à mes cinquante-cinq ans ; mon visage perdait ses derniers tons vermeils ; les fils blancs se multipliaient dans ma barbe et il avait neigé fortement sur mes tempes ; enfin, les travaux pénibles commençaient à me sembler durs ; mes muscles faiblissaient : c'était le prodrome de la déchéance.

A vrai dire, le coup était rude ! J'avais passé dans cette ferme de la Creuserie vingt-cinq années de ma vie, les meilleures années de ma pleine maturité, et l'opinion m'identifiait à elle. Pour tous les voisins, pour tous ceux qui me connaissaient bien, n'étais-je pas « Tiennon, de la Creuserie » et pour les autres « le père Bertin, de la Creuserie. » A tous, ma personnne semblait inséparable du domaine ; il paraissait impossible de disjoindre nos deux noms liés par l'accoutumance. Et n'étais-je pas lié moi-même en effet à chacune des parties de ce domaine ? : à cette maison qui avait été si longtemps ma maison ; à cette grange où j'avais entassé une telle somme de fourrage ; à ces étables où j'avais soigné tant d'animaux ; à ces champs dont je connaissais les moindres veines de terrain, les parties d'argile rouge, d'argile noire ou d'argile jaune, les parties caillouteuses et pierreuses, comme celles en terre franche et profonde ; à ces prés que j'avais vingt-cinq fois tondus ; à ces haies que j'avais taillées, à ces arbres que j'avais élagués et sous lesquels je m'étais mis à l'abri par les temps pluvieux, à l'ombre par les temps de chaleur. Oui, j'étais lié puissamment, lié par toutes les fibres de mon organisme à cette terre d'où un monsieur me chassait sans motif parce qu'il était le maître !

Des choses alors me passèrent par la tête auxquelles jamais auparavant je n'avais songé. Je me pris à réfléchir sur la vie, que je trouvais cruellement bête et triste pour les pauvres gens comme nous. Jamais de plaisir : le travail ! le travail ! toujours le travail ! L'hiver s'atténue, les beaux jours reviennent : il faut vite en profiter pour semer les avoines, herser les blés, bécher. Avril survient et la douceur ; les pêchers sont roses et les cerisiers blancs, les bourgeons s'ouvrent, les oiseaux chantent ; tout cela est bien beau pour ceux qui ont la faculté d'en jouir : mais pour nous, ça signifie seulement qu'il faut se hâter de labourer, de planter les pommes de terre. Vient mai, le fameux *beau mois de Mai*, souvent pluvieux et maussade, mais à qui les jeunes frondaisons vertes font toujours une parure agréable : il faut briser les jachères, curer les fossés, biner. C'est juin, avec ses beaux soleils ; les haies sont piquées d'églantines, les acacias sont chargés de grappes blanches qui embaument ; il y a des fleurs et des nids partout : mais nous, la belle saison, ça nous dit qu'il faut se lever dès trois heures du matin pour faucher, et qu'il faut travailler sans arrêt jusqu'à neuf ou dix heures chaque soir. C'est juillet, avec ses jours de langueur chaude : qu'il fait bon n'avoir rien à faire, rester nonchalamment étendu sur les canapés moelleux des salons clos, ou bien siroter des boissons fraîches sous la tonnelle d'un parc, ou bien s'étendre sur le gazon des prés, dans l'ombre épaisse des arbres touffus. Les riches font bien de venir habiter leurs maisons de campagne à cette époque. Mais pour nous ce n'est pas le moment de faire des siestes. En grande hâte, il faut finir le foin : le seigle mûrit. Le seigle est coupé : il faut se dépêcher de le battre, car sa paille est nécessaire pour lier le blé qui nous appelle. Hardi ! au froment ! Abattons à grands coups les tiges sèches ! Serrons les javelles brûlantes ! Edifions en meules les gerbes lourdes ! Il fait tellement chaud qu'on n'en peut plus. Mais moi, le maître, je dois quand même entraîner les autres :

— Le travail dégourdit. De se remuer, ça donne de l'air. Hardi ! les gas ! Hardi !...

Ou bien, en guise de variante :

— Dépêchons-nous de finir le froment. Par cette chaleur, l'avoine mûrit vite ; nous allons être en retard.

Août bat son plein, et l'on cuit de plus belle. La

moisson est finie : bouvier, vite à tes bœufs, il faut conduire les fumiers pendant que les chemins sont secs. Au chargement, les autres : taillez par rangées dans le gros tas de la cour de petits cubes égaux que vous alignerez symétriquement sur les voitures. C'est embêtant, les machines travaillent : il faut aller chez les voisins pour aider au battage. Mais quand on en revient tout crasseux de poussière, la tête bourdonnante, les membres lassés, vite à l'œuvre interrompue, à l'épandage des fumiers, au labour ! Septembre : les jours raccourcissent, allongeons-les ; le travail presse, les pommes de terre sont bonnes à extraire ; continuons de nous lever à quatre heures. Hardi ! les gas !... Octobre et les semailles : l'eau peut survenir ; profitons de ce qu'il fait bon ; continuons de nous lever matin. Hardi ! les gas !... Ouf ! voici novembre enfin : c'est la saison d'hiver, la saison du calme. C'est la saison du calme, mais non celle du repos : il y a encore des besognes en masse, des labours de chaumes, des rigoles à creuser dans les prés, des ronces à extirper, des bouchures à tailler, des arbres à ébrancher ; il y a surtout les animaux qui ont réintégré l'étable et qu'il faut soigner. Debout à cinq heures quand même : allons dans la nuit au pansage, nous serons prêts plus tôt pour le travail des champs. Et, tout le jour, allons patauger dans la boue, crottés jusqu'aux cuisses et les pieds mouillés. La veillée convient très bien pour couper la ration de racines fourragères des bœufs et des moutons gras, pour faire cuire les pommes de terre des cochons.

— Hardi ! les gas ! ne restons pas inactifs au coin du feu.

Il ne chauffe guère, le feu ; le bois est humide, la cheminée fume. Mais précisément parce qu'il ne chauffe guère, on serait disposé à trembler si on ne travaillait pas ; l'action est salutaire. Quand la neige tombe, par exemple, nous avons des vacances, oh ! de demi-vacances seulement, car les deux pansages quotidiens n'en sont pas supprimés ; et puis, il faut bien confectionner des barrières pour les champs, des râteaux pour les fenaisons, emmancher les outils qui en ont besoin : on a mieux à faire, l'été, que de s'amuser à ces petites choses.

. . . .

Eh ! oui, c'est cela, l'année du cultivateur. A-t-il le droit de s'en plaindre ? Non, peut-être. Tous les pauvres sont logés à la même enseigne, tous les ouvriers travaillent sans relâche. Mais dans leurs boutiques, dans leurs usines, les villageois, les citadins n'ont pas à compter avec les éléments extérieurs, — pas du tout, ou seulement très peu. Pour nous, c'est le temps qui joue le plus grand rôle et le temps se plaît à nous contrarier. Voilà la pluie, et la pluie ne s'arrête pas ; les terrains s'abreuvent ; remuer le sol est une folie ; l'herbe croît dans les cultures qu'on ne peut biner ; les labours, les semailles restent en retard et se font mal. Voilà la sécheresse, et la sécheresse n'en finit plus ; la végétation décline ; il faut parfois aller bien loin pour abreuver les bêtes, car l'eau manque dans les mares ; et, si l'on s'obstine à vouloir labourer, on éreinte les bœufs, on se tue soi-même, on risque à chaque minute de casser la charrue. Une ondée survient, insignifiante, mais qui suffit à empêcher de charger du foin, de lier du blé, qui suffit à jeter la perturbation dans le programme d'une journée. Voici un orage, et l'on tremble de la crainte de la grêle. Voici la neige qui dure plusieurs semaines, empêchant les travaux extérieurs, causant un retard difficile à rattraper. Voici des gelées sans neige, avec du soleil le jour, et cela déracine les céréales d'hiver. Voici qu'il fait trop beau à l'automne et que le gel ne vient pas pour tuer les insectes qui font du mal aux blés naissants ; mais voilà qu'il survient en mai, pour détériorer nos jeunes plantes et détruire les bourgeons de nos vignes. A toutes les époques de l'année, pour une raison ou pour une autre, on a des motifs de se lamenter au sujet de la température défavorable à nos travaux, à nos récoltes.

Mais les récoltes ne sont pas tout : nous avons des animaux. Nous faisons de l'élevage ; sept vaches chaque année nous donnent des veaux. Dès qu'approche pour chacune l'époque du vêlage, il faut la veiller, se lever plusieurs fois chaque nuit pour l'aller voir, de façon à pouvoir aider la nature le moment venu, et prendre soin ensuite de la mère et du nouveau-né : ce sont nécessités du métier. Voici que les jeunes veaux sont pris de diarrhée, maigrissent et crèvent. Voici qu'une affection pulmonaire s'abat sur nos moutons, détruisant la moitié du troupeau, obligeant à vendre le reste à bas prix. Voici que les cochons toussent, ont l'arrière-train raidi, ne mangent plus : il faut les traiter, couper à grand'peine les pustules empoisonnées qu'ils ont sur la langue, et malgré tout il en crève. Survient une épidémie de fièvre aphteuse : tous les animaux sont malades ou boiteux pendant des semaines ; les bœufs de travail sont impropres à tout service ; le lait des vaches est inutilisable.

On a des bêtes à vendre ; on tombe sur une mauvaise foire ; il faut les céder pour bien moins qu'elles ne valent. D'autres fois, on se fait rouler par des marchands trop malins. Achète-t-on, au contraire : on paie cher des bêtes qui se trouvent avoir des défauts.

De suite après le battage, on vend à bas prix le peu de grains que l'on a en trop, parce que le grenier, trop mauvais, ne permet pas de le garder, ou bien parce qu'on se trouve à court d'argent. Les riches, propriétaires et gros fermiers, qui ont des avances et des logis convenables, attendent plus tard, et bénéficient souvent d'une hausse importante.

. . . .

Et toujours il nous faut être là, dans les mêmes mauvais chemins, porter toujours de vieux habits rapiécés, crottés, auxquels adhèrent des poils de bêtes, habiter toujours les mêmes vieilles maisons laides et sombres qu'on ne veut pas faire réparer. Il existe ailleurs des terrains qui ne sont pas comme les nôtres, qui sont ou beaucoup plus plats, ou beaucoup plus accidentés ; il y a des rivières bien plus larges que celle de Moulins ; il y a des montagnes, il y a des mers ; mais de tout cela nous ne voyons rien : nous sommes attachés au coin de terre que nous cultivons. Et nous ne voyons pas davantage les belles villes avec leurs monuments curieux, leurs promenades, leurs jardins publics, et nous ne jouissons d'aucun des plaisirs qu'elles offrent. Il y a dans les villes, même dans les petites, même à Bourbon, de bien jolies boutiques ; seulement, ce n'est pas pour nous qu'elles étalent leur magnificence. Oh ! la bonne odeur du pain frais, du pain blanc à croûte dorée que font tous les jours les boulangers ! Mais il n'est pas pour nous, ce pain-là. Et ce n'est pas pour nous non plus que les bouchers accrochent, bien en vue, des animaux entiers ; notre viande, à nous, c'est le porc que nous mettons au saloir chaque année et dont un morceau, plus ou moins rance, fait la potée quotidienne. Avec les porcs, les charcutiers préparent de belles choses bien appétissantes qu'achètent les messieurs de la ville : du saucisson, du fromage d'Italie recouvert de gelée, des jambonneaux tentateurs ; mais ces produits sont trop fins et trop chers pour nous. Cela fleure joliment bon le dimanche quand on passe devant les pâtisseries; mais les friandises qu'elles contiennent, — brioches parfumées, pâtés succulents, tartes qui font venir l'eau à la bouche, — ne font jamais mal aux dents du pauvre monde des campagnes.

Il y a des choses dont nous devrions profiter pourtant : les produits de la basse-cour et de la laiterie, par exemple. Mais bah! à nous la peine, aux autres la jouissance! On ne consomme de ces denrées qu'une infime partie; on porte quasi tout aux gens des villes et on leur porte de même ce qu'on a de mieux en légumes et en fruits. Il faut bien qu'on leur attrape un peu d'argent, car ils nous vendent cher ce que nous sommes forcés de leur demander : leurs étoffes, leurs sabots, leurs coiffures, leur épicerie, leur mercerie. Le médecin, parce que nous sommes loin des centres, nous compte cher ses visites; le pharmacien nous vend cher ses remèdes; le curé nous vend cher ses prières; et le notaire, quand nous avons besoin de lui, nous rabote une pièce de vingt francs à propos de rien. Tous ces gens-là, mon Dieu, c'est peut-être leur droit; ils ont besoin de gagner de l'argent pour vivre mieux que nous, pour se procurer les douceurs qui nous manquent : car, pour rien au monde, ils ne voudraient consentir à partager notre médiocrité. Et si le percepteur nous demande aussi des impôts toujours plus lourds, c'est que le gouvernement veut donner à ses fonctionnaires les moyens de vivre de façon honorable, et non de la vie mercenaire des producteurs.

Comme complément, nous avons affaire à des maîtres qui nous exploitent, à des voleurs comme Fauconnet, à des imbéciles comme Parent, à des roublards comme Sébert, à des canailles comme Lavallée.

Et s'il nous arrive de faire quand même quelques économies, nous les prêtons à des crapules comme Cerbony qui se sauvent avec!

N'empêche que nous sommes très heureux... M. Lavallée me disait un jour que cela avait été affirmé par un certain Virgile il y a bien longtemps, et que nous devions partager l'avis de cet homme.

Pendant plusieurs semaines, pendant plusieurs mois peut-être, ces pensées justes, mais décourageantes, hantèrent mon esprit. Cela rend toujours malheureux de trop réfléchir à son sort : j'en fis, pendant cette période, la triste expérience.

XLV

Je pris à Saint-Aubin, toujours sur les confins de Bourbon, le grand domaine de Clermorin qui avait soixante-dix hectares. Il était la propriété d'une famille de petits bourgeois campagnards composée d'un monsieur âgé, long, sec et blanc, aux gestes onctueux et à la voix nasillarde, et de ses deux demoiselles, vieilles filles de plus de quarante ans, à physionomie revêche, très bigotes.

Il nous fallut consentir à un tas de choses qui ne les regardaient guère, comme par exemple de ne pas blasphémer, d'assister à la messe chaque dimanche et d'aller à confesse, les hommes une fois l'an au moins, et les femmes deux fois.

M. Noris était agriculteur, c'est-à-dire qu'il avait passé sa vie à ne rien faire, car on ne saurait appeler « travail » la gérance de deux domaines. Il habitait, à proximité du bourg de Saint-Aubin, une grande vieille maison très simple dont un rideau de lierre masquait mal les lézardes des murs gris. Ce nouveau maître était le type du petit bourgeois local ; il avait toujours habité la campagne, et Moulins était sa seule capitale. A Moulins, il faisait partie d'une société dite des Intérêts culturaux, entièrement composée de bourgeois comme lui qui, tous, s'intitulaient agriculteurs. La dite société s'efforçait de jouer un rôle considérable en organisant des concours pour lesquels elle sollicitait des subventions du gouvernement, — dont elle était pourtant l'acharnée ennemie, — et en adressant des pétitions aux Chambres pour leur demander d'imposer les produits agricoles étrangers.

M. Noris était pingre ; je ne fus pas long à m'en apercevoir. Il lésinait sur les dépenses, préférait nous laisser vendre des bêtes en mauvais état plutôt que d'acheter des tourteaux ou des farineux pour les faire progresser. Et il ne fallait jamais lui parler d'acheter des engrais.

— Non, non, pas de phosphate ! le fumier de fermè doit suffire, disait-il.

Et il secouait sa vieille tête d'oiseau avec des gestes de terreur. Pour un membre de la société des Intérêts culturaux, ce n'était pas un raisonnement bien fort...

Le même sentiment d'avarice têtue était cause qu'i vendait rarement la marchandise à la première foire. Il faisait une estimation préalable toujours trop élevée et ne voulait pas démordre de ce prix qu'il s'était fixé à lui-même. Nous ramenions nos bêtes pour les conduire quelques jours après à une seconde foire d'où, parfois, nous les ramenions encore. A la troisième, le maître vendait, de guerre lasse, et souvent avec de la perte sur les prix qu'on nous avait offerts primitivement.

M. Noris avait bien d'autres manies ennuyeuses. C'est ainsi qu'il n'était jamais disposé à régler les comptes, en fin d'année. Le compte des métayers de l'autre domaine n'avait pas été mis à jour depuis quinze ans. Quand les pauvres gens avaient trop besoin d'argent, il leur donnait d'un ton rogue une somme toujours plus basse que celle qu'ils demandaient. Une fois, mon prédécesseur à Clermorin lui ayant demandé avec insistance, sur le champ de foire de Bourbon, une somme dont il avait besoin, le digne propriétaire n'avait rien trouvé de mieux que de jeter, d'éparpiller à plaisir autour de lui une dizaine de pièces de cent sous, tout en disant de sa voix nasillarde :

— Tiens, en voilà de l'argent ! Tiens, en voilà ! Ramasse...

Et l'autre avait été obligé de les recueillir dans la boue, à la grande indignation des braves gens et à la grande joie des imbéciles.

Je ne tenais pas du tout à ce que nos comptes restent en retard indéfiniment : Charles eut une idée.

— Il te faut voir le maître et lui demander plus qu'il ne nous doit, me dit-il.

Effectivement, j'allai le trouver chez lui une huitaine après la Saint-Martin.

— Monsieur Noris, je voudrais qu'on règle, j'ai absolument besoin d'argent.

— Vous n'en avez guère à prendre, Bertin ; les bénéfices n'ont pas été forts, cette année.

— Vous me devez, je crois, dans les douze cents francs, monsieur ; (je savais que c'était le double au moins du chiffre réel).

— Jamais de la vie, jamais de la vie...

Et, tout sursautant, il se précipita sur son livre de comptes.

— Je vous dois cinq cent trente-six francs, ni plus ni moins.

Je feignis d'être très surpris, puis je prétendis avoir oublié un achat de moutons et, finalement, j'insistai pour avoir mon argent. Tout en maugréant, il me remit quatre cents francs et déclara ne pouvoir, faute de monnaie, me donner le reste. Je fus obligé de me payer moi-même dans le courant de l'année : ayant touché la solde d'une vente de taureaux, je retins les cent trente-six francs qui m'étaient dus ; il fit la grimace, mais n'osa s'en fâcher.

Tous les ans, pour le décider à régler, des ruses nouvelles étaient indispensables. Et comme il inscrivait assez irrégulièrement ses comptes, il y avait quasi toujours des anicroches.

M. Noris avait le culte des chevaux et la passion de la chasse. Nous avions une grosse poulinière baie qui donnait un petit chaque année. Ordinairement, les cultivateurs qui ont une poulinière s'en servent pour aller aux foires et faire leurs courses, et l'emploient aussi parfois aux travaux des champs. Mais, de par les ordres du maître, la nôtre était exempte de toute corvée : il disait :

— Le travail déforme les juments, et leurs produits s'en ressentent.

Mais la vraie raison était qu'il ne voulait pas que ses métayers aient la faculté d'aller en voiture ; cela lui semblait pour eux un luxe déplacé et tout à fait superflu. Il prenait chez lui les jeunes poulains dès qu'ils avaient un an et les faisait préparer pour les concours hippiques, les remontes ; il ne nous les payait pas cher, bien qu'il en tirât toujours beaucoup d'argent.

En dépit de son grand âge, le propriétaire faisait quotidiennement, à l'automne, sa tournée de chasse. Le gibier abondait, les lapins surtout : autour d'un minuscule taillis enclavé dans nos cultures, ils pullulaient au point de détruire à moitié nos céréales les plus proches. Mais il était inutile de se plaindre des méfaits des rongeurs : M. Noris ne leur donnait jamais tort. Il aimait, au cours de ses pérégrinations, les voir détaler dans les sillons à l'approche de ses deux grands lévriers, et il n'en tuait pas beaucoup. D'autre part, son garde était un être hirsute et brutal qu'il avait choisi à dessein et qui veillait avec une vigilance outrancière. Il suffisait qu'un individu traversât, les mains dans les poches, un coin de la propriété pour qu'il soit appréhendé par lui. A vrai dire, dans ce cas-là, il ne dressait pas procès-verbal ; il se bornait à enjoindre au prétendu délinquant d'avoir à se présenter sans délai devant le maître. Le maître lui passait une semonce, lui faisait donner cent sous ou dix francs, et les choses en restaient là : ce n'en était pas moins un véritable chantage. Quand il y avait la moindre présomption, le procès suivait son cours. Un métayer de nos voisins en eut un qui lui coûta quatre-vingts francs parce que le garde, certain jour, découvrit un lacet dans la bouchure qui séparait d'un de nos champs le champ où il labourait. Le pauvre homme m'a bien juré cent fois par la suite qu'il ignorait jusqu'à la présence de ce piège dans la haie mitoyenne et que, pour son compte, il n'en tendait jamais.

Les braconniers n'étaient pas les seuls à encourir la haine implacable de M. Noris : les républicains étaient dans le même cas. Il souhaitait pour les uns et pour les autres des peines exemplaires, des supplices raffinés. Il eut voulu les voir tous en prison, aux travaux forcés, relégués dans des colonies lointaines. La destruction d'une nichée de lapereaux, d'un nid de perdrix, ou bien un coup de fusil tiré dans ses terres, le mettaient dans une exaspération furieuse ; le mot seul de République l'agitait de grands frissons nerveux, lui faisait serrer les poings de rage impuissante. A Bourbon, les gamins le suivaient en bande, criant : « Vive la République ! » chantant des couplets de la Marseillaise, ou bien cornant à ses oreilles, comme une mélopée sans fin :

— Blique, blique, blique ! Blique, blique, blique !

Chaque fois, il manquait en devenir fou ; il n'osait plus traverser la ville en dehors des heures de classe. On racontait qu'en 1877, alors qu'il souffrait d'une bronchite qui avait failli l'emporter, on était venu lui annoncer les résultats d'une élection favorable aux républicains ; il s'était soulevé sur sa couche d'un brusque ressaut, et, dans un murmure haletant, il avait exhalé la haine profonde de son cœur :

— Les brigands !... Il n'y a donc plus de place... à... Cayenne !...

Et il était retombé sur l'oreiller, inerte, évanoui.

Une fois, quatre ans plus tard, il vint chez nous en temps de période électorale. Il vit des programmes et des journaux envoyés par le docteur Fauconnet, candidat républicain.

— Ne gardez pas ici ces papiers diaboliques. Au feu, les mauvais écrits ! Au feu, les mauvaises feuilles ! Vous attireriez le malheur sur vous en les conservant.

J'objectai que personne ne savait lire.

— Leur présence seule est dangereuse, reprit-il.

Et il les jeta lui-même dans le foyer ; puis il conclut :

— Le garde vous remettra le jour du vote, à la porte de la mairie, les bulletins à mettre dans l'urne, vous m'entendez ?...

Les ouvriers, les commerçants, les fournisseurs de toute sorte étaient choisis soigneusement en dehors des *rouges*. Et il nous obligeait à faire comme lui, à tenir au rancart ceux qui affichaient des opinions républicaines, à ne rien dépenser chez eux.

C'était sa façon de se venger de la République...

XLVI

Les deux demoiselles veillaient spécialement à l'exécution des clauses concernant la religion. Il nous fut assez pénible à tous de nous y conformer.

En ce qui me concerne, j'allais à la messe auparavant un dimanche sur deux à peu près, c'est-à-dire que j'avais conservé la coutume de ma jeunesse. Quand je me rendais le dimanche à Bourbon ou à Franchesse je ne manquais guère d'aller à la messe, et je n'approuvrais pas ceux qui allaient passer à l'auberge le temps de la cérémonie. J'étais loin de croire néanmoins à toutes les histoires des curés : leurs théories sur le Paradis et l'Enfer, sur la confession et les jours maigres, je prenais tout ça pour des contes. Il me semblait, — et mon opinion n'a pas varié, — que le vrai devoir de chacun était contenu dans cette ligne de conduite toute simple : travailler honnêtement, ne causer de chagrin à personne, rendre service quand on en a la possibilité, venir en aide à ceux qui sont plus malheureux qu'on ne l'est soi-même. Ce programme, que les meilleurs n'appliquent pas toujours, vaut tous leurs sermons. En s'y conformant à peu près, je ne crois pas qu'on puisse avoir quelque chose à craindre, ni là, ni ailleurs. Pour ce qui est de la fameuse *vie éternelle* qui doit suivre celle-ci, ils en parlent beaucoup sans en rien savoir, les curés. J'avais remarqué comme tout le monde qu'en l'attente des joies célestes ils ne font aucunement fi des plaisirs de la terre ; ils boivent de bon vin, ne dédaignent pas la cuisine de choix et s'entendent à soutirer l'argent des fidèles. Quant à leurs discours, ils y croient ou ils n'y croient pas : c'est leur affaire. Je me reconnaissais un complet ignorant ; mais je me disais pourtant que sur cette question du *devenir de l'âme*, les plus malins de la terre et le pape lui-même n'en devaient pas savoir plus que moi, attendu que personne encore n'est revenu de là-bas pour dire comment les choses s'y passent. Je pensais donc rarement à la mort et jamais au salut éternel, et j'avais délaissé complètement la confession depuis mon mariage. J'en connaissais qui étaient fidèles à cet usage et que ça ne rendait pas meilleurs. Victoire se confessait et Rosalie aussi : ni l'une, ni l'autre n'en étaient plus douces. Ma femme restait toujours froide et grincheuse, ma bru hargneuse et turbulente ; elles agissaient absolument le lendemain comme la veille.

— Alors, à quoi bon ? me disais-je.

Je croyais fermement par exemple, à l'existence d'un Etre suprême qui dirigeait tout, réglait le cours des saisons, nous envoyait le soleil et la pluie, le gel et la grêle. Et comme notre travail, à nous cultivateurs, n'est propice que si la température veut bien le favoriser, je m'efforçais de plaire à ce maître des éléments qui tient entre ses mains une bonne part de nos intérêts. Pour cette raison, je ne manquais guère les cérémonies où le succès des cultures est en jeu, et j'étais le continuateur fidèle de toutes les petites traditions pieuses qui se pratiquent à la campagne en de nombreuses circonstances. J'allais toujours à la messe des Rameaux avec une grosse touffe de buis et j'en mettais ensuite des fragments derrière toutes les portes. Derrière les portes, je mettais aussi les petites croix d'osier qu'on fait bénir en mai, les aubépines des Rogations et les bouquets où sont assemblées les trois variétés d'herbe de Saint-Roch qui empêchent aux animaux la maladie. J'assistais à la procession de saint-Marc qui se fait pour les biens de la terre et, quelques jours après, à la messe de Saint-Athanase, le préservateur de la grêle. J'aspergeais toujours d'eau bénite les fenils vides avant d'engranger les fourrages. En ouvrant l'entaille dans les champs de blé, je faisais la croix avec la première javelle, et je la faisais aussi sur le grain de semence au moment du vitriolage, et encore sur chaque miche de pain avant de l'entamer, et enfin sur le dos des vaches avec leur premier lait, après le vêlage. Je ne trouvais pas drôle de voir allumer le cierge quand il tonnait fort. Je soulevais toujours mon chapeau devant les calvaires des routes. Et je faisais matin et soir un bout de prière. Il faut dire que j'agissais ainsi autant par habitude que pour contenter Dieu : ces pratiques que j'avais toujours vu suivre me semblaient naturelles. Mais je ne pouvais admettre que manquer la messe un dimanche ou faire gras un vendredi soient des motifs à punition sans fin, pas plus qu'il ne me semblait juste d'attribuer au curé dans la confession le pouvoir d'absoudre tous les crimes.

Sur ces choses, mes garçons partageaient, en apparence du moins, ma façon de voir. Le Jean allait à la messe comme moi, à peu près régulièrement tous les quinze jours. Le Charles, depuis son retour du régiment, n'y allait guère qu'une fois par mois, et encore ! Ce fut lui surtout qui trouva dure l'obligation d'y assister toujours.

— Joli métier, faisait-il, s'il faut être continuellement fourré avec le curé.

Un dimanche, il se rendit à Bourbon dès le matin et ne mit pas les pieds à l'église. Mais le lendemain pendant que nous étions aux champs, les femmes eurent la visite de M[elles] Yvonne et Valentine Noris.

— Victoire, dirent-elles, votre jeune fils a manqué la messe hier.

Il est allé à Bourbon, mesdemoiselles, il a dû y assister là-bas.

— Nous n'en croyons rien... Charles doit venir chaque dimanche à la messe à Saint-Aubin comme vous tous ; il ira se promener ensuite à Bourbon ou ailleurs, s'il le juge à propos ; mais la messe d'abord. Dites-lui bien qu'il ne saurait se soustraire à ce devoir dont nous faisons un ordre sans que la chose nous soit connue, car notre contrôle est établi de façon sérieuse. Et s'il persistait à désobéir, vous en souffririez tous...

Il fut forcé de s'exécuter, parbleu ! Il dut même, comme moi, aller à confesse au temps de Pâques. C'était l'unique moyen d'être tranquille ; car ces demoiselles avaient dit vrai : rien ne leur échappait ; je crois qu'elles nous faisaient épier par leur garde et leurs domestiques.

Mais cela n'était pas tout : les blasphèmes nous étaient sévèrement interdits. Or, Charles, au régiment, avait pris l'habitude de blasphémer. Dès que quelque chose ne lui allait pas, il lâchait un « Bon Dieu » ou un « Tonnerre de Dieu » agrémenté de préambules divers. Je l'avais bien engagé à perdre cette habitude ou, tout au moins, à se retenir en présence des mouchards. Mais cela lui était difficile et, un jour, il s'échappa à lâcher un gros juron que le garde entendit. Les deux vieilles filles rappliquèrent sans tarder.

— Victoire, votre fils continue de mal parler, de blasphémer ; nous ne voulons pas de ça chez nous.

Elles allèrent jusqu'à me reprocher à moi-même de dire aussi de vilains mots pour m'avoir entendu employer dans une affirmation l'expression « Tonnerre m'enlève ! » Ma foi, je leur répondis carrément que ce terme m'était aussi nécessaire que mes prises de tabac et que je ne pouvais m'engager à ne plus m'en servir. En effet, ces deux mots me venaient aux lèvres inconsciemment, tout comme Charles ses blasphèmes, d'ailleurs.

. . . .

Eh bien, quoique toujours fourrées à l'église, au confessionnal, à la table sainte, quoique ayant une horreur exagérée des vilains mots, elles ne valaient tout de même pas cher, les deux vieilles toupies ! Elles étaient dures comme des roches et malicieuses autant que leur père.

L'hiver de 79-80 fut un grand hiver. Un froid intense régna pendant deux mois. On entendait la nuit craquer les arbres torturés par le gel. Les moineaux, les roitelets, les rouges-gorges se réfugiaient dans les étables où il était facile de les prendre, tellement ils étaient épuisés ; tous les matins, on découvrait quelques-uns de ces pauvres petits oiseaux gelés à proximité des bâtiments. Les sinistres corbeaux croassaient par bandes aux abords des fermes, se hasardaient, talonnés par la faim, à venir picorer sur le tas de fumier, furtivement. Chez les pauvres gens la misère était grande. Les journaliers qui chômaient, s'avisèrent de parcourir la campagne pour chercher du bois mort. Certains eurent le tort de s'attaquer, la nuit, à des arbres entiers. Dans un de nos champs, un gros érable disparut. M. Noris et ses filles vinrent constater le larcin, et il me fut donné d'entendre Mlle Yvonne dire au garde :

— Il faudra faire de fréquentes tournées nocturnes et, s'il vous arrive d'apercevoir quelqu'un de ces misérables, n'hésitez pas : tirez-lui dessus !... vous en avez le droit.

Voilà comment ces bigotes pratiquaient la charité, vertu essentielle du Christ humanitaire, du Christ de douceur et de pardon. Leur charité, à elles, s'exerçait surtout en basses vengeances, en coups perfides contre ceux qui n'avaient pas la chance de leur plaire. C'est juste si elles donnaient aux pauvres de la commune un sou par quinzaine et, aux passants du vendredi, quelques croûtes sèches : les autres jours, rien du tout...

Si le Paradis existait vraiment, elles auraient de la peine à s'y faire admettre, en dépit de leurs simagrées, Mlles Yvonne et Valentine...

XLVII

La femme de mon parrain étant morte, je dus prendre ma sœur Marinette que la bru de la défunte ne se souciait pas du tout de garder.

— Tu ne l'as jamais eue, toi, me dit mon parrain ; c'est bien ton tour assurément : d'ailleurs, tu es le seul à pouvoir t'en charger.

J'aurais bien pu lui objecter qu'il ne m'avait jamais offert de la prendre alors que, plus jeune et plus raisonnable, elle était à même de rendre des services. Mais je préférai ne rien dire et consentir de bonne grâce à amener chez nous ma pauvre sœur.

Quand j'annonçai cette nouvelle à la maison, Victoire, d'un ton plaintif, et Rosalie, d'un ton colère, formulèrent alternativement une kyrielle d'exclamations pour déclarer que nous n'avions pourtant pas besoin d'elle, ayant assez de tracas et de besognes déjà. Je laissai passer l'orage en répondant le moins possible. (Le silence est toujours le meilleur moyen d'abréger la durée et d'atténuer l'importance des scènes de ce genre). Mais au jour dit, je m'en fus chercher la Marinette, que ma femme et ma bru subirent d'assez bonne grâce, je dois le reconnaître : je n'eus pas enduré d'ailleurs qu'elles lui fissent des misères.

Par exemple, la pauvre fille ne pouvait être sympathique à personne. Son cerveau s'était tellement affaibli qu'il n'y restait nulle trace de raison. Elle continuait à ne guère parler, et ne le faisait que pour dire des choses dépourvues de sens ; mais elle se lamentait souvent en une sorte de mélopée plaintive et prolongée qui contrariait tout le monde et effrayait beaucoup les enfants ; puis, soudain, sans motif, elle se mettait à rire d'un rire strident et pénible. Elle ne se rendait utile d'aucune façon ; depuis longtemps il était devenu impossible de lui confier les moutons.

Sa présence chez nous fit du bruit les premiers temps dans le voisinage ; on parla beaucoup de cette vieille fille innocente qui ne sortait jamais, qui criait souvent : elle était le mystère, l'ulcère de notre maisonnée.

Je ne regrettai pas pourtant de l'avoir prise. En disant que j'étais le seul à pouvoir me charger d'elle, mon parrain était dans le vrai, car j'avais encore plus de ressources que mes deux aînés, bien que ma situation ne fût guère brillante.

. . . .

Mon parrain, lui, n'avait jamais pu mettre quatre sous l'un devant l'autre. Il était maintenant à Autry, dans un mauvais domaine dont les maîtres, riches autrefois, auraient voulu le paraître encore. La vie de ces gens-là était comique à voir de près, et, dans toute la commune, on riait d'eux. Le mari, un gros bonasse, ayant fait la noce jadis et s'étant laissé entraîner à des spéculations malheureuses, était un peu cause de leur précaire situation du moment. Sa femme, en tout cas, l'en rendait absolument responsable ; elle avait pris en main le gouvernement du ménage; elle détenait l'argent et ne lui donnait pas même de quoi aller au café une fois la semaine. Conséquence: rôdait constamment dans le bourg d'Autry ce bourgeois veule et ennuyé qui ne savait comment tuer les heures de la journée. Il allait de la boutique du menuisier à celle du maréchal, accostait les passants et aidait le garde-champêtre à coller les affiches le long du mur de l'église. Parfois, quelqu'un lui disait d'un ton d'ironie, sachant qu'en sa poche il logeait le diable :

— Payez-vous une chopine, monsieur Gouin ?

— Impossible, il faut que je rentre : on m'attend...

— Ah ! venez tout de même : c'est moi qui la paie.

Alors on ne l'attendait plus... Il acceptait sans honte, ce bourgeois, tellement il aimait licher, les libéralités méprisantes des tâcherons aux mains calleuses... Chez lui, toute satisfaction gourmande lui était refusée. — Mme Gouin, — Agathe ainsi que tout le monde la nommait communément, — avait toujours dans sa poche la clef de la cave et celle du buffet aux liqueurs, et elle n'ouvrait ces sanctuaires qu'aux grandes occasions. Aux repas, une bouteille de vin figurait bien sur la table, mais à titre honorifique seulement ; toute la semaine elle restait intacte, à moins qu'il ne se présentât quelque importun à l'heure psychologique ; autrement, on ne la vidait que le dimanche.

Agathe lésinait de même sur les plus petites choses, comme les plus pauvres femmes de journaliers : sur l'éclairage et le chauffage, sur le savon, sur le beurre, même sur le poivre et le sel. La servante n'avait pas droit au pain blanc ; elle partageait avec le chien la miche de troisième. D'ailleurs, la pauvre fille ne mangeait même pas à sa faim. Trois bonnes d'affilée sortirent anémiques de la boîte.

Le comble était que les Gouin voulaient continuer

de faire bonne figure dans le monde des hobereaux calés du pays. Ils allaient en visite dans plusieurs châteaux, y dînaient même quelquefois. Quand il fallait rendre ces dîners, la maison était sens dessus dessous pendant quinze jours.

— Faire bien, ne guère dépenser, voilà le but à atteindre, disait Agathe.

L'on faisait bien pour ne pas avoir l'air de déchoir ; mais les frais étaient lourds et il y avait ensuite une période navrante : pendant plusieurs semaines, les maîtres eux-mêmes se condamnaient à la soupe à l'oignon et au pain de troisième et ils ne vidaient plus la bouteille que quand le vin était en état d'accommoder la salade. Au cours d'une de ces mauvaises journées, M. Gouin étant allé chez mon parrain à l'heure du repas, on lui offrit de goûter aux poires sèches cuites sur lesquelles il jetait des regards de convoitise : il en mangea une demi assiette.

De leur ancienne splendeur, une voiture d'aspect passable encore leur restait, une grande voiture à capote qu'Agathe appelait la victoria. De temps en temps, l'idée lui venait de se rendre à Moulins pour des emplettes, ou bien de faire des visites, ou simplement, à la belle saison, de se promener. Alors elle envoyait la bonne prévenir mon parrain qu'il eut à amener la vieille poulinière de la ferme. A l'heure dite, il l'attelait à la victoria et grimpait sur le siège, car il était tenu de faire le cocher. L'équipage était vraiment comique et donnait lieu à des plaisanteries sans fin. Qu'on se figure cette vieille poulinière au poil rude, d'un blanc sale, souvent crottée de la boue des pacages, traînant lentement, lourdement, l'ancienne belle voiture ; ce vieux campagnard en blouse et sabots improvisé cocher, qui se tenait écrasé sur son siège et maniait gauchement le fouet ; et, dans le fond, étalé fièrement sur les coussins fanés, ce couple de bourgeois crève-la-faim.

On peut croire que les Gouin, bouffis de vanité, préférant se rendre malheureux que de changer extérieurement leur genre de vie, pressuraient de la belle façon les métayers de leur unique domaine. Rares étaient ceux qui restaient plus de deux ou trois ans sous leur coupe. C'étaient généralement des gens très pauvres qui consentaient à venir, et ils repartaient toujours plus gueux qu'ils n'étaient entrés. Un des clichés du pays était de dire que ces propriétaires-là collectionnaient dans leur grenier les peaux des nombreux métayers qu'ils avaient écorchés.

Mon parrain était donc bien loin d'être en passe de faire fortune.

. . . .

Faire fortune, c'est le rêve de tous les travailleurs. Mon frère Louis, pendant un moment, crut l'avoir réalisé. En douze ans, de 1860 à 1872, il avait trouvé le moyen de réserver une huitaine de mille francs. Alors le diable l'avait tenté de vouloir être propriétaire. Une jolie petite locaterie de cinq hectares s'étant trouvée à vendre à Montilly, il l'avait achetée pour quinze mille francs. Là-dessus, il s'était monté d'un cheval, d'une voiture à ressorts et d'une peau de chèvre, et il allait aux foires avec des allures de gros fermier. Il faisait la *mouche* au sou tous les dimanches et, souvent, invitait des amis à festoyer chez lui. On le nomma conseiller municipal : il en fut très fier. Quand nous nous rencontrions à Bourbon, il me regardait de haut et semblait faire un effort pénible pour condescendre à s'entretenir avec moi.

Claudine, sa femme, était encore plus orgueilleuse que lui ; elle avait grossi ; elle portait des caracos à la mode, des bonnets à double rang de dentelle et une chaîne d'or au cou. On avait remarqué qu'elle achetait beaucoup de café et du sucre par demi-pains. Victoire, qui ne pouvait pas la sentir, me dit un jour :

— La Claudine fait la grosse Madame, savoir si ça tiendra longtemps ?

Ça ne tint que cinq ou six ans. L'ancien propriétaire de la locaterie qui n'avait été soldé qu'à moitié, avait pris hypothèque pour le reste. Le Louis lui payait les intérêts à cinq pour cent et lui donnait ainsi annuellement une somme presque égale à la valeur locative du bien. De plus, ayant voulu faire des réparations, il s'était endetté par ailleurs; il ne pouvait donc que se couler vite. Quand il eut conscience d'être sur une pente dangereuse, il essaya pourtant de lutter : il revendit son équipage, alla moins au café, se remit à travailler; mais le mal était fait, le mal était irréparable. L'ancien propriétaire, à qui il devait trois années d'intérêts, reprit possession de sa locaterie en lui donnant juste de quoi désintéresser les autres créanciers. Resté sans ressources aucune, mon pauvre frère en fut réduit à se loger dans une chaumière misérable et à aller travailler de côté et d'autre comme journalier. Il mourut deux ans plus tard, d'un congestion, un jour de grand froid qu'il cassait de la pierre sur la route de Moulins.

Claudine, qui savait si bien faire la dame, fut obligée de se mettre à laver les lessives et à aller aux aumônes. Sa carrière s'acheva bien tristement.

XLVIII

A Clermorin, à l'automne de 1880, nous eûmes la visite de Georges Grassin et de sa femme. Georges

Grassin, c'était le fils de ma sœur Catherine. Il venait de se marier et il profitait de cette circonstance pour refaire connaissance avec sa famille bourbonnaise ; car il n'était jamais revenu depuis l'époque où ses parents l'avaient amené tout gamin. Ma sœur et son mari, n'ayant que cet enfant, l'avaient tenu dans les pensions jusqu'à dix-huit ans. Bachelier, il était alors parti au régiment pour un an, et il occupait depuis un emploi de comptable dans une grande maison de commerce.

Georges et sa femme venaient directement chez nous avec l'intention d'y faire leur principal séjour, une de mes nièces d'Autry leur ayant écrit que c'était moi qui pouvais le mieux les recevoir. Quand nous parvint la lettre annonçant leur arrivée, Rosalie s'exclama :

— Des Parisiens ! Ce qu'ils vont en faire des embarras ! Ça va parler gras, mes amis...

Victoire, très ennuyée, se demandait où elle allait les faire coucher et quels aliments elle pourrait bien leur préparer. On discuta et, finalement, il fut décidé que nous donnerions à nos hôtes le lit de la chambre où couchaient Charles et mon filleul, le petit Tiennon, le fils de Jean et de Rosalie : eux prendraient à la cuisine le lit du pâtre qui consentit à s'accommoder d'un gîte au fenil avec des couvertures.

Le jour venu, Charles emprunta la bourrique d'un cantonnier du voisinage, l'attela à notre charrette que nous conservions toujours, bien qu'elle nous fût inutile ici, et il se rendit à la rencontre des Grassin qui devaient débarquer à Bourbon par la diligence de Moulins, vers cinq heures du soir.

Ils arrivèrent chez nous un peu avant la nuit. J'étais en train de conduire les fumiers ; d'une rue transversale je débouchai avec un char vide presque en face d'eux dans la grande rue, à deux cents mètres de la cour.

Georges et sa femme, bras dessus, bras dessous, marchaient en avant ; Charles tenait la bourrique par la bride ; sur la voiture étaient les bagages : une grosse malle, deux valises, un carton à chapeaux.

Je criai « Cho-là ! » à mes bœufs qui s'arrêtèrent. Charles dit :

— C'est mon père.

Les deux jeunes époux eurent une même exclamation :

— Ah ! c'est l'oncle ! Bonsoir, mon oncle...

Ils se précipitèrent pour m'embrasser.

— Pauvre oncle, nous sommes bien contents de vous voir.

— Moi aussi, mon neveu, moi aussi, ma nièce, balbutiais-je.

J'avais laissé tomber l'aiguillon que je tenais à la main et je me laissais embrasser.

— Je ne suis pas dans une jolie tenue pour vous recevoir, dis-je avec un peu de confusion, la première expansion passée.

En effet, mes sabots presque usés, émoussés du bout, étaient enduits de fumier et les diverses pièces de mon accoutrement, — ma culotte de toile grise déchirée aux genoux, ma chemise à carreaux bleus, même mon vieux chapeau de paille aux bords effrangés, — en avaient aussi leur part ; mes pieds, qui étaient nus dans mes sabots, mes mains aux gros doigts calleux, portaient également de larges plaques séchées. Enfin, on était au vendredi, et j'avais ma barbe du dimanche, hirsute et piquante. Je me demandais quelle impression je devais faire sur cette élégante petite parisienne, toute frêle et mignonne, dont les cheveux noirs fleuraient bon. De la toucher, cela me faisait l'effet d'une profanation. Elle avait une robe bleue à volants avec des revers en dentelle, un grand chapeau de paille garni seulement d'une touffe de pâquerettes et de fines bottines vernies qui gémissaient à chaque pas.

— Elles sont trop délicates pour nos chemins, vos bottines, nièce.

— En effet, mon oncle. C'est qu'ils sont un peu cahoteux, vos chemins... ; ils auraient grand besoin d'être aplanis.

Elle souriait doucement, et ce sourire corrigeait ce qu'avait d'un peu trop sérieux l'expression ordinaire de son visage, un visage allongé, au nez mince, aux joues pâles, aux grands yeux noirs trop profonds...

Georges, en dépit de ses trente ans, conservait une figure d'adolescent que ne parvenait pas à vieillir le soupçon de moustache couleur blond roux et les rares poils de même nuance taillés en pointe au menton. Il était en pantalon fantaisie noir et blanc, en jaquette noire et chapeau melon ; un col immaculé cerclait son cou mince, aux tons laiteux, et une large lavallière bleue à dessins blancs s'étalait sur son gilet.

Je hélai les bœufs pour les faire repartir et me mis à marcher à côté de Georges qui reprit le bras de sa femme. Il me donna des nouvelles de ses parents qui étaient toujours dans la même maison, au service d'une seule vieille dame de soixante-quinze ans. Ils ne voulaient pas la quitter, comptant qu'elle les coucherait pour une petite part sur son testament.

— Alors, mon oncle, vous revenez des champs avec votre charrette, me dit Georges ensuite, après un silence.

Un peu distrait, je commençai :

— Oui, mons...

(Je faillis bien dire monsieur : dame, il était mis comme un bourgeois, le neveu.)

— Oui, mon neveu, je suis en train de rouler le fumier.

— Ah ! oui, le fumier... (Il parut réfléchir). C'est le fumier de vos bêtes, le produit de la fiente et de la litière ?

— Oui, répondis-je avec un sourire un peu moqueur : cette question me semblait bête.

Sa femme me demanda d'autres explications qui m'amenèrent à lui dire que c'était là où nous allions semer le blé que je conduisais ce fumier.

— Ah ! l'horreur ! fit-elle avec un petit cri, le blé avec quoi l'on fait le pain, il vient comme ça, dans le fumier ?

— Mêlé au sol, dit Charles, le fumier ne se voit plus.

Georges reprit :

— Cela t'étonne, Berthe ? La terre s'épuiserait, vois-tu, si l'on cessait de lui fournir des matières fertilisantes.

— Votre charrette est-elle douce, mon oncle, me demanda Berthe ; celle de mon cousin ne l'est guère ; je suis montée un peu sur la route : j'ai eu mal au cœur d'avoir été trop secouée.

Nous arrivions dans la cour. Victoire, le Jean, sa femme et le petit s'avancèrent à la rencontre des Parisiens : il y eut embrassade générale. Georges et sa femme embrassèrent même la Marinette à qui on avait fait mettre à dessein des effets propres ; elle se laissa faire de mauvais cœur, puis se mit à pousser sa plaintive mélopée coutumière qui parut impressionner Berthe péniblement.

Victoire s'était demandée avec inquiétude si le neveu et la nièce avaient coutume de faire maigre le vendredi.

— Peuh ! si vous croyez que ces gens des villes font attention à ça ! avait déclaré Rosalie. Ils se fichent pas mal des jours défendus ; ils n'ont pas de religion.

La bourgeoise avait préparé à leur intention une soupe au lait, des haricots verts au beurre, un poulet rôti et une salade à l'huile de noix. Ce repas était seulement pour eux. (Faire de l'extra pour tout le monde serait devenu trop coûteux.) Elle les servit sur une petite table, dans la chambre. Mais Berthe se fâcha :

— Comment, et vous ? Ah ! non, nous ne voulons pas dîner seuls ; nous sommes venus pour être en famille.

Je lui dis que nous ne mangions, nous, qu'à huit heures passé, quand la nuit était tout à fait venue et qu'on ne pouvait plus besogner dehors.

— Par exemple, mon oncle, vous allez au moins rester nous tenir compagnie, vous et le petit cousin.

Et elle fit asseoir auprès d'elle le petit de Jean.

Victoire me dit, voyant qu'ils y tenaient :

— Eh bien oui, Tiennon, il te faut dîner avec le neveu et la nièce.

Je m'en fus changer de pantalon et de sabots, je mis une blouse et pris place à côté d'eux. Ils mangèrent de bon appétit, mais plutôt peu. Pourtant, ils déclarèrent excellente la soupe au lait et ils se régalèrent des haricots qui étaient tendres et auxquels Victoire n'avait pas ménagé le beurre. Par contre, ils ne firent que peu de mal au poulet : cela était plus commun pour eux que le lait et les légumes frais. Je remarquai qu'ils semblaient aux petits soins l'un pour l'autre.

— Vois-tu, Georges... N'est-ce pas, Georges? faisait-elle à tout propos.

Et lui :

— Voyons, Berthe, tu vas te faire mal, ma chérie; tu abuses de ces haricots...

Il y avait, comme dessert, de grosses prunes noires.

— C'est mauvais, ces fruits-là ! N'en mangepas trop, petite...

Je trouvais un peu niaises ces façons de faire. A la campagne, si l'on se parlait comme ça entre époux, tout le monde en rirait. Au fond, on s'aime bien autant qu'eux, mais on ne se prodigue jamais de mots tendres.

De temps en temps, quand Victoire venait pour le service, Georges et Berthe se fâchaient encore doucement de ce qu'elle avait préparé deux dîners et lui défendaient de recommencer à l'avenir, attendu que ça leur était bien égal de manger un peu plus tard. Charles avait apporté de Bourbon, sur l'ordre de sa mère, une couronne de pain blanc, car notre pain de ménage qui datait de huit jours était déjà dur : ils eurent néanmoins la fantaisie d'en user.

— Nous voulons devenir tout à fait campagnards, mon oncle, disaient-ils.

Et, sans relâche, ils me questionnaient sur tout, me demandaient combien nous avions de moutons, combien de vaches et comment on faisait pour traire.

— J'irai voir toutes les bêtes demain, fit Berthe. Voyons, vous vous levez de bon matin, à six heures ?

— Oh ! ma nièce, à six heures il y a déjà deux heures que nous travaillons.

— Vous vous levez à quatre heures !... Ah ! par exemple !... Eh bien, nous, mon oncle, nous sommes des paresseux ; Georges entre à neuf heures à son bureau ; nous nous levons à huit, jamais avant. Mais ici nous allons nous lever de grand matin.

Quand le repas fut terminé, il nous fallut retourner à la cuisine, car il n'y avait pas de porte communiquant directement avec l'extérieur. Les autres mangeaient. Après qu'ils eurent avalé la soupe, ils émiettèrent selon la coutume du pain dans les grandes assiettes de terre rouge et le trempèrent avec du lait froid. La Parisienne fut très étonnée de cela.

— Mais alors c'est une autre soupe... Vous mangez deux soupes à votre dîner ?

Elle comprit à ce moment sans doute que ce second dîner n'avait guère retardé la cuisinière. Je leur proposai de faire un tour dehors à la fraîcheur, voyant que leur présence gênait les femmes pour la vaisselle. Jean et Charles s'étant joints à nous, nous fîmes ensemble le tour du pré de la maison. La promenade fut monotone ; la lune éclairait un peu, mais le ciel était sombre et la brise plutôt fraîche. Georges, ayant senti frissonner sa femme, répétait à tout propos, bien qu'elle se défendit d'avoir froid :

— Tu vas t'enrhumer, ma chérie, j'en suis sûr : il ne faut pas nous attarder.

Grâce à Charles, qui leur tenait tête assez bien, la conversation ne languit pas trop ; mais, pour mon compte, je dis fort peu de chose, d'abord parce que je me sentais ridicule de parler si mal à côté d'eux qui parlaient si bien, et aussi parce que je n'osais leur poser de questions sur la ville, prévoyant qu'elles seraient pour le moins aussi naïves que les leurs sur la campagne.

Quand nous fûmes de retour à la maison, avant de leur souhaiter le bonsoir, Victoire demanda aux jeunes gens ce qu'ils prenaient le matin.

— Ne faites rien de spécial pour nous, ma tante, dirent-ils à la fois, nous mangerons la soupe de tout le monde.

Ils ne se doutaient pas que le repas du matin était le plus important de nos repas, celui auquel nous mangions d'habitude la potée au lard. Bien entendu, la bourgeoise ne tint pas compte de leur réponse : elle leur prépara du café au lait.

Mais ils redirent tellement le matin qu'ils ne voulaient plus faire table à part, qu'ils entendaient manger avec nous et comme nous au repas du milieu du jour, que l'on se vit dans l'obligation de les satisfaire. Pour la circonstance on se mit à table à midi, c'est-à-dire une grande heure plus tôt qu'à l'ordinaire. Et il y avait un tas de choses exceptionnelles : du vin d'abord, puis une juteuse omelette aux œufs purs, des biftecks, du fromage à la crème saupoudré de sucre et des poires d'un espalier du jardin qu'on aurait vendues au moins vingt sous le quarteron au marché de Bourbon. Seulement, Victoire avait imaginé de mettre un plat à chaque bout de la table : celui de l'extrémité opposée aux étrangers contenait des aliments qui n'étaient conformes aux autres qu'en apparence, et encore ! ; l'omelette était aux pommes de terre, les biftecks étaient des morceaux de lard grillé ; le fromage n'avait guère de crème et pas du tout de sucre ; les poires seules étaient identiques, mais la bourgeoise fit de vilains yeux au pâtre qui s'avisa d'en prendre une.

— Tu dois pourtant en trouver assez dans les champs, glissa-t-elle à mi-voix ; les *bâtardes* ne manquent pas, à cette saison...

Alors, ceux de la maison comprirent que les belles poires étaient là seulement pour figurer, et personne ne s'avisa plus d'y toucher.

Au repas du soir, Victoire n'essaya même plus de sauver les apparences. Il y eut pour tout le monde soupe et lait comme de coutume, et les Parisiens eurent un potage au vermicelle avec une purée de pommes de terre et un morceau de veau rôti. Berthe, qui paraissait s'entendre à merveille à la préparation de ces petits plats fins, aidait Victoire de ses conseils.

Les jours suivants, nos hôtes acceptèrent sans récrimination d'être mieux traités que nous. Ils eurent, je crois, un étonnement considérable de voir que nous vivions aussi mal ; et pourtant, notre ordinaire était meilleur que de coutume.

— Il ne faut pas cependant que nous leur fassions trop pitié, avais-je dit à ma femme.

Comme à Paris, Georges et Berthe faisaient la grasse matinée. On fermait à leur intention les vieux volets délabrés de la fenêtre qui restaient d'habitude constamment ouverts ; le Jean et sa femme qui couchaient dans la même pièce, faisaient le moins de bruit possible en se levant ; et les jeunes époux restaient au lit jusqu'à sept heures et plus. Rosalie disait que de toute la journée c'était le seul moment de tranquillité, attendu qu'on ne les avait pas sur le dos.

Dès qu'elle était levée, Berthe, en peignoir et pantoufles, courait de ci de là, avec des exclamations et des étonnements de gamine. Elle faisait le tour du jardin, entrait au poulailler pour dénicher les œufs frais pondus, prenait plaisir à voir manger les petits canards et les petits poussins. Elle allait même dans l'étable à vaches au moment de la traite ; mais il y avait entre les pavés mal joints des trous pleins de purin qu'elle ne parvenait qu'à grand'peine à éviter ; une fois, elle enfonça dans un de ces trous l'une de ses pantoufles ; des gouttes odorantes tavelèrent de taches brunes le bas de son peignoir clair ; et, dans la préoccupation que lui causait cet accident, elle faillit être atteinte par le jet d'une vache qui fientait. Elle avait aussi peur des veaux ; elle poussait des cris perçants lorsqu'on les détachait et qu'ils traversaient l'étable très vite, allant téter. Pour ces différentes raisons, elle ne tarda pas de ne plus vouloir franchir le seuil de cet endroit dangereux. Quand elle était fatiguée de courir au dehors, elle s'occupait à faire de la tapisserie, de la dentelle, petits travaux d'agrément qu'elle avait l'air de bien connaître.

Georges venait nous rejoindre dans les champs ; il nous accompagnait un moment à la charrue, mais il en avait vite assez ; alors il s'en allait au bord des mares pour pêcher des grenouilles. Le jeune homme ne partait pas de la maison sans mettre un baiser au front de sa femme en lui disant au revoir. Au retour, il l'embrassait encore ; elle, câline, lui demandait :

— T'es-tu promené beaucoup ? Et ta pêche ? Voyons si tu as eu de la réussite, mon Geogeo.

Elle lui ôtait des mains le petit sac en filet dans lequel il apportait toujours quelques grenouilles. Personne ne sachant les préparer, le neveu était obligé de s'en occuper lui-même.

Rosalie disait :

— Je ne sais pas comment on peut manger de la saleté pareille ; c'est race de crapauds !

Les appréciations de Rosalie, ses mots dépourvus d'hypocrisie, amusaient beaucoup Georges et Berthe. Mais ils s'attristaient soudain quand la Marinette, les regardant fixement de ses grands yeux de bête, tendait dans leur direction son poing maigre et riait de son rire stupide, ou bien quand elle faisait entendre sa mélopée sans fin, lancinante et plaintive.

Le dimanche, Charles loua le cheval et la voiture à ressorts de l'épicier du bourg et conduisit à Bourbon les Parisiens. Ils voulurent visiter les tours du vieux château, mais, s'étant fatigués énormément à grimper jusqu'au sommet de chacune, ils regrettèrent leur fantaisie et déclarèrent n'avoir vu, en fait de choses intéressantes, que des pierres entassées. La fontaine d'eau chaude les amusa davantage, et aussi les travaux du nouvel établissement thermal. Ils firent ensuite une halte à la terrasse d'un café donnant sur la grande rue d'où ils virent le défilé des malades : soldats de toutes armes, hommes et femmes de toutes conditions, quasi tous claudicants, à qui une saison devait rendre leurs bonnes jambes d'autrefois, exemptes de douleurs. Ils revinrent par la forêt et rentrèrent à la tombée du jour, enchantés de leur promenade.

Mais il plut le mardi, et la journée se passa tristement. Georges, ne pouvant sortir, s'ennuya ferme; il fuma cigarettes sur cigarettes et écrivit des lettres, — après que le pâtre fut allé au bourg acheter de l'encre, car nous n'en avions pas. La pluie ayant cessé dans l'après-midi, il manifesta l'intention de se risquer dehors, et Berthe voulut le suivre. Mais il y avait trop d'eau et de boue pour qu'elle pût sortir avec ses bottines ; elle mit donc les sabots des dimanches de Rosalie ; seulement les pieds lui tournèrent bientôt, car elle ne savait pas du tout les porter ; elle fit cent mètres et puis revint, craignant de se faire une entorse. De tout le soir elle n'eut plus un sourire, et ses grands yeux brillèrent dans son visage sévère avec une intensité où perçait son dépit : elle fut nerveuse et chagrine.

Georges et Berthe restèrent jusqu'au samedi, huit jours pleins. Je ne sais trop, en somme, s'ils emportèrent un bon souvenir de leur séjour parmi nous, bien qu'ils aient eu la satisfaction de boire de grands bols de lait frais dont ils faisaient beaucoup de cas. Je crois que cela les ennuyait un peu de voir que l'on faisait des frais pour leur cuisine. Ils nous plaignaient aussi, je pense, de travailler tant, d'avoir si peu d'agréments, d'être si bêtes. Ils durent perdre beaucoup de leurs illusions sur la campagne.

— Nièce, dis-je à Berthe le matin du départ, dites que vous trouveriez le temps long s'il vous fallait rester ici toujours ?

— C'est vrai, mon oncle ; j'aurais de la peine à devenir fermière. Pour que la vie rurale me plaise, il faudrait que je sois dans les mêmes conditions que vos propriétaires : il me faudrait une maison confortable, un jardin sablé avec des fleurs et des ombrages, et puis un cheval et une voiture pour me promener.

— Moi, dit Georges, j'aimerais bien la campagne pendant six mois, l'été, pour pouvoir chasser, pêcher, courir dans les prés, cultiver un jardin.

Je fis cette réflexion que je n'osai formuler :

— Tous les gens des villes sont ainsi : ils ne voient de la campagne que les agréments qu'elle peut donner ; ils s'en font une idée riante à cause de l'air pur, des prairies, des arbres, des oiseaux, des fleurs, du bon lait, du bon beurre, des légumes et des fruits frais. Mais ils ne se font pas la moindre idée des misères de l'ouvrier campagnard, du paysan. Et nous sommes dans le même cas. Quand nous parlons des avantages de la ville et des plaisirs qu'elle offre, nous ne nous doutons pas de ce que peut être en ville la vie de l'ouvrier dont le travail est l'unique ressource.

Quand les jeunes gens furent partis, j'éprouvai, — et nous éprouvâmes tous, je crois bien, — une sensation de soulagement identique un peu à celle que doivent éprouver les prisonniers qui se retrouvent à l'air libre. Leur présence d'abord nous causait du dérangement, car il y avait toujours des moments où l'on était forcé de s'attarder à table, de délaisser le travail pour leur tenir compagnie ; elle nous causait surtout une sorte de contrainte et de gêne. La cohabitation avec des gens qu'on sent différents de caractère et de mœurs est toujours pénible, même quand ils nous touchent de près. Où il n'y a pas communion d'idées règne le malaise.

Le pâtre fut seul à s'affliger du départ de nos hôtes. Je l'entendis qui disait le soir à la servante :

— J'aurais bien voulu qu'ils restent plus longtemps, les Parisiens : on mangeait mieux...

XLIX

Quand Victoire allait voir Clémentine à Franchesse, elle revenait toujours bien désolée, car notre pauvre fille était malheureuse. Elle venait d'avoir un quatrième enfant et Moulin, qui s'était brouillé avec le jardinier du château, manquait de travail. Les ressources diminuées n'assuraient plus le nécessaire au ménage augmenté. Le loyer était en retard ; deux sacs de grain étaient dus à nos successeurs de la Creuserie, et des habits au marchand du bourg.

La pauvre Clémentine pleurait en racontant à sa mère toutes ses misères. Elle ne sortait jamais, n'allait même plus à la messe à cause des enfants que leur père ne voulait pas garder. Mais le pis était l'état de sa santé : toujours souffrante, elle s'affaiblissait progressivement ; l'une des religieuses de Franchesse, qui vendait de la pharmacie et s'entendait un peu à connaître les maladies, lui avait dit qu'elle était prise d'anémie chronique.

— Il vous faudrait du repos, de la nourriture substantielle, du bon vin, lui avait-elle dit.

Cela lui avait fait l'effet d'une cruelle ironie, à elle qui avait quatre enfants sur les bras, quatre enfants qui manquaient d'habits et qu'elle avait la crainte de voir manquer de pain.

— Elle est maigre à faire pitié et faible à ne pouvoir se tenir debout, me dit Victoire en pleurant, un jour qu'elle rentrait de la voir, au mois d'octobre 1880.

Pour la Toussaint, quelques jours après, je me rendis à mon tour aux Fouinats. J'eus le cœur serré dès l'entrée par l'impression de misère qui régnait dans la chaumière et qui me rappelait l'aspect du logis de ma mère, aux derniers moments de sa vie. Clémentine vieillie, l'air épuisé, d'une pâleur de mort, donnait à téter à son petit dernier qui s'acharnait goulument à tirer ses seins flasques. Elle sourit pourtant en me voyant entrer. En même temps que je lui demandais des nouvelles de sa santé, me revint le souvenir d'une autre scène dont cette chaumière avait été témoin certain matin d'été que j'étais venu demander à boire à sa locataire d'alors...

— Ça ne va pas trop bien, papa, me dit-elle. Il me faudrait des bons soins que je ne peux pas me donner.

Son souffle était court ; ses phrases se terminaient en une modulation affaiblie, imperceptible presque. Je passai avec elle le reste de la journée ; en partant, je lui remis vingt francs et proposai de lui envoyer le médecin, mais elle refusa.

— Je ne suis pas assez malade pour avoir le médecin ; et puis c'est trop coûteux pour nous !

On a cette coutume à la campagne de n'avoir recours au médecin que quand on se sent très malade. Si le cas ne paraît pas trop grave, on se fait de la tisane, on se traite soi-même. La voiture du docteur dans les rues de fermes boueuses et cahoteuses a un luxe qui trouble et un sens macabre. Ceux qui la voient passer en sont émus ; ils disent :

— Le médecin est allé à tel endroit, voir telle personne.

Et ils ne sont pas loin de croire que la dite personne est perdue.

Ce fut, hélas ! bien le cas pour Clémentine. Quelques jours après ma visite elle en vint à ne plus pouvoir se lever. Alors son mari envoya chercher à Bourbon le docteur Picaud : (Fauconnet, conseiller général et député, avait cessé d'exercer). M. Picaud la trouva très malade, déclara qu'une jaunisse s'était greffée sur l'anémie et donna l'ordre de lui enlever tout de suite son bébé. Il fut pris par une sœur de Moulin qui l'éleva au biberon ; un de ses frères prit l'aîné, déjà fort. Nous nous chargeâmes, nous, de la cadette, une petite fille de six ans, et du troisième, un gamin de quatre ans. Rosalie fit un peu la grimace à l'arrivée de ces enfants, mais elle les eut vite pris en amitié et leur fut ensuite toute dévouée.

Victoire s'installa aux Fouinats, au chevet de Clémentine, mais tous ses soins furent inutiles. L'état de la pauvre enfant empira de jour en jour et, le 25 novembre, par un temps de grand brouillard, elle mourut : elle avait trente et un ans.

Cet événement eut pour conséquence de faire ajourner jusqu'au printemps le mariage projeté entre Charles et Madeleine, la bonne des Noris.

L

Depuis que j'avais travaillé chez son père, depuis surtout qu'il m'avait remis la jambe et soigné, le docteur Fauconnet m'avait toujours reconnu. Quand il me rencontrait à Bourbon, à l'époque des vacances, il ne manquait pas de me parler de ce « vieux chouan de Noris » qui était bon, disait-il, à envoyer au dépôt.

Conseiller général et député depuis plusieurs années, M. Fauconnet était à présent l'homme influent de la région. Pendant les vacances, les quémandeurs assiégeaient le château d'Agonges qu'il habitait depuis la mort de son père, car on le savait capable de rendre toute sorte de services : il arrêtait les procès, faisait avoir des places et réformer les jeunes gens.

Mais il n'était plus le républicain intransigeant qui faisait jadis à l'empire une opposition farouche : il était le bon bourgeois de gouvernement ayant la crainte et le mépris des extrêmes, du côté rouge comme du côté blanc. Il s'occupait beaucoup de la création d'un chemin de fer à voie étroite qui, de Moulins, devait gagner Cosnes-sur-l'Œil par Bourbon, Saint-Aubin et la région minière de Saint-Hilaire et de Buxières.

Or, M. Noris étant mort, ses filles s'empressèrent d'affermer les deux domaines à un fermier général en vogue, lequel amena des métayers d'ailleurs et nous donna congé. Cela me fut personnellement assez indifférent, car j'avais depuis longtemps déjà l'intention de laisser à Jean et à Charles la maîtrise en commun de l'exploitation et d'affermer une petite locaterie pour m'y retirer avec la mère. Cette circonstance me fut un motif de mettre à exécution mon projet.

Je ne voulus pas néanmoins que mon appui fît défaut aux garçons pour les aider à se replacer. Je profitai de ce que le docteur Fauconnet était en vacances du 1er janvier pour l'aller trouver et lui demander de les agréer comme métayers, — car j'avais appris qu'allait être disponible l'un des deux domaines qu'il avait hérités de son père. Il y consentit et, avant son départ pour Paris, l'affaire se conclut. Les conditions, par exemple, n'étaient pas meilleures que celles des autres gros propriétaires, ses ennemis politiques ; il était pingre autant qu'eux. Lui, qui prétendait vouloir le bonheur du peuple, écorchait, comme un vulgaire Gouin, les pauvres gens qui évoluaient dans sa sphère. Ce n'était pas pour donner du poids à ses affirmations.

Pour moi, je louai, toujours dans Saint-Aubin, au Chat-Huant, une locaterie de la même grandeur à peu près que celle que j'avais occupée jadis sur les Craux de Bourbon. Je payais bien cher, mais avec les revenus de mes petites économies, — pour lesquelles le notaire m'avait trouvé une hypothèque sérieuse, — je comptais pouvoir joindre les deux bouts tranquillement.

Marguerite, la petite de la pauvre Clémentine, resta avec ses oncles : nous prîmes avec nous son frère Francis qui commençait d'aller en classe ; et nous prîmes aussi la Marinette que je craignais de voir malheureuse ailleurs.

Je fus bien étrange — et Victoire également — dans ces bâtiments étroits ; et j'eus de la peine à me réhabituer au travail solitaire dans ces champs et dans ces prés minuscules. J'avais plus de loisirs et moins d'inquiétudes que dans le domaine ; mais, à de certains moments, j'étais fort ennuyé d'être seul pour tout faire. Il me fallut me remettre à faucher, à remuer les gerbes, toutes grosses besognes que mes garçons ne me laissaient plus effectuer quand nous étions ensemble. Je ne tardai guère d'être obligé de prendre quelquefois, l'été, un ouvrier pour m'aider.

LI

En dehors des heures de classe, le petit Francis nous tenait bien compagnie. Au cours des veillées d'hiver, l'animation de sa jeunesse mettait un rayon de joie dans notre triste intérieur de vieux; grâce à lui, un peu du bruit et du mouvement des maisonnées nombreuses subsistait encore; la transition nous en fut moins pénible.

C'était d'ailleurs une bonne nature : bien que vif et très éveillé, il était obéissant, point désagréable. On le gâtait : Victoire faisait à Monsieur de la soupe au lait parce qu'il n'aimait pas la soupe au lard ; elle lui donnait de grandes tartines de beurre; et les rares fruits du jardin lui étaient réservés.

Bien souvent, Francis me talonnait pour me faire dire des histoires; il se rappelait m'en avoir entendu raconter à sa sœur et à son cousin, et il voulait les apprendre.

Je savais quelques-uns de ces vieux contes qu'on se transmet dans les fermes de génération en génération. Je connaissais la Montagne verte, le Chien blanc, le Petit Poucet, le Sac d'or du Diable, et aussi la Bête à sept têtes. Après m'être un peu fait prier, je commençais :

« — Il était une fois une grosse Bête à sept têtes qui voulait manger la fille du Roi. Le Roi fit dire par tout son royaume qu'il donnerait sa fille à qui tuerait la bête : mais personne n'osait tenter l'aventure. Or, vint de loin un jeune campagnard téméraire et courageux qui se porta résolument dans la forêt, au devant de la Bête à sept têtes, et eut la chance de la tuer. Il mit dans sa poche les sept langues de sa victime et retourna à son village où il avait laissé sa mère malade : il ne voulait pas se présenter au palais pour épouser la fille du roi sans être rassuré quant à la santé de sa mère. Cependant, un méchant bûcheron avait assisté de loin au meurtre de la Bête : voyant que le bon jeune homme ne se rendait pas de suite au palais, il s'en vint couper les sept têtes du monstre qu'il porta au Roi, se donnant comme l'exterminateur. Le Roi lui fit rendre de grands honneurs et enjoignit à sa fille de fixer la date du mariage. Mais celle-ci, qui n'avait pas confiance au méchant bûcheron, trouva moyen, sous des prétextes divers, d'ajourner la cérémonie. Elle dut pourtant finir par choisir un jour, car son père se fâchait. Ce jour-là même, au moment où se formait le cortège, le bon jeune homme revint de son village. En pénétrant dans la capitale, il fut étonné de voir qu'il y avait dans toutes les rues des arcs de verdure et des guirlandes de papier, et qu'à toutes les fenêtres claquaient au vent drapeaux et banderolles. Il demanda à l'occasion de quel heureux événement la ville était en fête, et on lui répondit que c'était en l'honneur du mariage de la fille du roi avec le meurtrier de la Bête à sept têtes. Alors il courut jusqu'au palais, put s'approcher du Roi et de sa fille, auprès desquels était le bûcheron :

« — Cet homme est un menteur, fit-il en le désignant, c'est moi qui ai tué la Bête à sept têtes.

« Le bûcheron le prit de haut, rappelant qu'il avait apporté les sept têtes, et le Roi menaça de faire pendre le bon jeune homme. Mais lui, sans s'émouvoir :

« — Il a pu, sire, vous apporter les têtes, mais non les langues, car les langues, les voici...

« Et il tira de sa poche, où elles étaient pliées dans un mouchoir, les sept langues de la Bête. Le Roi envoya chercher les têtes et put s'assurer qu'elles n'avaient plus de langues, et que celles qu'il avait devant lui étaient bien les vraies langues. Alors il fit pendre le méchant bûcheron et donna sa fille au bon jeune homme. »

Francis était tout oreilles ; après celui-là il en voulait un autre, et il me fallait chaque fois épuiser mon répertoire. Les monstres, les diables, les fées, défilaient à la douzaine, et défilaient aussi des rois et des princesses de rêve, des princesses qui avaient de belles robes couleur d'argent, couleur d'or et couleur d'azur, et qui n'en devenaient pas moins gardeuses de dindons ; comme contraste, il y avait des bergers doués de dons surnaturels qui abattaient en une nuit des forêts entières et construisaient le lendemain des palais magnifiques, ce qui leur valait de devenir princes.

Quand j'avais fini, le petit me demandait des explications que je trouvais plutôt embarrassantes ; il avait l'air de croire que tout cela était arrivé, et il voulait savoir le « pourquoi » et le « comment » de chaque épisode. J'en vins à penser qu'il était peut-être mauvais de lui raconter ces blagues auxquelles il semblait attacher plus d'importance qu'il n'eût fallu. J'aimais autant qu'il prit goût aux devinettes.

— Voyons, petit, qu'est-ce qu'on jette blanc et qui retombe jaune ?

Il réfléchissait :

— Peux pas trouver, grand-père...

— C'est un œuf, gros bête !

— Ah ! oui... Demande-moi autre chose, dis.

— Je veux bien... *Lattolétrouya*, qu'est-ce que ça veut dire ?

Il ne trouvait pas encore, et j'étais obligé de lui expliquer en décomposant :

— Latte ôtée, trou il y a... Ote une des lattes de *l'entrousse*, ça fera bien un trou... Autre chose : Qu'est-ce qui marche sans faire ombre ?

Il se rappelait, ayant déjà entendu dire.

— Le son des cloches, grand-père.

— Qu'est-ce qui fait chaque matin le tour de la

maison et va ensuite se cacher dans un petit coin ?

— C'est le balai.

— Qu'est-ce qui a un œil au bout de la queue ?

— La poêle à frire.

— Qu'est-ce qui ne veut ni boire, ni laisser boire ?

— La ronce.

— Dans un grand champ noir sont de petites vaches rouges...

Il ne me laissait pas achever :

— Le four quand on le chauffe ; les braises sont les petites vaches rouges.

— Il y en a quatre qui regardent le ciel, quatre qui abattent la rosée, quatre qui portent à déjeuner ; et tout ça ne fait qu'une. Qui c'est ?

Cette fois, silence embarrassé.

— Je ne sais pas, grand-père.

— C'est une vache, non pas une de celles du four, une vraie vache : ses cornes et ses oreilles regardent le ciel ; ses quatre pieds abattent la rosée ; ses quatre mamelles, qui sont pleines de lait, portent à déjeuner... Voilà...

— Autre chose, grand-père.

— Grain s'moud-il ? Habit s'coud-il ? Grain s'moudra !... Habit s'coudra !...

— Comprends pas...

— C'est pourtant facile : il s'agit d'un tailleur et d'un meunier qui se sont donné mutuellement de la besogne. Le tailleur demande au meunier si son grain se moud : « Grain se moud-il ? » Le meunier riposte en lui demandant si son habit se coud : « Habit se coud-il ? » Et ils s'empressent de répondre, l'un que le grain se moudra, l'autre que l'habit se coudra.

Quand Francis commença de faire des problèmes,

je l'embarrassai beaucoup en lui demandant le nombre des moutons de la bergère.

— Voyons, petit, si tu vas pouvoir trouver la solution de ce problème-là. Ecoute bien : Un monsieur passant à côté d'une bergère lui demande combien elle a de moutons. Elle répond : « Si j'en avais autant, plus la moitié d'autant, plus le quart d'autant, plus un, cela m'en ferait cent. » Combien en avait-elle ?

Après avoir cherché longtemps, il avoua son impuissance et je fus obligé de lui dire que le nombre des moutons était de trente-six.

Les jours où je voulais le faire bien rire, je lui racontais les tours du père Gorgeon. Le père Gorgeon, mort depuis longtemps, avait laissé une réputation de farceur et de menteur émérite. Plusieurs de ses récits, passés en légende, couraient le pays.

— Allons, Francis, ouvre les oreilles...

« Une fois, le père Gorgeon avait perdu sa truie. Trois jours entiers il la chercha ; il battit tout le canton sans parvenir à la trouver et rentra chez lui bien désolé. Mais voilà qu'étant allé cueillir de l'oseille dans son jardin, il perçut un grognement qui semblait provenir d'une énorme citrouille située à l'extrémité d'un carré de haricots. Bien vite, il s'approcha : la truie était là dissimulée à l'intérieur du gros giraumon ; elle y avait fait les petits, — huit porcelets roses et blancs très vivaces, — et il y avait encore de la place de reste !

« Etant allé certain matin d'août dans son champ de pommes de terre, il avait été très intrigué de voir le sol se soulever par endroits. Il avait cru d'abord à des pérégrinations souterraines de taupes, mais pas du tout : ayant creusé avec sa *marre* pour se rendre compte, il vit que c'étaient les tubercules seuls qui, grossissant avec une rapidité inouïe, provoquaient ces soulèvements anormaux. »

Le père Gorgeon avait été braconnier, et ses récits de chasse étaient plus extraordinaires encore.

« Un jour d'hiver, ayant tiré *en enhurnant* des étourneaux sur un alisier, il en avait tellement tué qu'il avait été obligé de les venir chercher à pleins sacs. Pendant toute une semaine, des oiseaux morts étaient tombés de l'arbre.

« Une autre fois, passant sur le bord d'un étang, il aperçut des canards sauvages qui s'ébattaient tranquillement à la surface de l'eau calme. Il eut l'idée, — n'ayant pas de fusil, — de leur lancer un bouchon attaché à une longue ficelle, dont il retint l'autre extrémité. Les canards sont voraces et digèrent vite : l'un se précipita sur le bouchon qu'il avala et relâcha par derrière cinq minutes après ; un autre aussitôt l'engloutit à son tour et ainsi, de bec en bec, le bouchon passa par le corps de vingt-quatre canards qui, à cause de la ficelle, se trouvèrent empalés. Le père Gorgeon n'eut qu'à les tirer hors de l'eau et à les emporter. »

. . . .

Cependant Francis ne tarda guère de connaître aussi bien que moi ma cellection de contes, de devinettes et d'histoires drôles et je ne fus plus à même de l'intéresser. Lui, alors, se mit à me raconter les choses qu'on lui enseignait à l'école. Il me parlait des rois et des reines, de Jeanne D'Arc, de Bayard et de Richelieu, de croisades, de guerres et de massacres. Il avait l'air de savoir tout ce qui s'était passé au long des siècles morts. Je ne prêtais, bien entendu, qu'une attention distraite à toutes ces choses ; et quand, après, il me demandait en quelle année avait eu lieu telle bataille, à quelle époque avait régné tel roi, et quels avaient été les exploits de tel grand homme, je disais de grosses bêtises, confondant des choses qui s'étaient passées à mille ans d'intervalle, ce qui le faisait beaucoup rire. Pour la géographie, c'était la même chose. Il me parlait des montagnes, des fleuves, des mers, des départements et des villes ; et ensuite, quand des noms me revenaient en tête, je les attribuais au hasard, toujours de travers, faisant d'une montagne un fleuve et d'une mer un pays. Ce n'est pas à soixante-cinq ans que l'on peut se mettre en tête des choses nouvelles.

Il y avait des instants où j'étais un peu dépité de me voir faire la leçon par ce mioche ; et pourtant j'étais fier de lui et bien heureux qu'il eût du goût pour son travail de classe. Quand j'allais aux foires de Bourbon, je lui apportais toujours un journal ; il le lisait tout haut le soir et je prenais plaisir à l'entendre, malgré qu'il y eut bien des choses que nous ne comprenions ni l'un ni l'autre. Malheureusement, la Marinette interrompait souvent la lecture par une scène de rire ou de lamentation, et cela ennuyait beaucoup le petit.

Quand il fut plus grand, il se mit à acheter chaque semaine chez le père Armand, le tailleur buraliste de Saint-Aubin, un journal qui racontait des histoires et qui contenait des gravures coloriées ; on y voyait des têtes d'hommes célèbres, des généraux empanachés, des soldats avec le sac et le fusil, des accidents et des crimes. Francis colla au-dessus de la cheminée toute une série de ces illustrations.

C'était l'époque où il s'essayait au travail manuel. Là, je retrouvais ma supériorité ; j'étais à même de le remontrer et cela me faisait plaisir...

LII

Un dimanche, j'eus l'idée de me rendre à Meillers, de revoir cette ferme du Garibier où je m'étais élevé, et que j'avais quittée depuis près de cinquante ans.

Le chemin d'arrivée longeant le coin de bois où croissaiant les sapins à senteur résineuse n'avait pas changé d'aspect. Quand je débouchai dans la cour, deux chiens se précipitèrent au devant de moi en aboyant, tout comme Castor autrefois quand venaient des étrangers. J'étais bien l'étranger en effet : et pourtant, le lieu m'avait été si familier jadis !... L'ancienne grange basse et écrasée n'existait plus ; il y avait à présent une belle grange avec de hauts murs bien crépis, et les tuiles de la couverture conservaient encore un peu de leur teinte neuve. La maison, par contre, quoique très vieille déjà de mon temps, était encore debout, telle quelle, non restaurée. Les fermiers généraux tâchent naturellement d'obtenir des propriétaires un beau logement pour les bêtes dont ils ont la moitié, alors que le logement des métayers leur importe peu. A l'usage des gens, on avait fait pourtant quelque chose de très utile : un puits tout près de la porte d'entrée. Il y avait toujours les mêmes plantes de jonc dans la cour et la mare entourée de saules était restée pareille, sauf qu'on avait fait un glacis de pierres d'un côté pour que les bêtes puissent aller boire plus aisément. Les saules avaient vieilli beaucoup : l'un manquait ; les autres laissaient échapper de leurs troncs branlants des débris pourris.

Je ne connaissais pas les habitants actuels de la ferme et n'avais nul motif d'aller jusqu'à la maison. Je traversai donc la cour lentement, en jetant de longs regards sur tout, puis je m'éloignai par le chemin de la Breure. Bien le même aussi, ce chemin ; toujours resserré par endroits, toujours encaissé entre ses hautes bouchures dont septembre jaunissait les feuilles ; les mêmes chênes régnaient sur les levées avec leurs racines débordantes et leurs ramures touffues, moins quelques-uns, coupés, dont les souches se voyaient encore. Des ornières trop profondes avaient été nivelées ; l'eau, par ailleurs, en avait créé de nouvelles ; c'étaient les seuls changements qu'accusait la rue Creuse. Mais au bout je ne retrouvai plus ma Breure familière ; on l'avait défrichée ; les fougères, les bruyères, les genêts, les ronces avaient été extirpées ; elle était transformée en un honnête champ de culture où seules quelques pierres grises, qui continuaient à montrer leur nez, rappelaient l'ancien état de choses. Je parcourus sans émotion ce terrain qui n'était plus lui, me bornant à égratigner de loin en loin sa surface, du bout de mon bâton ou de la pointe de mon sabot, pour voir quelle était sa nature et s'il semblait être de bon rapport. Par exemple, je revis l'horizon si souvent contemplé, la vallée fertile et, au-delà, le coteau dénudé qui précédait la forêt de Messarges. Les souvenirs de l'époque où j'étais pâtre m'assaillirent en foule ; un instant j'oubliai le reste de mon existence ; je crus être encore le gamin d'autrefois, vierge d'impressions, qu'un rien amusait, qu'un rien chagrinait. Ce ne fut d'ailleurs qu'une illusion fugitive comme un éclair.

Je parcourus une partie des cultures du domaine que je retrouvai pareilles, moins quelques arbres abattus et quelques coins broussailleux défrichés. Je passai dans le pré de Suippières, à côté de la fontaine où nous prenions l'eau jadis : elle était abandonnée ; les bœufs au pâturage y venaient boire et faisaient avec leurs pieds déraper dans son lit la terre des bords. Je longeai un grand fossé marécageux, patrie des grenouilles vertes, où je venais autrefois cueillir des *janettes* au printemps ; le même filet d'eau clair coulait au fond sur la même vase grise. Je suivis le chemin de Fontivier par où j'avais apporté sur mon dos Barret frappé à mort : un instant, ce souvenir m'angoissa. Enfin, après une tournée de trois heures, je rejoignis par Suippières la petite route de Meillers.

. . . .

Comme j'allais reprendre à côté du moulin le chemin de Saint-Aubin, je me trouvai nez à nez avec mon camarade Boulois, du Parizet, qui s'en revenait de la messe. Depuis mon mariage nous étions grands ennemis, Boulois m'en ayant voulu ferme d'avoir abusé de sa confiance en épousant Victoire qu'il convoitait. Les jours de foire, quand le hasard nous mettait face à face, il me lançait des regards furibonds et, moi, je ne faisais pas semblant de le voir. Aussi cette rencontre inopinée nous stupéfia-t-elle l'un et l'autre. Boulois leva sur moi, comme de coutume, des yeux encolérés ; mais cette flamme mauvaise ne subsista pas.

— Tiens, te voilà par là, dit-il en s'arrêtant.

Je m'arrêtai aussi :

— Oui, j'ai voulu revoir mon ancien pays.

— Ah !

Un instant, il resta silencieux, visiblement embarrassé sur l'attitude à prendre. Enfin, il me tendit la main et dit, la voix émue :

— Et comment ça va-t-il, mon vieux ?

— Ça va tout doucement, merci... Et toi-même ?

— Moi, ça va comme les vieux, une fois bien, une fois mal, plus souvent mal que bien... Tiennon, reprit-il après un court silence, je te pardonne la crasse que tu m'as faite. Il y a assez longtemps que je te boude ; nous pouvons bien revenir amis.

— C'était très mal de ma part, je l'ai bien compris, va... Seulement, tu sais que je n'avais aucune situation...

— Oui, en te permettant de prendre un domaine, ce mariage t'a rendu un fier service ; tu aurais peut-être été obligé sans cela de rester toute ta vie journalier, ce qui n'est pas gai, ma foi non ! De mon côté, je me suis marié avec une autre dont je n'ai pas eu à me plaindre. En conséquence, n'en parlons plus...

Nous restâmes un moment à causer, passant en revue les principaux événements de notre vie. Lui n'avait jamais quitté le Parizet : à la mort de son père, la direction du domaine lui était advenue. Il avait bien travaillé, élevé cinq enfants, fait de bonnes parties de cartes et bu quelques forts coups. Le propriétaire, un de ces riches comme on en voit peu, le tenait en grande estime et venait de faire construire à son intention une chambre neuve où il comptait vieillir et mourir : son aîné, bien entendu, lui succéderait dans la ferme.

Nous avions, certes, une foule de choses à nous dire, et pourtant, au bout d'un petit quart d'heure de conversation, nous nous trouvâmes embarrassés. Le passé est un gouffre où s'accumulent sans relâche nos sensations de l'heure présente : les dernières ensevelies recouvrent d'une couche sans cesse plus épaisse les autres, qui finissent par ne plus former qu'un amas informe où il est dangereux de remuer et difficile de retrouver quelque chose de net.

Le moulin était au repos. Je me pris à regarder la haute cheminée de briques qui profilait dans le ciel clair son embouchure noircie. Boulois contemplait l'étang vaste que la brise légère agitait de remous paisibles et où le soleil mettait des reflets de métal en fusion. Il rompit soudain la rêverie dans laquelle nous étions plongés l'un et l'autre.

— Tiennon, me dit-il, viens donc manger la soupe avec moi...

Je refusai d'abord, mais devant son insistance je finis par accepter. Quand nous arrivâmes au Parizet, vers trois heures, il n'y avait que les femmes en train de râper des coings pour faire de la liqueur.

— Bourgeoise, dit Boulois, j'amène mon camarade de communion ; c'est un peu grâce à lui que je me suis marié avec toi, tu le sais : il faut lui en savoir gré... Nous avons faim ; donne-nous à manger et à boire.

C'était une grosse femme courte qu'un asthme gênait ; elle eut un sourire bonasse :

— C'est que je n'ai pas grand'chose ; vous venez trop tard ; il y a deux heures que nous avons mangé.

Elle apporta un reste de soupe grasse qu'on avait tenue chaude ; elle fit des œufs sur le plat et tira du buffet un fromage de chèvre intact. Boulois me versait à boire à toute minute et sa main tremblait d'émotion heureuse.

— Mais bois donc... Prends donc à manger... T'en souviens-tu du temps où nous allions au catéchisme?

Nous restâmes à table longtemps : il fallut goûter des liqueurs de trois sortes. Les évocations du passé nous revenaient mieux et nous en arrivâmes à causer ferme. Pour lui faire plaisir, je dus ensuite aller voir le jardin, puis les bêtes, si bien que je ne partis qu'à la nuit. Il était plus de huit heures quand je rentrai chez nous et Victoire s'inquiétait de ma longue absence ; elle me fit une scène, mais il ne lui fut pas possible de me faire fâcher. J'étais satisfait de ma journée, content de cette réconciliation : et puis, d'avoir bu un petit coup, cela contribuait anssi à me donner des idées roses, si bien que je me sentais léger comme un jeune homme et tout porté à la joie.

. . . .

Les malheurs, hélas ! suivent de près les bons jours. Dans le courant de la semaine nous arriva une lettre de Paris, annonçant la mort de ma sœur Catherine. Elle était restée en fonctions jusqu'à la fin : avant la vieille maîtresse dont elle escomptait une part de succession, la mort l'avait frappée...

LIII

Le chemin de fer à voie étroite dont Fauconnet nous avait dotés passait juste au bout d'un de nos champs et traversait au ras du sol, à cent mètres de chez nous, notre chemin d'arrivée. Son établissement avait donné lieu à des récriminations sans nombre. Certains petits propriétaires expropriés, bien qu'ayant touché dix fois la valeur de leur terrain, gémissaient sans relâche du grand dommage à eux causé. D'autres criaient seulement après le tracé qu'ils trouvaient idiot. La voie faisait, en vérité, des courbes en masse et dont personne ne pouvait démontrer la nécessité. On disait que l'entrepreneur, certain d'un joli bénéfice, avait fait augmenter à dessein le nombre des kilomètres. On prétendait que le docteur Fauconnet et les autres Messieurs du Conseil Général s'étaient laissé rouler, qu'ils avaient gaspillé comme à plaisir l'argent des contribuables. Quand il y eut des élections pour le Conseil Général, les adversaires des conseillers ne manquèrent pas de les attraper à ce propos. (A leur place, auraient-ils évité toute bêtise? Seraient-ils parvenus à contenter tout le monde? Assurément non! Mais en période électorale tous les moyens sont bons.)

Malgré toutes ses courbes, et en dépit des criailleries auxquelles il avait donné lieu, le chemin de fer marchait : huit ou dix fois par jour j'entendais ses sifflements et ses trépidations, et je le voyais passer. Les premiers temps, nous avions bien peur pour nos bêtes, les autres riverains et moi-même ; nous craignions qu'étant au pâturage elles ne franchissent la palissade qui clôturait la voie, et aussi que le passage à niveau, dans la rue, ne soit très dangereux. Et nous pestions de compagnie contre ces *inventions enragées* destinées à enlever toute tranquillité au pauvre monde des campagnes. Néanmoins, mon rôle ayant toujours été de paraître optimiste, je m'efforçais de faire entendre à Victoire qu'elle exagérait lorsqu'elle disait qu'on ne pourrait plus avoir de chèvres, de cochons, ni de volailles, parce que tout cela ne manquerait pas d'aller se faire tuer. De fait, nous n'eûmes jamais à déplorer que la mort de deux oies.

Mais c'est surtout à la Marinette que le train faisait peur. De l'entendre, cela lui donnait un tressaillement convulsif, et quand il était à portée, elle le fixait obstinément de ses yeux vides, lui montrait le poing jusqu'à ce qu'il eût disparu ; elle disait que c'était le diable, et ce lui était un motif continuel à discours abracadabrants.

Quand je travaillais à proximité, je levais toujours la tête, moi aussi, pour voir défiler le convoi. Il y avait chaque jour deux trains de marchandise assez longs, formés en majeure partie de voitures découvertes garnies de chaux à l'aller et de charbon au retour. Mais bien plus encore s'allongeaient ces trains les jours de foire de Cosnes : c'était alors une succession à n'en plus finir de wagons fermés contenant des cochons grognants ou des bestiaux trop serrés, dont on apercevait les têtes inquiètes par les vasistas des portières. Les trains réguliers de voyageurs ne comprenaient d'habitude que deux ou trois voitures, souvent même une seule. Et cela avait presque l'air d'un joujou : cette petite machine au fourneau bas remorquant sa longue voiture brune, la promenant avec une sage lenteur au travers des champs, des prés et des bois. J'en vins à connaître tous les hommes à blouse bleue tachée de graisse et de charbon — chauffeurs et mécaniciens — qui conduisaient les convois ; et aussi les autres, ceux à casquette dorée et tunique noire à boutons jaunes qui se tenaient d'habitude sur l'une des plates-formes. J'en vins à connaître même une bonne partie des voyageurs. C'étaient des habitués de Moulins, toujours les mêmes ou à peu près : quelques bourgeois, quelques gros fermiers, des commerçants, des curés. En dehors des jours de foire, on n'y voyait jamais de paysans, ni d'ouvriers ; ceux-là n'ont ni les loisirs ni les moyens de se promener dans le train.

— Ce sont des malins, pensais-je, des gens qui s'arrangent à bien passer leur temps aux dépens du producteur et qui, par dessus le marché, se fichent de lui...

En effet, il y avait des fois où quelques-uns, mettant à la portière leurs têtes colorées d'oisifs trop bien nourris, semblaient avoir au passage des sourires d'ironie à l'adresse du vieux paysan laborieux que j'étais...

LIV

J'avais un bail de six années ; quand il expira, en 1890, j'hésitai beaucoup à le renouveler. J'avais soixante-sept ans et j'étais très affaibli. Victoire, bien qu'ayant trois ans de moins, était plus caduque encore que moi. Francis, qui touchait à ses treize ans, pouvait se louer et faire pour lui. (Je le plaçai, en effet, à la Saint-Jean suivante.) Néanmoins, je finis par consentir, à cause de la Marinette, à refaire un nouveau bail. Pouvais-je la ramener chez mes enfants, maintenant qu'ils étaient déshabitués de sa présence et qu'elle devenait de moins en moins supportable? Sa mort était à souhaiter, mais on ne pouvait cependant pas la tuer, la malheureuse! Je formais des vœux pour que nous lui survivions, Victoire et moi; car j'avais la volonté bien arrêtée de lui assurer toujours le nécessaire, et Victoire lui était bonne, bien que se plaignant constamment d'avoir à la subir.

Mais cela ne devait pas se réaliser, hélas! Ma pauvre femme fut emportée brusquement l'été d'après, et j'eus le grand chagrin de me dire que j'étais un peu cause de sa mort.

Quand je n'avais pas d'ouvrier, un voisin m'aidait d'habitude à rentrer mes gerbes de blé. Un jour que la pluie menaçait il se trouva être absent; je fus obligé de faire venir Victoire, qui ne s'en souciait guère, pour entasser sur la voiture quelques gerbes que nous avions liées la veille; elle eut très chaud, puis fut trempée d'eau, la pluie étant survenue avant que nous n'ayons pu rentrer. La nuit, elle se mit à vomir du sang; deux jours après, elle était morte.

Je louai une femme veuve, déjà vieille et fort sourde, qui prit la direction de mon intérieur. Elle n'était guère entendue à la laiterie et il me fallut, les premiers temps, m'occuper presque autant qu'elle de la fabrication du beurre et du fromage. Mais le pis fut que la Marinette prit plaisir à lui être désagréable; elle retirait du feu la marmite et la renversait, ou bien cachait en son absence les objets usuels du ménage, puis riait ensuite beaucoup de la voir embarrassée. La bonne femme me prévint qu'elle allait s'en retourner si ça continuait. Je fus obligé de ne plus quitter la maison de plusieurs jours pour surveiller la pauvre idiote. Quand elle se disposait à faire quelque sottise je lui serrais les poignets, je la fixais avec des yeux de menace et j'arrivai, en la terrorisant de cette façon, à obtenir qu'elle se tint tranquille. D'autre part, sachant qu'elle aimait beaucoup la salade de haricots et les beignets, je dis à la servante de préparer souvent l'un ou l'autre de ces mets : vaincue et satisfaite, la Marinette cessa de la poursuivre de sa haine.

Je ne tardai pas d'avoir par ailleurs de nouvelles inquiétudes. Il me fallut donner à mes enfants *les droits de leur mère*, et, pour cela, je fus obligé de faire rentrer mon hypothèque. Je dus aller plusieurs fois à Bourbon; je me revis gauche et gêné dans le bureau du notaire; j'affrontai les haussements d'épaules dédaigneux du premier clerc, un grand bellâtre toujours pommadé, qui, lorsque je ne saisissais pas du premier coup ses explications, avait toujours l'air de vouloir lâcher ce qu'il pensait si fort :

— Quel imbécile tout de même !

Je gardai longtemps à la maison les deux mille francs qui me restèrent, après que tout fut réglé. Ils étaient dans le tiroir de l'armoire, et je cachais la clef du meuble dans un trou du mur de l'étable. Quand la servante voulait ranger du linge, elle me la demandait d'un air maussade, en m'accusant d'être méfiant. De guerre lasse, je portai mes deux mille francs chez le banquier de Bourbon,

Et ma vie se poursuivit, monotone, entre ces deux vieilles femmes dont l'une était sourde et l'autre idiote. Francis venait quelquefois le dimanche et ses visites me donnaient toujours un peu de contentement. Mais elles devinrent de moins en moins fréquentes à mesure qu'il grandit, car il se mit à sortir davantage : la compagnie des jeunes garçons de son âge lui semblait plus attrayante que celle de son vieux grand-père et de son triste entourage.

Je pris le train un jour et me rendis à Saint-Menoux où était revenu mon parrain qui avait quatre-vingt-un ans. Un chancre lui rongeait la figure. Cela avait commencé par une démangeaison à laquelle il n'avait guère pris garde ; ensuite un cercle s'était formé à la naissance du cartilage gauche du nez ; puis un trou s'était creusé peu à peu qui allait toujours s'élargissant, lui faisant un masque de hideur. Le jour où je lui fis cette visite, il retira le linge et l'étoupe qui cachaient la plaie, et elle m'apparut, cette plaie, toute sanguinolente et repoussante, horrible ; son nez n'était plus qu'un étal de chair vive d'où dégoulinait de l'eau rousse, et l'œil allait être pris...

Le pauvre vieux souffrait, souffrait sans répit ; il n'avait plus une heure de calme ; il passait de longues nuits sans sommeil. Et il souffrait au moral aussi, car il se sentait pour tous un objet de dégoût. On lui avait fait comprendre qu'il ne devait plus se mettre à table ; on lui trempait sa soupe dans une écuelle spéciale qui restait des semaines entières sans être lavée ; on ne permettait plus à ses petits-enfants de l'approcher ; la servante avait refusé de savonner les linges ayant servi à lui envelopper la figure ; et il avait entendu sa bru dire, un jour qu'elle se mettait à ce travail rebuté :

— Mais il ne crèvera donc jamais, ce vieux dégoûtant !

— Oh ! me dit-il après m'avoir raconté tout cela, que j'ai souvent le désir de me tuer ! Je songe à me pendre à un arbre, à une poutre de la grange, ou bien à me jeter à l'eau. Jusqu'ici, j'ai eu le courage de repousser cette idée, mais je ne dis pas qu'il en sera toujours ainsi ; la résignation a ses limites, misère de Dieu !... Et ça peut durer encore longtemps comme ça : j'ai l'estomac solide, je mange bien...

J'aurais voulu m'efforcer de le remonter, mais je ne

trouvais rien à lui dire, tellement je comprenais que le désespoir ancré dans son cœur était aussi incurable que le chancre qui lui rongeait la figure.

LV

Après dix ans, mes enfants quittèrent le domaine de M. Fauconnet, ne pouvant plus s'entendre avec lui. En vieillissant, le docteur devenait maniaque, grincheux, tyrannique. Il n'était plus député : on l'avait trouvé trop âgé et son républicanisme avait paru trop déteint. Car l'ancien rouge sang-de-bœuf n'était plus qu'un pâle rose. Il était pour l'ordre et la propriété, et vouait aux socialistes une haine implacable. Il imitait quasi M. Noris dont il s'était tant moqué jadis : le cri de « Vive la sociale » le rendait pourpre et le faisait se fâcher.

La dernière année que mes garçons furent chez lui, ils eurent la machine un jour de grande chaleur et, sur les batteurs exténués, soufflait un vent de révolte. Le docteur étant venu les voir vers trois heures de l'après-midi, au moment le plus pénible, un jeune domestique juché sur une meule lança pour le narguer un : « Vive la sociale » bien formulé ; et d'autres y répondirent. M. Fauconnet regarda les criards à tour de rôle, avec l'intention de se fâcher. Mais voyant qu'ils étaient trop, que sa puissance était impuissante à réprimer cette irrévérence à son adresse, il refréna sa colère, s'en fut seulement trouver le Jean auquel il enjoignit de ne pas tolérer ce cri. C'est ainsi qu'agissent généralement tous les détenteurs d'autorité quand ils ne sont plus les maîtres de la situation : ils chargent leurs inférieurs de faire exécuter les volontés qu'eux, les puissants, les respectés, ne peuvent faire prévaloir. Le docteur, qui continuait d'être nargué, partit, laissant les travailleurs à leur misère et à leur malice, celle-ci ayant atténué l'autre momentanément.

M. Fauconnet dut se dire néanmoins qu'il aurait bien son tour. Quand, le soir, on conduisit chez lui sa part de grain, il n'offrit pas un malheureux verre de vin à ceux des batteurs qui étaient venus avec le bouvier pour monter les sacs au grenier. Eux, bien entendu, s'en allèrent fort mécontents en poussant des cris répétés de : « Vive la sociale ». Et ils revinrent après souper dans la nuit chaude : ils firent le tour du château pendant une heure presque en proférant à bouche-que-veux-tu le cri prohibé qu'ils faisaient alterner avec celui, plus délictueux encore, de : « A bas les bourgeois ! »

. . . .

Mes garçons reprirent un domaine à Bourbon, à Puy-Brot, entre la route d'Ygrande et celle de Saint-Plaisir. Le maître, un certain M. Duranthon, était un fermier général jeune encore, à longues moustaches châtain-clair, l'air arrogant. Il passait pour très fort en affaires et il était renommé pour les expertises de Saint-Martin. Dans les conditions, draconniennes au possible, il fit mettre une clause stipulant que les vaches nourricières ne devaient être traites sous aucun prétexte : conséquemment, les femmes ne devaient vendre ni lait, ni beurre sous peine d'encourir une amende de cinquante francs. Le reste était à l'avenant. Duranthon, roublard nouveau jeu, enlevait aux métayers leurs dernières libertés, les réduisait au rôle de machines à travail.

— Et vous avez accepté tout cela sans regimber ?

dis-je à Charles le jour qu'il m'annonça que le bail était signé.

— Que veux-tu, si nous n'avions pas accepté, nous, dix autres étaient prêts à le faire, et, dans la région, il nous eût été difficile de trouver un autre domaine vacant...

LVI

En 1893, le jour de Pâques, étant arrivé d'avance au bourg pour la grand'messe, je me pris à causer sur la place, devant l'église, avec le père Daumier, un vieux de mon âge. Des jeunes filles nous frôlèrent, fraîches et jolies, en leurs élégantes toilettes neuves.

Je dis à Daumier :

— Si elle revenaient, les femmes d'autrefois, celles qui sont mortes il y a cinquante ans, croyez-vous qu'elles ne seraient pas étonnées de voir ces toilettes-là ?

— Elles se croiraient dans un autre monde, mon vieux. Dame, Saint-Aubin suit à présent la mode de Paris. Mais qui sait si on ne reculera pas après avoir tant avancé...

— Oh ! non allez ! L'élan est donné, il se maintiendra quoi qu'il arrive ; les chapeaux à la bourbonnaise, comme les bonnets à dentelle, ne se reverront plus.

— Savoir si c'est un bien ?

— Conséquence des temps, que voulez-vous ! Ça fait aller le commerce.

Les cloches carillonnaient joyeusement l'appel à la messe. Le temps était clair et le ciel serein ; un soleil printanier brillait, tempéré par une brise fraîche. Des merles sifflaient gaiment tout près, dans une grande prairie d'un vert tendre que les primevères nuançaient de jaune par endroits. Devant nous, les vieux ormeaux de la place laissaient éclater leurs bourgeons grossis. Les lointains carillons des cloches de Bourbon et des cloches d'Ygrande se mêlaient aux vibrations grêles des nôtres.

Aux murs de l'église, aux troncs des ormeaux s'étalaient de grandes affiches vertes, jaunes et rouges, que séparaient des banderolles longues, collées de biais :

— Voyez, fit Daumier, voyez s'il y en a ! Ceux qui savent lire ont de quoi se distraire. C'est qu'on va voter pour les députés bientôt : il parait même qu'un des candidats va parler ici après la messe.

— Ah ! et lequel donc ?

— C'est Renaud, le socialiste.

Un de mes voisins vint nous rejoindre qui nous dit que ce n'était pas Renaud, mais un de ses amis qui faisait en son nom les petites communes.

— N'importe ; irons-nous l'entendre, Bertin ? fit Daumier.

— Ma foi, si vous voulez, répondis-je.

. . . .

A la sortie de la messe, nous allâmes nous attabler à l'auberge où l'orateur devait faire sa réunion. La salle s'emplit en dix minutes et le bistro fut obligé d'installer dehors des tables improvisées. Mais celui qu'on attendait n'était pas là. Il arriva seulement vers deux heures, à bicyclette. Lorsqu'il entra, tous les regards se portèrent sur lui comme sur une bête curieuse. C'était un petit brun au teint maladif qui marchait les yeux baissés, l'air timide. Au fond de la salle, on lui réserva une petite table étroite derrière laquelle il se mit à parler dans le brouhaha des conversations persistantes.

Il parla d'abord lentement, comme avec peine, cherchant ses mots ; puis, ayant conquis l'attention, il prit de l'assurance, se redressa ; ses yeux brillèrent et sa voix s'affermit. Il peignit la misère des travailleurs à qui on promet toujours et pour lesquels on ne fait jamais rien ; il attaqua les bourgeois, les curés, qu'il accusait d'être complices pour berner le peuple.

A sa gauche un bonhomme soûl se levait fréquemment et criait, la face congestionnée :

— C'est pas vrai ; t'es un franc-maçon : à bas les francs-maçons.

A chaque interruption de l'ivrogne, des rires éclataient au long des tablées : des clameurs se croisaient, auxquelles succédait un bourdonnement long à s'éteindre. L'orateur s'arrêtait un peu, puis s'efforçait de reconquérir l'attention quand le tumulte était en décroissance. Sa conclusion, débitée d'une voix forte, mais émue, ramena le silence complet. Il dit :

— Malheureux ouvriers que le labeur étreint, que la misère guette, travailleurs de la campagne que tout le monde gruge, pouvez-vous dire que vous êtes des hommes ? Non, vous n'en avez pas le droit : vous êtes des esclaves. Nous avons eu quatre révolutions en moins d'un siècle : aucune n'a vraiment affranchi le peuple ; il reste malheureux, il reste ignorant ; on le raille en vivant de lui. La vraie révolution sera celle qui fera le peuple souverain. Travaillez sans relâche à la mériter, mes amis. Votre bulletin de vote dira que vous voulez l'obtenir. Cessez de vous faire représenter par des bourgeois qui font leurs affaires, non les vôtres. Ils font semblant de s'entre-déchirer, mais ce n'est pas sérieux : monarchistes, bonapartistes, républicains, s'entendent tous pour vous mieux duper. Prolétaires, montrez que vous avez assez d'eux ; faites voir que c'est à vous d'imposer vos volontés ;

faites-vous représenter par l'un des vôtres : votez tous pour le candidat socialiste, le citoyen Renaud ! Puis, après le vote, continuez d'agir. Pour faire valoir vos droits, groupez-vous, associez-vous : c'est le moyen, étant faibles, de devenir forts. Et l'aube nouvelle finira par luire ; un jour viendra où vous cesserez de travailler pour les capitalistes exploiteurs qui font à vos dépens des orgies infâmes : cultivateurs, vous aurez vos champs, comme les mineurs auront leurs mines et les industriels leurs usines. Alors il n'y aura plus de propriétaires oisifs, ni d'intermédiaires parasites, plus de maîtres ni de serfs ; il n'y aura que la grande collectivité humaine mettant en rapport les richesses de la nature. A vous, camarades, de hâter la venue des temps nouveaux...

— C'est un *partageux* ! dit à mi-voix un homme à côté de moi.

Un autre reprit :

— C'est un nommé Laronde ; je connais son père qui est le cousin de mon beau-frère ; il est *laboureux* à Couleuvre, son père ; mais lui l'a laissé, étant trop *feignant* sans doute pour travailler la terre.

— En tout cas, il a une bonne lame, dit un troisième.

Laronde avait cessé de parler ; il épongeait son visage couvert de sueur. Des jeunes gens l'applaudissaient en criant : « Vive la sociale ! A bas les bourgeois ! » Au milieu de la salle, debout et gesticulant, l'ivrogne déblatérait toujours contre les francs-maçons. Quelques métayers peureux filèrent, craignant de se compromettre dans cette assemblée révolutionnaire. Daumier me dit :

— On ne devrait pas tolérer de laisser parler des hommes comme ça. Ça ne fait que mettre la zizanie dans le monde en faisant croire des choses qui ne peuvent pas arriver.

— Qu'en savez-vous, si ça n'arrivera pas, répondis-je. Pensez donc à tous les changements que nous avons vus dans le cours de notre vie, à tout le bien-être qu'il y a en plus maintenant.

— On n'en est ni plus heureux, ni plus riche ; on a cela, on voudrait autre chose ; et le bien-être ne fait pas devenir vieux.

— Devenir vieux, ce n'est pas tout ; il faut bien songer un peu aux satisfactions dont on peut jouir pendant que la vie dure : et elles sont plus nombreuses qu'autrefois, ces satisfactions, vous en direz ce que vous voudrez.

Laronde traversa la salle, saluant à droite et à gauche en souriant. Il sortit et réenfourcha sa bécane, dévisagé par de nombreuses femmes, qui étaient venues aux abords de l'auberge pour le voir. Il s'en allait à Ygrande où il devait parler dans la soirée.

Après qu'il fut parti, tout le monde se reprit à discuter sur ce qu'il avait dit, les uns l'approuvant, les autres le blâmant.

Un maître carrier, beau parleur, ayant entendu mes réponses à Daumier, s'approcha :

— Bien sûr, dit-il, on continuera d'aller de l'avant parce qu'on fera des découvertes nouvelles qui changeront indéfiniment et simplifieront le mode de travail. Mais la science seule est capable de nous maintenir dans cette voie de l'amélioration que tout le monde souhaite. La politique est impuissante et nulle. Jamais les députés ne feront vraiment des lois pour le peuple. Les gros bourgeois qu'on dédaigne un peu dans les élections n'en conservent pas moins toute leur influence, croyez-le bien. Et tant qu'à Renaud, à Laronde et à leurs pareils, ce sont des ambitieux qui voudraient prendre la place des autres pour faire les bourgeois à leur tour. « Ote-toi de là que je m'y mette » : c'est toujours la même histoire. Les opposants, ceux qui n'ont pas la responsabilité du pouvoir, se disent capables de faire monts et merveilles, et, lorsqu'ils sont les maîtres, ils s'empressent d'imiter leurs devanciers. Que les socialistes arrivent à avoir la majorité à la Chambre, vous verrez s'ils n'abandonnent pas aussitôt les trois quarts de leur programme. Alors surgiront de plus socialistes qu'eux qui chercheront à les dégommer : c'est dans l'ordre. Oh ! la politique !

Plusieurs sourirent et approuvèrent d'un signe de tête la diatribe de ce désabusé. Mais un commerçant, ami du député sortant, M. Gouget, répondit :

— Il faut que la politique vienne en aide à la science par des réformes sages. Croyez-vous que ce n'est pas à la République que nous devons les écoles et la diminution du temps de service. S'il y avait une majorité de bons républicains comme M. Gouget, nous aurions bientôt l'impôt progressif qui diminuerait les charges des contribuables pauvres ; nous aurions une caisse de Retraites pour assurer le nécessaire aux vieux travailleurs ; les hommes noirs, les femmes en cornettes n'auraient plus le droit d'abêtir l'enfance dans leurs écoles que les gros propriétaires pourvoient d'élèves. (Demandez aux métayers s'ils ont le droit d'envoyer leurs enfants aux écoles laïques.) Enfin, l'Etat romprait toute relation avec l'Eglise ; les curés cesseraient d'être des fonctionnaires : ceux qui se servent d'eux les paieraient. Ce programme a été de tout temps celui de tous les vrais républicains : il est celui de M. Gouget qui l'a toujours soutenu de ses votes ; malheureusement, la majorité est restée jusqu'ici hostile à ces principes. Et beaucoup d'électeurs, qui ne comprennent rien, retirent leur confiance à M. Gouget sous prétexte qu'il est incapable de faire aboutir les réformes qu'il prône. Comme s'il était seul !

Je m'étais mis à parler aussi, simultanément avec l'ami du député sortant. J'avais coutume de voter pour M. Gouget et mon intention était de lui être fidèle. Néanmoins, m'adressant au maître carrier, je m'affichai socialiste :

— Vous avez peut-être raison : il est certain que nous avons le droit d'être sceptiques, le droit de dire aux politiciens qui quémandent nos suffrages : « Ça ne prend plus, allez ! Nous en avons trop vu. La politique, c'est de la blague. Les politiciens sont tous des farceurs, des fumistes ou des ambitieux. Il y aura toujours des jouisseurs et des martyrs du travail, toujours des grugés, toujours des mécontents. » Oui, nous pouvons nous montrer très incrédules, mais au jour de l'élection il est peut-être de notre devoir quand même de voter pour les socialistes, ne serait-ce que pour embêter les bourgeois qui nous en font tant. Les bourgeois ont horreur du socialisme parce qu'ils craignent pour leur tranquillité, pour leurs biens, pour leurs rentes ; mais nous n'avons rien à craindre, nous, toutes nos rentes étant au bout de nos bras : nous pouvons toujours voir.

— Vous avez foi au partage, père Bertin ; vous voudriez avoir votre locaterie sans payer de fermage... Oui, mais si l'on vous envoyait à tel ou tel endroit, — il me citait de mauvaises locateries très mal situées, — qu'est-ce que vous diriez ? Ça ne serait pas commode à faire, allez, et les partageurs auraient du mal à sauver leurs yeux. Mais la propriété individuelle n'est pas près d'être morte.

— On ne peut pas changer des choses qui ont toujours existé, dit le père Daumier.

— Je ne suis pas aussi *partageux* que vous avez l'air de le croire, dis-je, répondant au carrier. Le partage est impossible et, d'ailleurs, je crois qu'on n'en parle guère.

On parle de la mise en commun de tout qui ne serait sans doute pas bien plus commode, car pour que la société basée sur ce principe soit vraiment belle et bonne, il faudrait que les hommes soient individuellement meilleurs qu'ils ne sont, presque parfaits, ce qui n'est pas près d'arriver. Mais on parle aussi de la commune propriétaire de ses terrains et cela me semble être d'une réalisation plus aisée, et cela me semble souhaitable. En tout cas, ce qui se passe à présent est bien révoltant, il faut en convenir. Vous trouvez ça juste de voir le même individu posséder une commune entière alors que tant d'autres ont peine à tirer d'un travail mercenaire leur pain de chaque jour? Vous trouvez qu'il est naturel de voir des vieillards mourir de faim et de misère, pendant que les oisifs fêtards gaspillent l'argent de façon inouïe, dépensent, dit-on, en une soirée de quoi nourrir plusieurs familles pauvres pendant toute une année?...

Tant qu'à votre objection, continuai-je en me tournant vers le père Daumier, permettez-moi de vous dire qu'elle est joliment bête. Défunt ma grand'mère se rappelait du temps où les curés passaient dans les champs pour prendre la dîme, où les seigneurs avaient toute sorte de privilèges et de droits exhorbitants. A ce moment, il se trouvait sans doute des gens pour prétendre que ces choses-là, ayant toujours existé, ne se pouvaient supprimer. On les a supprimées pourtant; et maintenant, il ne nous semble pas qu'elles aient pu exister. Il se peut qu'un bon nombre de coutumes et de lois du jour soient appelées à disparaître avant qu'il soit longtemps. Et nos descendants s'étonneront peut-être qu'on les ait conservées jusqu'ici. Pour parler de ce qui nous touche de près, pensez-vous que les choses en iraient plus mal s'il n'y avait plus de fermiers généraux, si chaque exploitant était fermier de son domaine ? Cela serait très possible maintenant que les jeunes savent lire et écrire. Et nous aurions des ventrus de moins à nourrir sans rien faire...

— Bien dit, fit le carrier en se levant pour aller rejoindre deux de ses ouvriers qu'il voulait solder.

— Bravo ! père Tiennon. Vive la sociale ! s'exclamèrent trois jeunes gens qui m'avaient entendu.

Et ils offrirent le café. Mais je me sentais un peu étourdi par le bruit de la salle, par la chaleur et la fumée. Je regardai la pendule.

— Non, mes amis, non : il est temps que j'aille panser mes vaches.

Daumier intervint.

— Allons, buvons le café avec ces jeunes gas, vieux socio.

— Non, sérieusement, j'ai un peu le mal de tête, ça ne me ferait pas de bien. D'ailleurs, j'ai bien assez causé. Jusqu'à présent, j'ai dit franchement ma façon de penser ; maintenant je ne saurais que me répéter ou dire des bêtises ; c'est toujours ce qui arrive quand on reste au café longtemps. Au revoir.

Et je partis, laissant le père Daumier qui se grisa abominablement. C'est la seule fois de ma vie qu'il m'arriva de tant causer politique.

. . . .

Les élections furent vite oubliées, et les discussions et les rêves d'amélioration sociale auxquelles elles avaient donné lieu, en présence du grand désastre qu'on eut à subir cette année-là : tout le printemps, tout l'été sans pluie ; un soleil constant qui brûlait les plantes jusqu'en leurs racines ; une récolte de foin dérisoire ; une récolte de céréales très médiocre ; les pâtures grillées, desséchées ; toutes les mares vidées ; les animaux tombés à rien : tel en fut le bilan. Je fus obligé d'aller au bois râteler des feuilles sèches dont je fis une provision pour la litière, et d'acheter des fourrages du Midi qu'un négociant faisait venir à Saint-Aubin par wagons; je compris, cette année-là, que le chemin de fer pouvait rendre des services, même aux paysans.

LVII

Au cours de ces grandes chaleurs de 1893 mourut mon pauvre martyr de frère. A la suite de l'attouchement de quelque mouche sale, la plaie de sa face s'était tuméfiée, était devenue bleuâtre, et ce furent les convulsions horribles du tétanos qui le conduisirent enfin à cet anéantissement de la mort qu'il avait tant souhaité.

A la fin de cette même année, ma vieille servante me quitta pour aller au service d'un curé. La Marinette, disait-elle, lui en faisait trop voir. J'en louai une autre, une grande à la voix masculine, méchante et sans raison, qui m'assommait de la répétition constante des mêmes clichés, se fâchait à tout propos et bousculait ma sœur quand elle faisait des frasques. Plus tard, je découvris qu'elle prélevait la dîme sur la vente de mes denrées au marché de Saint-Hilaire, et qu'elle buvait à mes dépens des tasses de café et de vin sucré. Je la gardai quand même, préférant tout supporter que de changer encore et sachant que je n'arriverais jamais à trouver la ménagère idéale.

Nous fûmes pris d'influenza, la Marinette et moi, au cours de l'hiver tardif et rude de 1895, et Madeleine, la femme de Charles, fut obligée de venir de Puy-Brot pour nous soigner. Cette attaque d'influenza emporta la Marinette qui s'était affaiblie beaucoup depuis un certain temps. Je fus bien heureux de lui survivre. Mais, pour moi aussi, je crus que ç'allait être la fin, tellement je me sentais sans force, miné par la fièvre, épuisé par une toux horrible qui m'arrachait l'estomac. Je guéris pourtant, bien péniblement à vrai dire, après être resté traînard et courbaturé pendant plusieurs mois ; je ne retrouvai plus, d'ailleurs, qu'une petite moitié de la vigueur que j'avais conservée jusque-là.

Alors j'aspirai au jour où, mon bail fini, je pourrais retourner avec mes enfants.

. . . .

Pendant cette période, mes idées furent souvent lugubres. Je pensais que je restais là tout seul, comme un vieil arbre oublié dans un taillis au milieu de la poussée des jeunes, vieil arbre échappé à la cognée du bûcheron funèbre sous les coups de laquelle étaient tombés un à un ceux que j'avais connus. Morte, ma grand'mère en châle brun et chapeau bourbonnais. Mort, l'oncle Toinot qui avait servi sous le grand empereur et qui avait tué un Russe. Morts, mon père et ma mère, lui bon et faible, elle souvent mauvaise et brutale, d'avoir été trop malheureuse. Morts, le père et la mère Giraud, et leur fils le soldat d'Afrique, et leur gendre le verrier qui parlait toujours de tirer le pissenlit par la racine. Morts, mes deux frères et mes deux sœurs. Morte, Victoire, la bonne compagne de ma vie, dont les défauts ne m'apparaissaient que très peu sensibles, comme devaient lui apparaître les miens, sous l'effet de l'accoutumance. Morte, ma petite Clémentine, douce et mutine. Morte, Berthe, la délicate fleur de Paris, des suites d'une couche pénible. Morts, Fauconnet père et fils, Boutry, Gorlier, Parent, Lavallée, Noris. Morts, tous ceux qui avaient joué un rôle dans ma vie, y compris Thérèse, ma première amoureuse. Je les revoyais souvent : ils défilaient de compagnie dans mes rêves de la nuit, dans mes souvenirs de la journée. La nuit ils revivaient pour moi ; mais le jour, il me semblait parfois marcher entre une rangée de spectres.

Et pourtant, pas plus qu'autrefois, l'idée de la mort ne m'effrayait pour moi-même. Ah ! mes premières émotions funèbres à la Billette, lors du décès de ma grand'mère ! mon serrement de cœur à l'entrée de la grande boite longue où on devait la mettre, et ma tristesse poignante, sincère, en entendant tomber les pelletées de terre sur le cercueil descendu dans la fosse ! J'avais trop vu de scènes semblables depuis ; et mon cœur à présent restait dur et fermé. A chaque nouveau convoi augmentait mon indifférence, au point que j'en étais effrayé moi-même. Et pourtant mon tour approchait ; je songeais vaguement que bientôt ce serait moi qu'on clouerait dans une caisse semblable, dans une caisse qu'on descendrait aussi, avec des câbles, au fond d'un trou béant et sur laquelle on jetterait par pelletées le gros tas de terre resté au bord, comme la barrière infinie qui sépare la mort de la vie ! Mais cette pensée même ne m'émeuvait pas.

D'ailleurs, en dehors de ces minutes d'évocations débilitantes et mauvaises, je m'intéressais à toutes les floraisons d'énergie qui s'épanouissaient derrière moi. Mes fils étaient les hommes sérieux, les hommes vieillissants de l'heure actuelle. Mes petits-fils représentaient l'avenir ; ils avaient l'air de croire que ça ne finirait jamais... Pourtant, l'enfance, derrière eux, gazouillait, croissait...

LVIII

Il y a déjà cinq ans passés que je suis revenu avec mes enfants. Ils ne me sont pas mauvais. Rosalie même a pour moi des tendresses qui m'étonnent. Madeleine est toute dévouée, toute aimante et laisse gouverner sa belle-sœur. L'harmonie règne dans la maisonnée et j'en suis bien aise. Malgré cela, une séparation prochaine est imminente ; ils vont être trop nombreux pour rester ensemble.

C'est qu'il y a un troisième ménage. Mon filleul, le fils de Jean et de Rosalie, rentré du régiment depuis trois ans, s'est marié à la Saint-Martin dernière. J'ai une petite bru : j'aurai bientôt, je pense, un arrière-petit-fils. Et Charles a deux filles qui sont bonnes à marier aussi. Il devient urgent que mes deux garçons aient chacun leur ferme. Duranthon, qui tient à eux, a promis d'ailleurs de placer le sortant dans un autre de ses domaines.

Moi, je suis le vieux !

Je rends des petits services aux uns et aux autres. Les brus me disent :

— Mon père, si ça ne vous ennuyait pas, vous devriez bien...

Et, pour les contenter, j'alimente de bois la cuisine, je donne à manger aux lapins, je surveille les oies.

En été, mes garçons aussi me prient souvent de faire une chose ou l'autre, surtout les jours où le temps presse. Et je conduis aux champs les vaches ou les moutons, je garde même les cochons tout comme il y y a soixante-dix ans. Je finis comme j'ai commencé : la vieillesse et l'enfance ont des analogies ; les extrêmes souvent se ressemblent. Quand on fait les foins, je fane encore et je ratèle. Et lorsqu'on charge, je prêche la prudence ; j'engage à faire les charrois moins gros ; je donne des conseils qu'on ne suit pas toujours. Les jeunes veulent oser, risquer le tout pour le tout, faire les malins. Mais funeste à la témérité est l'expérience que l'âge donne. Et je suis le vieux !

Mes forces, de plus en plus, vont déclinant ; j'ai les membres raidis ; on dirait que le sang n'y circule pas. L'hiver, j'ai toujours les pieds froids : Rosalie met chaque soir dans mon lit une brique chaude enveloppée d'un chiffon, faute de quoi ils resteraient glacés toute la nuit. Je me courbe ; c'est en vain que j'essaie de hausser ma taille, de porter mon regard en avant comme autrefois : non, c'est la pointe de mes sabots que j'en viens à regarder malgré tout ; le sol, que j'ai tant remué, paraît m'avoir fasciné ; il me semble qu'il se hausse vers moi pour me narguer, avec un air de me dire qu'il aura bientôt son tour. Je vois gros et je tremble un peu ; je me fais des entailles au visage en me rasant ; il m'arrive, quand je vais à la messe, de ne plus reconnaître des personnes que je connais très bien : jusqu'à mon petit Francis que je ne remettais pas lorsqu'il est venu me voir au retour du service ! Je suis un peu dur d'oreilles en tout temps et très sourd par périodes, l'hiver surtout. Dans ces moments, je ne peux pas me mettre au courant de la conversation ; il faut toujours que je fasse répéter plusieurs fois lorsqu'on s'adresse à moi ; et, malgré cela, il m'arrive de mal comprendre, de répondre de travers, ce qui fait rire tout le monde à mes dépens. Quand j'ai mangé, si je reste assis, je m'endors, et la nuit, au contraire, je ne puis souvent pas dormir. J'ai des absences de mémoire impossibles : je conserve très bien le souvenir des épisodes saillants de ma jeunesse, et les choses de la veille m'échappent. Il semble que ma pensée soit tellement fatiguée des événements qui l'ont occupée au long de ma carrière qu'elle se trouve impuissante à s'intéresser à ceux qui se produisent maintenant. Le résultat est que j'aime trop parler de ces choses d'autrefois qui me reviennent et qui n'intéressent plus personne, et que j'ai sur les choses nouvelles des naïvetés qui font rire. Cela me rend un peu ridicule. Sur la physionomie de mes petits-enfants, je lis souvent cette phrase du langage d'aujourd'hui :

— Ce qu'il est rasant, tout de même, le vieux...

Oh ! oui, je suis le vieux ! Il faut bien que je le reconnaisse de bonne grâce. Mes organes ont fait leur temps ; ils aspirent au grand repos.

Et puis, vraiment, on voit des choses trop étonnantes. Dans ma jeunesse, tout le monde allait à cheval parce que les voitures ne pouvaient circuler dans les mauvais chemins. A présent, il circule des voitures qui n'ont pas besoin de chevaux... Dans un de nos champs qui borde la grand'route, j'ai gardé les cochons cet été. Là, il m'arrivait quasi chaque jour d'entendre soudain un bruit criard et disgracieux qui s'accentuait, s'accentuait..., et l'automobile passait rapide, conduisant des hommes bizarrement vêtus de casquettes et de vestes en toile cirée, et portant des lunettes de casseur de pierres : l'automobile passait, soulevant un nuage de poussière et laissant derrière elle une mauvaise odeur de pétrole.

Un jour, une petite d'un domaine voisin conduisait un troupeau de vaches dans un pré dont les barrières donnaient sur la route. Et voilà que, venant du côté de Bourbon, survint une de ces voitures, laquelle allait à fond de train, bien plus vite que notre économique. Le conducteur corna :. le beuglement de la sirène domina par trois fois le halètement du mécanisme. Cela acheva d'effrayer les vaches qui se prirent à courir comme des folles. Il y en eut deux qui, bientôt, prirent une rue latérale à gauche ; deux autres, franchissant la bouchure, pénétrèrent dans un champ d'avoine ; les trois dernières continuèrent de courir. Je rejoignis sur la route la pauvre gamine éplorée qui me dit les apercevoir encore à l'extrémité d'une longue côte, à deux kilomètres au moins, fuyant toujours devant l'automobile qui filait du même train rapide. Après que je l'eus aidée à rassembler les quatre autres et à les mettre au pâturage, j'envoyai la petite prévenir ses maîtres. Un homme partit à la recherche des trois vaches coureuses ; il revint longtemps après, n'en ramenant que deux : l'autre était crevée de fatigue au bord d'un fossé ; il était allé quérir un boucher d'Ygrande pour la faire enlever.

Il me souvient d'avoir dit, en racontant la chose chez nous :

— Ah ! on avait bien tort de se plaindre du chemin de fer ; le chemin de fer a sa route à lui et il ne passe qu'à certaines heures : avec de la prudence, on peut l'éviter. Mais ces automobiles sont vraiment les instruments du diable, envahissant nos routes, passant n'importe quand et nous faisant du mal.

J'ai dit cela sur le coup ; mais après j'ai pensé que je n'avais pas à me mettre en peine de ces choses. Homme d'une autre époque, aïeul à tête branlante, ce n'est pas à moi d'émettre une opinion là-dessus. Les jeunes s'habitueront au passage de ces véhicules du progrès ; ils en voudront plus encore aux riches de causer ainsi du désagrément tous les jours, des accidents quelquefois, par inconscience ou plaisir.

Moi, que m'importe ? Je suis de plus en plus difficile à émouvoir. Je ne demande qu'une chose, c'est de rester jusqu'au bout à peu près valide. Tant que je rendrai des services à mes enfants, ils me supporteront aisément. Ils me seront encore humains, je n'en doute pas, si j'en arrive à n'être bon à rien. Mais j'appréhende de leur être à charge, de devenir paralytique ou aveugle, ou de tomber dans l'enfance, ou encore de souffrir longtemps de quelque maladie de langueur. Cette idée me causerait trop de peine de savoir que je suis un vieil objet encombrant qu'on voudrait bien voir disparaître. Je me rappelle ceux que j'ai vus ainsi, ma grand'mère il y a longtemps, et récemment mon pauvre parrain : c'est trop triste. Que la mort survienne : elle ne m'effraie pas ; c'est sans amertume et sans crainte que je lui fais parfois l'honneur de songer à elle. La mort ! la mort ! mais non l'horrible déchéance venant troubler pour une carcasse finie le labeur des jeunes, des bien portants, la vie ordinaire d'une maisonnée. Qu'elle me frappe à l'œuvre encore, afin qu'on puisse dire :

— Le père Tiennon a cassé sa pipe ; il était bien vieux, bien usé ; mais il s'occupait cependant : jusqu'au bout il a travaillé.

Mais que mon oraison funèbre ne soit pas celle-ci :

— Le père Bertin est mort : pauvre vieux ! dans l'état où il était, c'est un grand débarras pour lui et un grand bonheur pour sa famille.

De la vie, je n'ai plus rien à espérer, mais j'ai encore à craindre. Que cette calamité dernière me soit évitée : c'est là mon unique souhait.

ʾ grande (Allier) 1901-1902.

FIN

Saint-Amand (Cher). — Imprimerie Bussière